Die Novellierung des „Hochschullehrerprivilegs“ (§ 42 ArbnErfG)

Europäische Hochschulschriften

Publications Universitaires Européennes
European University Studies

Reihe II
Rechtswissenschaft

Série II Series II
Droit
Law

Bd./Vol. 4585

PETER LANG
Frankfurt am Main · Berlin · Bern · Bruxelles · New York · Oxford · Wien

Ira Cristina Kretzer

Die Novellierung des „Hochschullehrerprivilegs" (§ 42 ArbnErfG)

PETER LANG
Internationaler Verlag der Wissenschaften

Bibliografische Information der Deutschen Nationalbibliothek
Die Deutsche Nationalbibliothek verzeichnet diese Publikation in der Deutschen Nationalbibliografie; detaillierte bibliografische Daten sind im Internet über <http://www.d-nb.de> abrufbar.

Zugl.: Düsseldorf, Univ., Diss., 2007

D 61
ISSN 0531-7312
ISBN 978-3-631-56877-4

www.peterlang.de

Meinen Eltern

VORWORT

Die vorliegende Arbeit wurde im April 2006 von der Juristischen Fakultät der Heinrich-Heine-Universität Düsseldorf als Dissertation angenommen. Rechtsprechung und Literatur sind bis März 2006 berücksichtigt worden.

Für die Betreuung meiner Arbeit sowie für die Erstellung des Erstgutachtens danke ich meinem Doktorvater, Herrn Prof. Dr. Jan Busche, ganz herzlich. Herrn Prof. Dr. Peter Meier-Beck gilt mein Dank für die Erstellung des Zweitgutachtens.

Weiterhin möchte ich all denjenigen danken, die mich ermutigt haben, diese Arbeit zu schreiben, und die mich bei ihrer Fertigstellung unterstützt haben.

Düsseldorf, im April 2007

Ira Cristina Kretzer

INHALTSVERZEICHNIS

I) Problemaufriss und Gang der Untersuchung

Die Wettbewerbsfähigkeit des Wirtschaftsstandortes Deutschland hängt im Wesentlichen vom Ideenreichtum der Ingenieure und Wissenschaftler ab. Patente sind Indikatoren für die aus Erfindertätigkeit und Forschungsprojekten gewonnene Innovationskraft und bilden ein Bindeglied zur gewerblichen Nutzung der Ergebnisse.[1] Sie haben somit eine Schlüsselfunktion für den Transfer von Ideen zu marktfähigen Produkten.[2] Zur Optimierung dieses Prozesses sind Kenntnisse über den gewerblichen Rechtsschutz und Patentinformation unerlässlich.[3]
Auch Hochschulen müssen sich zukünftig verstärkt den marktwirtschaftlichen Anforderungen stellen. In den Hochschulen steckt ein gewaltiges Potential an patentfähigen Forschungsergebnissen, welches für die Wirtschaft stärker nutzbar gemacht werden könnte.[4] Noch immer schenkt ein beträchtlicher Anteil der Hochschulwissenschaftler mit patentfähigen Forschungsergebnissen der Patentierung und Verwertung ihrer Erfindungen zu wenig Aufmerksamkeit.[5]

Mit dem vom Bundestag am 18. Januar 2002 beschlossenen Gesetz zur Änderung des Arbeitnehmererfindungsgesetzes[6] sind die Regelungen über das sog. „Hochschullehrerprivileg"[7] des § 42 ArbnErfG a.F. und damit die Rechte und Pflichten von wissenschaftlichen Hochschulbeschäftigten im Erfindungsfall grundlegend geändert worden.
Nach der bisherigen Regelung konnten Hochschullehrer im Erfindungsfall frei über die Anmeldung und Verwertung ihrer Erfindungen entscheiden und nahmen damit gegenüber anderen Arbeitnehmererfindern eine privilegierte Stellung ein (daher „Hochschullehrerprivileg").
Während das Hochschullehrerprivileg des § 42 ArbnErfG a.F. vom Grundsatz her lange Zeit unbestritten war, begann in den 90er Jahren zunehmend eine öffentliche Diskussion um die Zeitgemäßheit dieser Vorschrift. Mitte 2000 hatte sich die Bund-Länder-Kommission für Bildungsplanung und Forschungsförderung auf eine grundlegende Reform verständigt. Danach sollten die Hochschulangehörigen im Interesse einer Steigerung des Patentaufkommens an den Hochschulen unter besonderer Beteiligung am Verwertungserlös und einem Widerspruchsrecht gegen Schutzrechtsanmeldungen den allgemeinen Regeln des ArbnErfG unterstellt werden.[8] Kurz darauf folgte ein Gesetzesentwurf des Bundesrates, basierend auf einem Gesetzesantrag des Landes Niedersachsen vom 09. November 2000[9], und wenig später ein Koalitionsentwurf der Fraktionen von SPD und Bündnis 90/Die Grünen[10], dessen Annahme

---

[1] Einsporn / Risch, S. 8.
[2] Einsporn / Risch, S. 8.
[3] Einsporn / Risch, S. 8.
[4] Einsporn / Risch, S. 9.
[5] Einsporn / Risch, S. 9.
[6] Im Folgenden ArbnErfG.
[7] Ausdruck von Kraßer / Stricker, S. 30.
[8] Vgl. Begründung zum Änderungsvorschlag für § 42 ArbnErfG der Bund-Länder-Kommission für Bildungsplanung und Forschungsförderung (BLK) v. 30.10.2000; siehe auch: Erläuterungen zum Gesetzentwurf des Bundesrates, BT-Dr 14/5939, S. 6.
[9] Vgl. BR-Dr. 740/00 v. 09.11.2000.
[10] BT-Dr 14/5975 v. 09.05.2001.

mit geringfügigen Änderungen vom Rechtsausschuss des Bundestages am 14. November 2001 empfohlen wurde.

Diese einer Gesamtreform des ArbnErfG vorgezogene, punktuelle Neuregelung, durch welche die rechtlichen Rahmenbedingungen des Erfindungs- und Patentwesens im Hochschulbereich eine einschneidende, elementare Umgestaltung erfuhren, stellt den Ausgangspunkt der Arbeit dar.
Im Folgenden soll untersucht werden, welche patentrechtlichen Fragen die Novellierung des § 42 ArbnErfG im Hinblick auf den Umgang mit künftigen Diensterfindungen von Hochschulbeschäftigten aufwirft.
Gegenstand der Untersuchung sind dabei insbesondere das künftige konkrete Verfahren von der Diensterfindung bis zu deren Verwertung, der Vergleich mit der Behandlung anderer Arbeitnehmererfindungen, die Auswirkungen der Neuregelung in Mehrpersonenverhältnissen sowie die Verfassungsmäßigkeit der Neuregelung, insbesondere im Hinblick auf die Wissenschaftsfreiheit gem. Art. 5 III 1 GG.

Ziel ist es, die rechtlichen Auswirkungen der Neuregelung darzustellen und abschließend zu bewerten.

II) Geschichtliche Entwicklung des ArbnErfG, insbesondere des „Hochschullehrerprivilegs"

Zunächst ist auf die geschichtliche Entwicklung des ArbnErfG und insbesondere des „Hochschullehrerprivilegs" einzugehen.

Das Privileg der Hochschullehrer wurde erst spät in der Geschichte des Patentrechts gesetzlich normiert.[11] Die sich in der zweiten Hälfte des letzten Jahrhunderts allmählich herausbildende Problematik des Rechts der Arbeitnehmererfindung im Allgemeinen war auf das Engste mit der Entwicklung des Patentwesens in Deutschland verknüpft.[12]

Vor 1870 gab es in Deutschland keinen einheitlichen gewerblichen Rechtsschutz.[13] Die erste einheitliche gesetzliche Regelung zum Schutz des Erfinders schaffte das Reichspatentgesetz vom 25. Mai 1877[14] – reformiert im Jahre 1891[15] –, welches im Gegensatz zum heutigen Patentgesetz in § 3 I PatG 1877 das Anmeldeprinzip festschrieb, wonach dem ersten Anmelder der Anspruch auf die Erteilung des Patents zustand. Infolgedessen war er auch als Erfinder anzusehen. Mit dem Anmeldeprinzip wollte der Gesetzgeber Streit um die Person des Erfinders und damit um die Priorität vermeiden, welcher eine Erfindungsmeldung verzögern und das patentamtliche Ver-

---

[11] Cohausz / Hannig / Dawidowicz & Partner, Untersuchung zum Verwertungsprivileg, S.1.
[12] Bartenbach / Volz, GRUR 1982, 693, 693; Vgl. dazu: Heggen, GRUR 1974, 75 ff.
[13] Osterrieth, S. 19 Rn. 31.
[14] Patentgesetz v. 25.05.1877 in: Reichsgesetzblatt mit Gesetzen, Verordnungen v. 03.01.1877 – 24.02.1877, Berlin 1877, S. 501, Nr. 1193.
[15] Sog. „Kleine Patentrechtsreform" durch das Patentgesetz v. 07.04.1891 in: Reichsgesetzblatt 1891, S. 79 f.

fahren hätte erschweren können.[16] Das Inkrafttreten dieses ersten Deutschen Patentgesetzes war der letzte Akt einer Serie von Gesetzgebungsmaßnahmen auf dem Gebiet des gewerblichen Rechtsschutzes nach der Gründung des Deutschen Reiches – 1874 entstand das Markengesetz, 1876 das Gesetz der Geschmacksmuster. Eine Regelung der Probleme der Angestellten- oder Beamtenerfindung enthielt das Patentgesetz von 1877 nicht.[17]

Dessen ungeachtet standen sich diesbezüglich jedoch bereits kurz nach Inkrafttreten des PatG 1877 im Schrifttum zwei unterschiedliche Anschauungen gegenüber: Einerseits die sog. „Arbeitsrechtliche Theorie", welche die Erfindung ohne weiteres dem Arbeitgeber bzw. Dienstherrn zuordnen wollte, und andererseits die sog. „Patent- bzw. erfinderrechtlich ausgerichtete Lehre", wonach ausschließlich dem Erfinder das Individualrecht am Patent zustehen sollte.[18] Bereits in diesen Ansätzen spiegelte sich die auch das heutige ArbnErfG beherrschende Grundproblematik wieder, einen angemessenen Ausgleich zwischen den arbeitsrechtlichen Grundsätzen, welche die Arbeitsergebnisse eines Arbeitnehmers dem Arbeitgeber zusprechen, und dem patentrechtlichen Grundsatz, wonach das Recht an der Erfindung dem Erfinder persönlich zusteht, zu schaffen.
Das Reichsgericht schloss sich zunächst der arbeitsrechtlichen Auffassung an.[19] Nach seiner Rechtsprechung standen Arbeitnehmererfindungen grundsätzlich dem Arbeitgeber zu.[20] Hierbei wurde ein originärer Rechtserwerb des Arbeitgebers angenommen.[21] Erst später stellte es für die Zuordnung von Arbeitnehmererfindungen auf das arbeitsvertraglich Vereinbarte im Einzelfall ab,[22] was dazu führte, dass entsprechende Vertragsklauseln – sog. Erfindungsklauseln und Dienstvorschriften – von Seiten der Arbeitgeber in die Arbeitsverträge eingeführt wurden.[23] In den meisten Verträgen mit Technikern, von denen Erfindungen zu erwarten waren, hieß es daher, dass „alle Erfindungen und Entdeckungen, welche Bezug auf die Fabrikation der Firma haben oder mit dieser in Zusammenhang stehen, die der Arbeitnehmer während der Dauer des Vertrages macht, alleiniges Eigentum der betreffenden Firma sind. Diese hat das Recht, die Erfindung auf ihren Namen patentieren zu lassen, ohne dass dem Arbeitgeber Entschädigungsansprüche zustehen."[24]

Dieser Grundsatz des originären Rechtserwerbs des Arbeitgebers galt hingegen nicht für „staatlich angestellte Gelehrte", welche die von ihnen gemachten Erfindungen patentrechtlich völlig unbeschränkt für sich selbst ausnutzen durften.[25]

---

[16] Reimer / Schade / Schippel, S. 77.
[17] Cohausz / Hannig / Dawidowicz & Partner, Untersuchung zum Verwertungsprivileg, S.2.
[18] Bartenbach / Volz, GRUR 1982, 693, 693 mit Verweis auf die Vertreter dieser Lehren.
[19] RG, Entscheidung vom 29.10.1883 in Patentblatt 1883, S. 465, 467f. und vom 10.07.1886 in Patentblatt 1887, 56f.; Reimer / Schade / Schippel, Einleitung, S. 78; Volmer / Gaul, ArbnErfG, Einleitung Rn. 39.
[20] RG, Entscheidung vom 29.10.1883 in Patentblatt 1883, S. 465, 467f. und vom 10.07.1886 in Patentblatt 1887, 56f.; Reimer / Schade / Schippel, Einleitung, S. 78.
[21] Bartenbach / Volz, § 42 Rn. 1; Reimer / Schade / Schippel, Einleitung, S. 78.
[22] RG, Entscheidung vom 02. 02. 1887 in: Patentblatt 1889, 130 ff.
[23] Reimer / Schade / Schippel, Einleitung, S. 78.
[24] Zitiert nach Volmer / Gaul, ArbnErfG, Einleitung Rn. 38.
[25] Damme, Deutsche Juristen Zeitung 1898, 399, 399; Cohausz / Hannig / Dawidowicz & Partner, Untersuchung zum Verwertungsprivileg, S.2, 3.

So stellte schon der Preußische Kultusminister von Gossler in einer Stellungnahme im Abgeordnetenhaus vom 29. November 1890 zu einer Abgeordnetenfrage bezüglich des wirtschaftlichen Eigentums an einem von Professor Koch entwickelten Heilverfahren[26] fest:

> *„Es fragt sich, wem gehört eigentlich das Mittel, wer ist geistiger Eigenthümer? Es ist für mich keinen Augenblick zweifelhaft gewesen, dass der geistige Eigenthümer Professor Koch ist. Wir haben es niemals meines Wissen in der preußischen Unterrichtsverwaltung für möglich gehalten, daß, wenn ein Lehrer durch seine eigene Forscherthätigkeit ein Mittel erfunden, sei es auf dem Gebiet der Anilinfarben oder der ätherischen Oele oder sonst einem Gebiet, dass wir das als Eigenthum des Fiskus haben in Anspruch nehmen können."*[27]

Selbst eine fiskalische Beteiligung an den Erfindungen der Hochschulgelehrten wurde damit im Hinblick auf die Wissenschaftsfreiheit abgelehnt.[28] Bereits vor einer gesetzlichen Normierung gingen die Universitäten und Hochschulen daher stets von dem Grundsatz der freien Verfügungsbefugnis ihrer Erfinder aus.[29]
Eine Bestätigung erfuhr diese Praxis im Jahre 1910 seitens der Beschwerdeabteilung des Patentamts, welche in einer Entscheidung[30] feststellte, dass auch Erfindungen der Lehrer an Hochschulen, Akademien usw., die bei Gelegenheit der Lehrtätigkeit oder bei den wissenschaftlichen Arbeiten gemacht wurden, selbst dann nicht dem Staat als Dienstherrn gehörten, wenn der Staat die Einrichtungen, Laboratorien, Apparate, Materialien und Hilfskräfte auf seine Kosten zur Verfügung gestellt hatte.[31]

Akut wurde das Problem der fehlenden Regelung des Rechts der Angestelltenerfindung um 1900, als sich mit dem Erstarken der Angestelltenschaft die Angestellten-Verbände dieses Themas annahmen und somit Forderungen nach Anerkennung der Erfinderschaft und finanzieller Beteiligung der Angestellten an ihren Erfindungen aufkamen.[32] Diese Forderungen führten zu dem als sehr erfinderfreundlich empfundenen Patentgesetzentwurf 1913[33], der unter anderem zumindest in gewissen Fällen eine Vergütungspflicht des Arbeitgebers statuierte.
Auch auf juristischen Kongressen der damaligen Zeit stand die Lage der Arbeitnehmererfinder immer wieder zur Erörterung.[34] Besondere Bedeutung für die Rechtswissenschaft kam hinsichtlich der systematischen Durchdringung dieses Rechtsgebietes dem Augsburger Kongress der Deutschen Vereinigung für Patent- und Urheberrecht

---

[26] Entdeckung des Choleraerregers (1883) und Tuberkelbazillus (1892); Nobel-Preis 1905.
[27] Zitiert bei: Volz, Das Recht der Arbeitnehmererfindung im öffentlichen Dienst, S. 9 (Fußnote 13), Frieling, GRUR 1987, 407, 415 und Bartenbach / Volz, GRUR 2002, 743, 743.
[28] Damme, Deutsche Juristen Zeitung 1898, S. 399, 402.
[29] Anmerkungen zum Gesetz über Arbeitnehmererfindungen in: Blatt für Patent-, Muster- und Zeichenwesen 1957, 218, 247.
[30] Bescheid der Beschwerdekammer des Patentamtes, ohne Datum, Mitteilungen Deutscher Patentanwälte 1911, 102, 103.
[31] Mitteilungen Deutscher Patentanwälte 1911, 102, 103; Volmer / Gaul, ArbnErfG, § 42 Rn. 7; Cohausz / Hannig / Dawidowicz & Partner, Untersuchung zum Verwertungsprivileg, S.4.
[32] v. Boehmer, GRUR 1903, 329,329/346; Schanze, GRUR 1902, 65, 65; West, GRUR 1908, 73, 76; Siehe auch Bartenbach / Volz, GRUR 1982, 693, 697; Kurz, GRUR 1991, 422, 422.
[33] Reichsanzeiger vom 11.06.1913.
[34] Volmer / Gaul, ArbnErfG, Einleitung Rn. 43.

(sog. „Grüner Verein") im Mai 1914 zu.[35] Auf diesem Kongress stieß besagter Patentgesetzentwurf allerdings auf starken Widerstand der Industrie,[36] welche durch die Bestimmungen dieses Gesetzesentwurfs eine Schädigung der technischen und industriellen Entwicklung Deutschlands befürchtete, so dass seine Durchsetzung letztendlich scheiterte.[37]

Erst die wirtschaftliche Notlage nach dem Ersten Weltkrieg zwang die Sozialpartner zu einer engeren Zusammenarbeit, mit der Folge dass gewerkschaftliche Forderungen in der Folgezeit leichter durchzusetzen waren, zumal den Gewerkschaften die Tariffähigkeit zuerkannt wurde.[38] Aufgrund der wachsenden Bedeutung der Erfindungen von Arbeitnehmern und weil mit einer Normierung auf absehbare Zeit nicht zu rechnen war – der immer stärker werdenden Öffentlichkeitsarbeit der Angestellten-Verbände hielt die Industrie ihr Interesse am möglichst unveränderten Erhalt der Rechtsverhältnisse entgegen[39] –, wurden nach dem Ersten Weltkrieg Bestimmungen über Erfindungen von Arbeitnehmern in Tarifverträge aufgenommen. Diese Phase der tarifvertraglichen Regelung des Arbeitnehmererfindungsrechts dauerte bis 1933 an. Insbesondere der sog. Chemikertarifvertrag vom 27. Januar 1920[40], der Akademikertarifvertrag vom 26. Oktober 1928, vereinbart zwischen dem Reichsverband der Deutschen Industrie und dem Bund angestellter Akademiker technisch-naturwissenschaftlicher Berufe e.V., sowie der Tarifvertrag der Berliner Metallindustrie nahmen Einfluss auf die Weiterentwicklung des Rechts der Arbeitnehmererfindung. Von besonderer Bedeutung war der Chemikertarifvertrag. Diese hat er nicht allein dadurch erlangt, dass er reichseinheitlich in einer der wichtigsten Industriegruppen galt, sondern weil seine Einführung in der damaligen Zeit einen großen sozialpolitischen Fortschritt bedeutete.[41] Er sah eine Dreiteilung der Arbeitnehmererfindungen in Betriebs-, Dienst- und freie Erfindungen vor und definierte diese Begriffe.[42]

Eine spezielle Regelung im Hinblick auf Hochschullehrererfindungen enthielten die genannten Tarifverträge jedoch nicht. In Fortsetzung der früheren Praxis wurden diese Erfindungen weiterhin als den Hochschullehrern gehörig betrachtet.

Ebenso wenig brachte das Patentgesetz vom 05. Mai 1936[43] eine gesetzliche Regelung über die Behandlung der Erfindungen von Hochschullehrern oder Arbeitnehmererfindungen allgemein, wenn auch ab 1934 seitens des Reichsarbeits- und des Reichsjustizministeriums mit den Arbeiten an einer gesetzlichen Regelung begonnen und ursprünglich beabsichtigt worden war, die Regelung in ein Arbeitsvertragsgesetz einzubauen und zusammen mit dem revidierten Patentgesetz 1936 in Kraft treten zu lassen. Im Zusammenhang mit der Änderung des Patentgesetzes wurde jedoch das Anmeldeprinzip des Reichspatentgesetzes von 1877 bzw. 1891 vom heute noch gel-

---

[35] Volmer / Gaul, ArbnErfG, Einleitung Rn. 43.
[36] Vgl zur Kritik in Einzelheiten: Adler, GRUR 1913, 305ff.
[37] Bartenbach / Volz, GRUR 1982, 693, 699; Kurz, GRUR 1991, 422, 422.
[38] Kurz, GRUR 1991, 422, 422.
[39] Bartenbach / Volz, GRUR 1982, 693, 698.
[40] Vgl. Mitt. 1922, 118.
[41] Volmer / Gaul, ArbnErfG, Einleitung Rn. 58.
[42] Reimer / Schade / Schippel, S. 80; Bartenbach / Volz, GRUR 1982, 693, 700.
[43] RGBl. II, S. 117.

tenden Erfinderprinzip abgelöst. Hiernach hat der Erfinder oder sein Rechtsnachfolger das Recht auf das Patent, § 6 I PatG. Diese Regelung ist Ausdruck der Achtung der Erfinderpersönlichkeit und ihrer Leistung, sie will demjenigen, der die erfinderische Leistung vollbracht hat, die Erfindung und das Recht an ihr zuordnen.[44]

Ein erster „Entwurf eines Gesetzes über die Erfindungen von Gefolgsmännern“ vom 17. März 1939, welcher endlich zu einer Kodifizierung des Arbeitnehmererfindungsrechts führen sollte, wurde von Hitler, der die Unterschrift des ausfertigungsreifen Gesetzes verweigerte, als zu kompliziert und unverständlich zurückgewiesen.[45] Weitere Bemühungen in dieser Richtung wurden „mit Rücksicht auf die Kriegsverhältnisse“ vorerst zurückgestellt.[46]

Eine gesetzliche Lösung der Rechtsfrage der Angestelltenerfindung schuf erst die Verordnung über die Behandlung von Erfindungen von Gefolgschaftsmitgliedern vom 12. Juni 1942[47] und die eigentliche materielle Durchführungsverordnung zur Verordnung über die Behandlung von Erfindungen von Gefolgschaftsmitgliedern vom 20. März 1943[48] (DVO 1943), gefolgt von den Richtlinien für die Vergütung von Gefolgschaftserfindungen vom 20. März 1943 bzw. 10. Oktober 1944[49]. Ihr Zustandekommen lässt sich vor allem mit der kriegsentscheidenden Bedeutung militärtechnischer Erfindungen während des Zweiten Weltkriegs erklären.[50] Albert Speer, seinerzeit Reichsminister für Bewaffnung und Munition, hatte den Einfluss wirtschaftlicher Faktoren auf die Kriegsführung erkannt und den erfinderischen Beiträgen der Arbeitnehmer als Element der Steigerung der Rüstung wesentliche Bedeutung zugemessen.[51] Da angesichts der bereits 1942 deutlich erkennbar rüstungswirtschaftlich angespannten Lage Deutschlands die Notwendigkeit bestand, neue Waffen zu entwickeln, gestanden die Gefolgschaftsverordnungen den Arbeitnehmern deutlich mehr Rechte zu als etwa der Reichstarifvertrag der chemischen Industrie.[52]
Mit diesen Gefolgschaftsverordnungen verfügte Deutschland bereits in den 40er Jahren über das detaillierteste und überdies spezialgesetzlich geregelte Arbeitnehmererfindungsrecht seiner Zeit, wenn auch geprägt von nationalsozialistischem Gedankengut. So sah § 6 III der Durchführungsverordnung zum Beispiel vor, dass in bestimmten Fällen bei rüstungswirtschaftlicher Bedeutung der Erfindung, der Erfindungsgedanke vom Unternehmer dem zuständigen Wehrmachtteil mitzuteilen war. Ebenso konnten die Vorschriften dieser Verordnung über die Vergütung auch auf Erfindungen angewendet werden, die vor dem Inkrafttreten der Verordnung zustande gekommen waren, vorausgesetzt, das Hauptamt für Technik der NSDAP erklärte die bisherige Behandlung der Vergütung für „in besonderem Maße unbefriedigend“.[53]

---

[44] Hubmann / Götting, § 12 S. 134.
[45] Reimer / Schade / Schippel, S. 81; Kurz, S. 520.
[46] Reimer / Schade / Schippel, S. 81; Kurz, S. 520.
[47] Verordnung über die Behandlung von Erfindungen von Gefolgschaftsmitgliedern v. 12.06.1942, RGBl. I S. 466, abgedruckt auch bei Kurz, S. 522.
[48] Durchführungsverordung v. 20.03.1943, RGBl. I S. 257.
[49] Reichsanzeiger Nr. 70 vom 25.03.1943; Reichsanzeiger Nr. 271 vom 05.12.1944.
[50] Reimer / Schade / Schippel, S. 81; Riemschneider / Barth, S. 9; Bartenbach / Volz, GRUR 1982, 693, 701.
[51] Kurz, GRUR 1991, 422, 423.
[52] Kurz, GRUR 1991, 422, 424.
[53] Vgl. Vorschrift des § 13 der DVO 1943 über Inkrafttreten und Rückwirkung, RGBl. I, S. 257, 260.

Gerade diese, nach Beendigung des Zweiten Weltkrieges nicht mehr anwendbaren Vorschriften, zum Beispiel über die Schlichtungsfunktion von NS-Organisationen wie dem Hauptamt für Technik der NSDAP im Fall von Rechtsstreitigkeiten (vgl. § 10 I DVO 1943), machten eine rasche Aufnahme der Gesetzgebungstätigkeit im Zusammenhang mit dem Arbeitnehmererfindungsrecht notwendig,[54] so dass bereits 1948 die „Verwaltung des Vereinigten Wirtschaftsgebietes" eine Reform des Arbeitnehmererfindungsrechts in Anpassung an die veränderten Verhältnisse der Nachkriegszeit in Angriff nahm.[55] Normeninhalt und Fortgeltungszweifel zwangen damit zu Reformen.[56] Hierbei war der Gesetzgeber jedoch nicht so frei, wie man vielleicht zu Beginn annahm, da er mit den Regelungen der DVO 1943 bereits einen vorgegebenen Rechtszustand und daraus hergeleitete erworbene Rechtspositionen vorfand.[57] Damit ergab sich für die Arbeitnehmerseite während der Beratung des Arbeitnehmererfindungsgesetzes der Vorteil, dass von den prinzipiell recht arbeitnehmerfreundlichen Regelungen der Gefolgschaftserfinderverordnungen ausgegangen wurde und in der wirtschaftlichen Aufbauphase der fünfziger Jahre gewerkschaftliche Forderungen zudem leichter durchzusetzen waren.[58]

§ 11 der DVO 1943 hatte es dem Dienstherrn ermöglicht, Erfindungen von Professoren und Assistenten in Anspruch zu nehmen. Diese Möglichkeit wurde in der Praxis jedoch weiterhin nicht wahrgenommen, so dass es auch unter der Geltung der DVO 1943 zu keinen nennenswerten Spannungen zwischen den Kultusministerien der Länder, der Hochschulverwaltung und den Hochschullehrern kam.[59]
Aus diesem Grunde sah die Bundesregierung 1952 in dem Entwurf eines Arbeitnehmererfindungsgesetzes zunächst von der Normierung einer gesetzlichen Sonderregelung für Hochschullehrer und ihre Assistenten ab. Dies wurde in der amtlichen Begründung zum Regierungsentwurf für das Arbeitnehmererfindungsgesetz[60] mit der geringen Relevanz der fehlenden Privilegierung der Hochschullehrer in der DVO 1943 sowie mit der Tatsache begründet, bisher sei man bei den Universitäten und Hochschulen stets von dem Grundsatz der freien Verfügungsbefugnis des Erfinders ausgegangen. Dieser gewohnheitsrechtliche Grundsatz habe sich bewährt und solle auch weiterhin aufrechterhalten bleiben, so dass keine Notwendigkeit gesehen werde, eine explizite Privilegierungsregelung in das Gesetz mit aufzunehmen. Darüber hinaus seien die Hochschulverwaltungen weder an der wirtschaftlichen Auswertung der Erfindungen von Hochschullehrern und -assistenten interessiert, noch in der Lage, die Kosten und Risiken einer selbständigen Weiterbehandlung von Institutserfindungen zu übernehmen, deren Wert sie regelmäßig gar nicht zu beurteilen vermögen.[61]

---

[54] Kurz, GRUR 1991, 422, 424.
[55] Kirchhoff, GRUR 1950, 156, 157; Müller-Pohle, GRUR 1950, 172, 172; Siehe auch: Bartenbach / Volz, GRUR 1982, 693, 702.
[56] Volmer / Gaul, ArbnErfG, Einleitung Rn. 106.
[57] Friedrich, GRUR 1958, 270.
[58] Kurz, GRUR 1991, 422, 424.
[59] Volmer / Gaul, ArbnErfG, § 42 Rn. 7, 8; Kraßer / Stricker, Seite 33.
[60] „Entwurf eines Gesetzes über Erfindungen von Arbeitnehmern und Beamten", veröffentlicht in BT-Drucks. I / 3343 und BT-Drucks. II / 187.
[61] Eingabe des Hochschulverbandes v. 26.5. 1952 zitiert nach „Amtliche Begründung zum Gesetz über Arbeitnehmererfindungen" in: Blatt für Patent-, Muster- und Zeichenwesen 1957, S. 218, 225; BT-Drucks. I / 3343, S. 46; Volmer / Gaul, ArbnErfG, § 42 Rn. 9.

Gleichwohl befürchteten Hochschulkreise, die Landesregierungen könnten unter der Geltung des neuen Gesetzes zu einer Änderung dieser Praxis, also zur Anwendung der dann geltenden Vorschriften auf die Erfindungen von Hochschullehrern übergehen.[62]

So wurde 1955 schließlich ein überarbeiteter Regierungsentwurf, der eine Ausnahmebestimmung zugunsten der Hochschullehrer und ihrer Assistenten beinhaltete, vorgelegt und unter geringfügigen Änderungen am 03. und 24. Mai 1957 einstimmig vom Bundestag und Bundesrat verabschiedet.
Absicht des Gesetzgebers bezogen auf das Gesamtwerk war es dabei, ein Instrumentarium zu schaffen, durch das der Arbeitgeber die Möglichkeit bekam, die auf den Tätigkeitsbereich seines Betriebes gerichteten Erfindungen für betriebseigene Zwecke und somit für die technologische Fortentwicklung seines Betriebes zu sichern.[63] Diesem Ziel wurde der Vorrang vor den Verwertungsinteressen des Arbeitnehmers eingeräumt, welcher somit sowohl hinsichtlich seiner fachlichen Erfinderkarriere als auch der erzielbaren Erfindervergütung zurücktreten musste.[64] Für die Hochschulen entfiel demgegenüber die Notwendigkeit, sich über die Inanspruchnahme von Erfindungen betriebliches Know-how zu sichern.

Erst dieses Gesetz über Arbeitnehmererfindungen (ArbnErfG) erklärte somit in § 42 I – im Gegensatz zu den die breite Masse der Arbeitnehmer betreffenden Regelungen – die Erfindungen von Professoren, Dozenten und wissenschaftlichen Assistenten ausdrücklich für frei.

Die bis zum 06. Februar 2002 geltende Fassung des sog. „Hochschullehrerprivilegs" des § 42 ArbnErfG lautete:

§ 42 ArbnErfG

Besondere Bestimmungen für Erfindungen von Hochschullehrern und Hochschulassistenten

(1) In Abweichung von den Vorschriften der §§ 40 und 41 sind Erfindungen von Professoren, Dozenten und wissenschaftlichen Assistenten bei den wissenschaftlichen Hochschulen, die von ihnen in dieser Eigenschaft gemacht werden, freie Erfindungen. Die Bestimmungen der §§ 18, 19 und 22 sind nicht anzuwenden.

(2) Hat der Dienstherr für Forschungsarbeiten, die zu der Erfindung geführt haben, besondere Mittel aufgewendet, so sind die in Absatz I genannten Personen verpflichtet, die Verwertung der Erfindung dem Dienstherrn schriftlich mitzuteilen und ihm auf Verlangen die Art der Verwertung und die Höhe des erzielten Entgelts anzugeben. Der Dienstherr ist berechtigt, innerhalb von drei

[62] Volmer / Gaul, ArbnErfG, § 42 Rn. 9; Kraßer / Stricker, Seite 31.
[63] Fleuchaus / Braitmayer, GRUR 2002, 653, 653.
[64] Fleuchaus / Braitmayer, GRUR 2002, 653, 653.

Monaten nach Eingang der schriftlichen Mitteilung eine angemessene Beteiligung am Ertrage der Erfindung zu beanspruchen. Der Ertrag aus dieser Beteiligung darf die Höhe der aufgewendeten Mittel nicht übersteigen.

Die Vorschrift des § 42 ArbnErfG a.F. war Ausfluss des in Art. 5 III 1 GG verankerten Grundsatzes der Wissenschaftsfreiheit.[65] Der Gesetzgeber von 1957 verfolgte mit dieser Privilegierung das Ziel, die grundgesetzlich garantierte Lehr- und Forschungsfreiheit an den Hochschulen zu schützen sowie die Forschung dadurch anzuregen, dass dem Erfinder selbst der Lohn für seine Erfindertätigkeit zukam.[66]

Das Gesetz über Arbeitnehmererfindungen vom 25. Juli 1957 trat am 1. Oktober 1957 mit dem in § 42 I verankerten Hochschullehrerprivileg in Kraft.

III) Bisherige Rechtslage

1) Darstellung der bisherigen Rechtslage

In seiner bis zum 07. Februar 2002 geltenden Fassung enthielt § 42 ArbnErfG für diejenigen Erfinder, die als Professoren, Dozenten und wissenschaftliche Mitarbeiter an Hochschulen tätig waren, weit gehende Privilegien.
Im Falle einer normalen Diensterfindung i.S.v. § 4 II ArbnErfG kann der Arbeitgeber die Erfindung seines Arbeitnehmers gem. § 6 I ArbnErfG beschränkt oder unbeschränkt mit der Folge für sich in Anspruch nehmen, dass gem. § 7 I ArbnErfG alle Rechte an der Erfindung auf den Arbeitgeber übergehen. Dies bedeutet, dass der Arbeitgeber die Erfindung im eigenen Namen zum Patent anmelden und für sich verwerten kann, während der Arbeitnehmer eine angemessene Vergütung erhält, § 9 I ArbnErfG. Da das Arbeitsverhältnis einerseits und die Erfindung andererseits unterschiedlichen Normen unterworfen sind, deren Zusammentreffen nach dem Konzept des ArbnErfG zu einer Verknüpfung der beiden Normgruppen führt, wobei keine dieser Normgruppen dominiert, sondern nach Entstehungsgrund und Charakter getrennte Ansprüche nebeneinander stehen, erfüllt das ArbnErfG eine Art „Brückenfunktion einer Kollisionsregelung", welche die wesentlichen Fragen des Innenverhältnisses zwischen dem erfindenden Arbeitnehmer und dem diese Erfindung fordernden und ggf. verwertenden Arbeitgeber beantwortet.[67]

Demgegenüber stellte das Verwertungsprivileg des § 42 ArbnErfG a.F. – sog. „Hochschullehrerprivileg" – als spezialgesetzliche Regelung zu § 4 ArbnErfG den oben genannten Personenkreis als Erfinder besser.[68] Ungeachtet ihrer Tätigkeit im Rahmen

---

[65] Amtliche Begründung (BT-Drucks. II / 1648, S. 52), Blatt für Patent-, Muster- und Zeichenwesen 1957, 224, 247.
[66] Bartenbach / Volz, ArbnErfG, § 42 Rn. 1; Reiner / Schade / Schippel / Leuze, ArbnErfG, § 42 Rn. 1.
[67] Bartenbach, NZA 1990 Beilage Nr. 2, S. 21, 22; Windisch, GRUR 1985, 829, 830.
[68] Bartenbach / Volz, ArbnErfG, § 42 Rn. 2.

der Hochschule genossen sie aufgrund einer unwiderlegbaren Fiktion in § 42 I S. 1 ArbnErfG a.F. den Status „freier Erfinder", mit der Folge, dass die Rechte am Patent und damit auch die Erlöse aus der Verwertung dem Erfinder selbst vorbehalten blieben. Mit dieser Sonderregelung wurde die Hochschule von den formalistischen und aufwandsintensiven Pflichten wie Inanspruchnahme, Freigabe, Anmelde- und Auskunftspflicht gegenüber einem Erfinder befreit.[69]
Darüber hinaus erklärte § 42 I 2 ArbnErfG a.F. die für originär freie Erfindungen vorgesehenen §§ 18 und 19 ArbnErfG ausdrücklich für nicht anwendbar. Dies hatte zur Folge, dass den Hochschullehrer im Hinblick auf freie Erfindungen im Erfindungsfall weder eine Mitteilungs- noch eine Anbietungspflicht traf.[70] Die Erfindungen wissenschaftlicher Hochschulmitarbeiter waren somit noch „freier" als die sonstigen freien Erfindungen von Arbeitnehmern.[71]

Die Verwertung der Erfindung war dem Dienstherrn lediglich dann anzuzeigen, wenn dieser für die zur Erfindung führende Forschung besondere, über die regelmäßigen Forschungsmittel aus dem Landeshaushalt hinausgehende Mittel zur Verfügung gestellt hatte (vgl. § 42 II 1 ArbnErfG a.F.). Eine Mittelüberlassung mit der allgemeinen Bestimmung für Forschungszwecke reichte jedoch nicht aus, um einen Informations- und Beteiligungsanspruch der Hochschule zu begründen.[72] Vielmehr mussten die Mittel für einen ganz bestimmten Forschungszweck, also eigens für die konkreten Erfindungsarbeiten und nicht nur anlässlich ihrer Durchführung,[73] zur Verfügung gestellt worden sein.[74] Nur in diesem Fall war der Dienstherr berechtigt, eine angemessene Beteiligung am Ertrag der Erfindung zu beanspruchen.[75] Der Begriff der Forschungsmittel umfasste hierbei nicht nur Geld-, sondern auch Sachmittel, wie besondere Geräte, die für ein bestimmtes Forschungsvorhaben von der Universität angeschafft wurden.[76]
Mit der Regelung des § 42 II ArbnErfG sollte sichergestellt werden, dass die vom Dienstherrn zur Verfügung gestellten und für eine bestimmte Forschungsarbeit zweckgebundenen öffentlichen Mittel aus den Erträgen der so geförderten Arbeitsergebnisse wieder an die öffentliche Hand zurückflossen.[77]

Demzufolge waren die Hochschullehrer im Unterschied zu anderen Arbeitnehmererfindern in der Regel als Volleigentümer ihrer Erfindungen unbegrenzt verfügungs- und verwertungsberechtigt. Sie besaßen die Freiheit, völlig unabhängig von der Hochschule zu entscheiden, ob sie ihre Erfindung gleich veröffentlichen oder lieber erst patentieren ließen, ob sie diese verkaufen, lizenzieren oder einen Know-how-Vertrag schließen wollten. Darüber hinaus konnten sie den vollen Gewinn aus der Erfindung abschöpfen.

---

[69] Fleuchaus / Braitmayer, GRUR 2002, 653, 654.
[70] Bartenbach / Volz, ArbnErfG, § 42 Rn. 24; Kraßer / Stricker, S. 31.
[71] Marquardt, S. 168.
[72] Marquardt, S. 181.
[73] Volmer / Gaul, § 42 Rn. 79.
[74] Vgl. Amtliche Begründung zum ArbnErfG in Blatt für Patent-, Muster -und Zeichenwesen 1957, S. 224, 255 (Teil B zu § 43 – jetzt § 42).
[75] Reimer / Schade / Schippel / Leuze, ArbnErfG, § 42 Rn. 22.
[76] Vgl. Volmer / Gaul, ArbnErfG, § 42 Rn. 78.
[77] Bartenbach / Volz, ArbnErfG, § 42 Rn. 30; Reimer / Schade / Schippel, ArbnErfG, § 42 Rn. 22; Frieling, GRUR 1987, 407, 413.

2) Reformbedarf

Die Kehrseite dieses Privilegs zeigte sich in der Eigenverantwortung des „Hochschulerfinders" für die Patentierung, welche in der Regel auch das Problem der Eigenfinanzierung mit sich brachte. Der hohe Zeit- und Arbeitsaufwand des Patentverfahrens verbunden mit einem enormen Kostenrisiko[78] führten in der Vergangenheit dazu, dass vielfach keine Patentierung bzw. Verwertung seitens der Hochschullehrer, sondern lediglich eine Publikation der Forschungsergebnisse erfolgte.[79] Die hiermit verbundene Offenbarung machte die Erfindung jedoch zum Stand der Technik und schloss die Erteilung eines Patents für die Zukunft aus (vgl. §§ 1 I, 3 I PatG), was den Verlust der Chance auf wirtschaftliche Wertschöpfung, eine sog. „Verwertungslücke", zur Folge hatte.
Viele Wissenschaftler hielten den Aufwand für ein Patent im Verhältnis zu seinem Nutzen für zu hoch. Für die Reputation als Wissenschaftler und die berufliche Laufbahn wurde das Betreiben von Patentarbeit eher als bedeutungslos eingeschätzt. Auch aus diesem Grund scheuten viele Hochschulerfinder vor der bürokratischen Anmeldung zurück und hatten Schwierigkeiten bei der anschließenden Durchsetzung ihrer Rechte.[80]
So betrug der Hochschulanteil am gesamtdeutschen Patentaufkommen in der Vergangenheit nur etwas über 4 %,[81] d.h. alle Hochschulen in Deutschland erbrachten zusammen bei weitem nicht so viele Patentanmeldungen wie z.B. allein die Siemens AG.[82] Viele der von den über 25.000 deutschen Professoren und Professorinnen geschaffenen Erfindungen blieben wirtschaftlich ungenutzt. Damit gingen zahlreiche Möglichkeiten zur Existenzgründung sowie zur Sicherung vorhandener oder zur Schaffung neuer Arbeitsplätze unwiederbringlich verloren.[83] Darüber hinaus hatte die unzureichende Verwertung von Hochschulerfindungen zur Folge, dass trotz öffentlicher Finanzierung keine Rückflüsse aus Verwertungserlösen von Hochschulerfindungen an die öffentliche Hand zu verzeichnen waren.

Geändert hat sich zudem das forschungs- und wirtschaftspolitische Umfeld der Hochschulen. Hochschulen sind nicht mehr Stätten reiner Grundlagenforschung. Die staatlich finanzierte Forschung dient neben der wissenschaftlichen Erkenntnis als solcher auch der Eröffnung neuer Chancen für Innovation und damit der Stimulierung von Neuerungen im wirtschaftlichen Bereich.[84] Die Förderung von Wissens- und Technologietransfer gehört daher zu den grundlegenden Aufgaben der Hochschulen (vgl. § 2 VII HRG).
In diesem Zusammenhang gilt es zudem darauf hinzuweisen, dass auch die Wettbewerbsfähigkeit eines modernen Industriestaates im internationalen Vergleich in ei-

---

[78] Die Anmeldekosten für ein Deutsches Patent liegen bei ca. 3.500 €, für ein Europäisches Patent bei max. 25.500 €.
[79] Entwurf eines Gesetzes zur Änderung des Gesetzes über Arbeitnehmererfindungen, BT-Dr 14 / 5975, S. 5.
[80] Beier, GRUR Int. 1982, 77, 82; Ranft, GRUR Int. 1980, 597, 599.
[81] „Neue Einnahmequelle für die Universitäten" in Süddeutsche Zeitung v. 16.08. 2001.
[82] Internetseite des Bundesministeriums für Bildung und Forschung: http://www.bmbf.de/4100.html.
[83] Fleuchaus / Braitmayer, GRUR 2002, 653, 654.
[84] Entwurf eines Gesetzes zur Änderung des Gesetzes über Arbeitnehmererfindungen, BT-Dr 14 / 5975, S.2.

nem nicht unerheblichen Maße vom Standart seiner Forschung in bestimmten Bereichen wie etwa Technik oder Naturwissenschaften abhängig ist.[85] Wissenschaftliche, insbesondere technologische Erkenntnisse werden in einer exportabhängigen Industrienation mehr und mehr zum Wirtschaftsgut.[86] Insoweit ergibt sich in einem verfassungspolitischen Sinne ein gesamtgesellschaftlicher Auftrag der Forschung, zu dem die Hochschulen Wesentliches beitragen können.[87]

3) Zielsetzung der Neuregelung

Aus der aufgezeigten Reformbedürftigkeit ergibt sich die Zielsetzung der Neuregelung. So wird mit der Abschaffung des Hochschullehrerprivilegs die Förderung des Wissens- und Technologietransfers angestrebt. Die Aufgabe der Förderung des Wissens- und Technologietransfers gibt den Hochschulen bereits § 2 VII HRG auf, welcher sowohl den Transfer in die Hochschule als auch aus der Hochschule erfasst.[88] Als Obliegenheit der Hochschule ist damit auch die Verbreitung und Nutzung von Forschungsergebnissen im gesellschaftlichen Leben und in der beruflichen Praxis anzusehen.[89] Schneller und effizienter als bisher sollen in Zukunft daher Know-how und Erfindungen in die Wirtschaft transferiert, das Innovationspotential der Hochschulen ausgeschöpft und Patente somit besser vermarktet werden.[90]

Für Universitäten und Hochschulen könnte sich daneben die Gelegenheit bieten, der Öffentlichkeit die Qualität ihrer Forschungs- und Entwicklungsarbeiten näher zu bringen. Eine hohe Anzahl qualitativ hochwertiger Patente würde das Ansehen der Hochschule in Hochschulkreisen verbessern. Darüber hinaus kann sich das öffentliche Ansehen einer Hochschule erhöhen, wenn sie sich zum Wohle der Öffentlichkeit betätigte und mit der Verwertung ihrer Erfindungen die Volkswirtschaft unterstützte.[91] Eine gute Reputation könnte wiederum zur Intensivierung der Kontakte zur Wirtschaft und zur Profilschärfung in Forschung und Lehre führen.

Ferner sollen mit der Novellierung finanzielle Anreize für Hochschulerfinder, die für eine Verwertung ihrer Erfindungen nunmehr keine eigenen finanziellen Risiken auf sich nehmen müssen, geschaffen werden, um somit die Patentaktivität der Hochschulbeschäftigten zu erhöhen.

Ein weiterer wichtiger Aspekt ist die Möglichkeit der Wertschöpfung zugunsten der Hochschulen, für die die Patentvermarktung eine Einnahmequelle darstellen könnte. Interesse an der Inanspruchnahme besteht deshalb in der Regel, sobald eine Verwertung Erfolg versprechend und somit die Schaffung von Erwerbsmöglichkeiten

---

[85] Bartenbach, Zwischenbetriebliche Forschungs- und Entwicklungskooperation, S. 1; Oppermann, HdbStR VI, § 145 Rn. 43 (S. 834).
[86] Frieling, GRUR 1987, 407, 407.
[87] Oppermann, HdbStR VI, § 145 Rn. 43 (S. 834).
[88] Hailbronner / Gleis – Epping, § 2 Rn. 54.
[89] Reich, HRG, § 2 Rn. 12.
[90] ProVendis news – Magazin für Hochschulerfinder, Ausgabe 1, Vorwort der Ministerin für Schule, Wissenschaft und Forschung NRW.
[91] Cohausz / Hannig / Dawidowicz & Partner, S. 163.

durch eine Weiterveräußerung oder Lizenzierung der Erfindung als realisierbar erscheint.[92]
So zeigt das Beispiel USA, dass dort seit dem sog. „Bayh-Dole-Act" Anfang der 80er Jahre, welcher es den Hochschulen ermöglichte, relativ unkompliziert die Rechte an den Erfindungen ihrer Mitarbeiter zu beanspruchen und sie in der Folge selbst zu verwerten, über professionelle Patentanmelde- und Patentverwertungsstellen an sowohl privaten als auch staatlich betriebenen amerikanischen Hochschulen erhebliche Lizenzeinnahmen erzielt werden konnten.[93] Aufgrund der öffentlichen Finanzierung kann es als wirtschaftliche Notwendigkeit angesehen werden, Hochschulerfindungen einer gesicherten Verwertung zuzuführen.

Zusammenfassend geht die Zielsetzung der Neuregelung also dahin, das ArbnErfG unter Wahrung der Forschungs- und Lehrfreiheit an die veränderten Rahmenbedingungen der Hochschulforschung anzupassen, die Anreize für innovative Tätigkeiten im Hochschulbereich zu steigern, den Wissens- und Technologietransfer an den Hochschulen zu fördern und die Rahmenbedingungen für Aufbau und Sicherung eines Hochschul-Patentwesens zu schaffen, welches zur effektiven wirtschaftlichen Verwertung von Forschungsergebnissen unerlässlich ist.[94] Den Hochschulen soll es somit ermöglicht werden, alle an den Hochschulen gemachten Erfindungen in Anspruch zu nehmen, zur Erteilung eines Schutzrechts anzumelden und einer wirtschaftlichen Verwertung zuzuführen.

Ob die angestrebten Ziele mittels der Novellierung des § 42 ArbnErfG tatsächlich zu erreichen sein werden, soll Gegenstand der abschließenden Bewertung sein.

IV) Neuregelung des § 42 ArbnErfG

Das Gesetz zur Änderung des ArbnErfG ist am 07. Februar 2002 in Kraft getreten. Bisher liegen nur wenige praktische Umsetzungserfahrungen vor. Im Folgenden sollen die neue Rechtslage sowie die sich in patentrechtlicher Hinsicht ergebenden Auswirkungen dargestellt werden.

1) Darstellung der neuen Rechtslage

Mit der Neuregelung des § 42 ArbnErfG wird die bisherige Rechtslage in ihr Gegenteil verkehrt. Hochschullehrererfindungen werden nunmehr weitgehend wie normale Diensterfindungen behandelt. Es erfolgte eine Anpassung an die Bestimmungen wie im privaten und öffentlichen Dienst, d.h. der Hochschule wird jetzt das Recht eingeräumt, Erfindungen ihres Personals in Anspruch zu nehmen, um sie schutzrechtlich zu sichern und auf eigene Rechnung kommerziell zu verwerten.

---

[92] Fleuchaus / Braitmayer, GRUR 2002, 653, 654.
[93] Aus: „Geistesblitze im Schatten" – BerliNews vom 27.04. 2000; ProVendis news – Magazin für Hochschulerfinder, Ausgabe 1; Cohausz / Hannig / Dawidowicz & Partner, S. 59.
[94] Bartenbach, Stand der Reform zum Gesetz über Arbeitnehmererfindungen, S. 3.

Eine Lösung allein auf freiwilliger Basis kam in diesem Zusammenhang nicht in Frage. Ein funktionierendes Hochschulpatentwesen käme nicht in Gang, wenn nur die eher weniger ertragreichen Erfindungen für eine Verwertung seitens der Hochschule übrig blieben. Das bloße Angebot der Hochschule an Hochschullehrer, bei Bedarf deren Erfindungen zu verwerten, wurde demnach als nicht ausreichend erachtet.[95] Im Gegenteil musste der Hochschule die Chance eingeräumt werden, die erfinderischen Leistungen, die im Rahmen des Dienstes entstehen, ausnahmslos an sich ziehen zu können.
Somit gelten seit dem 07. Februar 2002 für die Erfindungen aller an einer Hochschule Beschäftigten die allgemeinen Vorschriften des ArbnErfG, soweit § 42 ArbnErfG n.F. nichts Abweichendes bestimmt. Damit unterstellt das neue Recht die Erfindungen des gesamten Personals an Hochschulen den allgemeinen Regelungen des ArbnErfG, belässt es also bei den Vorgaben der §§ 40, 41 ArbnErfG und trifft in § 42 Nr. 1 bis 5 n.F. lediglich Sonderregelungen für den Wissenschaftsbereich und die Erfindervergütung.[96]
Die grundsätzliche Geltung des ArbnErfG betrifft ohne Einschränkung alle Erfindungen und umfasst daher sowohl die Vorschriften über Diensterfindungen als auch die allgemeinen Regeln über freie Arbeitnehmererfindungen i.S.v. § 4 III ArbnErfG.[97] Ebenso finden vorbehaltlich der sich aus § 42 Nr. 1 bis 5 ArbnErfG ergebenden Einschränkungen die Bestimmungen der §§ 40, 41 ArbnErfG Anwendung.

Im weiteren Verlauf der Arbeit wird der Ablauf des Verfahrens von der Diensterfindung bis hin zur Verwertung derselben dargestellt.

a) Anwendungsbereich

Dem Einleitungssatz zufolge gelten die Bestimmungen des § 42 Nr. 1 bis 5 ArbnErfG n.F. für „Erfindungen der an einer Hochschule Beschäftigten".

aa) Institutioneller Anwendungsbereich

Mit der Wortlautänderung von „wissenschaftliche Hochschule" (a.F.) in „Hochschule" allgemein (n.F.) hat sich für die Zukunft die vormals strittige Frage erledigt, ob auch Fachhochschulen vom Regelungsbereich des § 42 ArbnErfG erfasst werden.[98]
Auch wenn nach den §§ 1, 70 HRG als Hochschule alle Bildungseinrichtungen anzusehen sind, die nach Landesrecht staatlich oder staatlich anerkannt sind, kam durch die Begrenzung auf „wissenschaftliche" Hochschule bislang zum Ausdruck, dass sich der Anwendungsbereich auf Einrichtungen beschränken sollte, die ihrem Zweck nach in erster Linie auf die Forschung ausgerichtet sind.[99] So fielen nach streitiger Ansicht

---

[95] Begründung zum Änderungsvorschlag für § 42 ArbnErfG der Bund-Länder-Kommission für Bildungsplanung und Forschungsförderung (BLK), Sitzung vom 30.10.2000.
[96] Bartenbach / Volz, ArbnErfG, § 42 (n.F.) Rn. 25; Bartenbach / Volz, GRUR 2002, 743, 744.
[97] Bartenbach / Volz, ArbnErfG, § 42 (n.F.) Rn. 26.
[98] Zu § 42 ArbnErfG a.F.: Dagegen: Bartenbach / Volz, ArbnErfG, § 42 Rn. 7; dafür Reiner / Schade / Schippel / Leuze, ArbnErfG, § 42 Rn. 10.
[99] Bartenbach / Volz, ArbnErfG, § 42 Rn. 8; Marquardt, S. 169.

Fachhochschulen, deren Hauptbestimmung in der Ausbildung von Studenten – wenn auch auf wissenschaftlicher Grundlage – liegt, aus dem Anwendungsbereich des § 42 ArbnErfG a.F. heraus.[100]

Mit der Erweiterung des institutionellen Anwendungsbereichs greift die Novellierung die Tatsache auf, dass das gesamte Hochschulwesen, speziell der Aufgabenbereich der Fachhochschulen, seit dem Inkrafttreten des ArbnErfG im Jahre 1957 einen tief greifenden Wandel widerfahren hat. So wird an den Fachhochschulen in beachtlichem und ständig zunehmendem Maße anwendungsbezogene Forschung betrieben.[101] Ohne Fachhochschulen mit den wissenschaftlichen Hochschulen gleichstellen zu wollen, erschiene es doch höchst eigenartig, den weithin unselbständig arbeitenden wissenschaftlichen Assistenten am Hochschulprivileg des § 42 ArbnErfG n.F. teilhaben zu lassen und Professoren an Fachhochschulen auf die Regelungen der §§ 40, 41 ArbnErfG zu verweisen.[102]

Fraglich ist, ob in Anlehnung an § 1 HRG neben den Universitäten und Fachhochschulen nunmehr auch Pädagogische Hochschulen, Kunst- und Musikhochschulen und sonstige Einrichtungen des Bildungswesens erfasst sind, die nach Landesrecht staatliche Hochschulen sind.
Gegenüber den wissenschaftlichen Hochschulen betreiben diese zwar nur in Teilbereichen Forschung, die dem Standard wissenschaftlicher Hochschulen entspricht – so haben Kunst- und Musikhochschulen in erster Linie die Aufgabe, den Studenten eine optimale Entfaltung ihrer künstlerischen und musikalischen Begabung zu ermöglichen.[103] Es gibt aber auch Hochschullehrer, die in der Forschung Fächer vertreten, die ebenso auch an wissenschaftlichen Hochschulen gelehrt werden oder deren Forschungsbereich angehören.[104] Da diese Hochschullehrer aufgrund ihrer Qualifikation dem „materiellen Hochschullehrerbegriff" genügen und sie durch ihre Forschungstätigkeit auch ihre Hochschule prägen, erscheint es gerechtfertigt, die Kunst- und Musikhochschulen – wie auch die Pädagogischen Hochschulen – als wissenschaftliche Hochschulen im weiteren Sinne zu bezeichnen.[105]
Für diese Hochschularten gilt somit Art. 5 III GG in seinem vollständigen Wortlaut.[106] Für die Hochschullehrer an Kunst- und Musikhochschulen ist demnach je nach Betätigungsfeld entweder die Kunst- oder die Wissenschaftsfreiheit individuelles Grundrecht.[107] Zudem normiert § 3 I HRG für das Land und alle Hochschulen i.S.v. § 1 HRG die Pflicht, den Mitgliedern der Hochschule, denen die Wahrnehmung der durch Art. 5 III 1 GG garantierten Grundrechte als Amtspflicht obliegt, den notwendigen Freiraum zu sichern.[108] Gerade dieser Freiraum wurde in Bezug auf Hochschulerfindungen mittels der Neuregelung des § 42 ArbnErfG n.F. konkretisiert, so dass auch

---

[100] Vgl. Bartenbach / Volz, ArbnErfG, § 42 Rn. 7.
[101] Reimer / Schade / Schippel / Leuze, ArbnErfG, § 42 Rn. 10.
[102] So zu schon zu § 42 ArbnErfG a.F.: Reimer / Schade / Schippel / Leuze, ArbnErfG § 42 Rn. 10; Volmer / Gaul, ArbnErfG, § 42 Rn. 24.
[103] Vgl. Krüger in: Handbuch des Wissenschaftsrechts (1996), 207, 215.
[104] Vgl. Krüger in: Handbuch des Wissenschaftsrechts (1996), 207, 215.
[105] Vgl. Krüger in: Handbuch des Wissenschaftsrechts (1996), 207, 215.
[106] Krüger in: Handbuch des Wissenschaftsrechts (1996), 207, 215.
[107] Krüger in: Handbuch des Wissenschaftsrechts (1996), 207, 215.
[108] Krüger in: Handbuch des Wissenschaftsrechts (1996), 207, 207.

die Pädagogischen Hochschulen, Kunst- und Musikhochschulen und sonstige Einrichtungen des Bildungswesens, die nach Landesrecht staatliche Hochschulen sind, vom Anwendungsbereich dieser Vorschrift umfasst sein müssen. Für eine Einbeziehung spricht neben dem Wortlaut zudem der Zweck der Novellierung, möglichst weit reichend Erfindungen von Hochschulbeschäftigten einer organisierten und strukturierten Verwertung zuzuführen.

Weiterhin nicht miteinbezogen in den Anwendungsbereich des § 42 ArbnErfG n.F. sind jedoch Forschungseinrichtungen außerhalb der Hochschulen, wie z.B. Max-Planck-Institute.

bb) Persönlicher Anwendungsbereich

Die bisherige gesetzliche Unterscheidung zwischen Erfindungen von Wissenschaftlern und solchen von nicht-wissenschaftlichem Hochschulpersonal entfällt.[109] Die Regelung des § 42 ArbnErfG erfasst nunmehr allgemein alle „an einer Hochschule Beschäftigten" und nicht mehr nur Professoren, Dozenten und wissenschaftliche Assistenten. § 42 ArbnErfG n.F. ist danach grundsätzlich auf alle an einer Universität Beschäftigten anzuwenden, die im Dienste des Landes oder – wenn die Hochschule Dienstherr ist – im Dienste der Hochschule stehen. Es spielt daher keine Rolle, ob der einzelne Beschäftigte in einem Arbeitsverhältnis, einem Angestelltenverhältnis oder im Beamtenverhältnis zur Hochschule beschäftigt wird. Die Vorschrift setzt insoweit nur das Bestehen eines Beschäftigungsverhältnisses voraus.

Hintergrund der Erweiterung des persönlichen Anwendungsbereichs ist die Tatsache, dass die bisherige Unterscheidung in der Praxis heutiger Teamarbeit gerade in der Forschung häufig zu Schwierigkeiten führte, wenn es um gemeinsame Erfindungen ging: Während sie für den Hochschullehrer als freie Erfindungen zur eigenen Disposition standen, konnten wissenschaftliche Mitarbeiter nur über die Hochschule darüber verfügen.[110] Zur Erreichung der Zielsetzung der Novellierung des § 42 ArbnErfG – die Förderung des Wissens- und Technologietransfers an den Hochschulen –, war es daher geboten, den Anwendungsbereich über die wissenschaftlich Tätigen hinaus zu erweitern.[111]

An einer Hochschule beschäftigt sind – in Anlehnung an § 7 SGB IV – alle in weisungsgebundener, persönlich abhängiger Stellung Tätigen, unabhängig davon, ob es sich um Beamte und Arbeitnehmer im öffentlichen Dienst oder um wissenschaftliches bzw. technisches Personal handelt;[112] vereinfacht ausgedrückt diejenigen Hochschulangehörigen, die in einem Arbeits- oder Beamtenverhältnis zur Hochschule ste-

---

[109] Böhringer, NJW 2002, 952, 953.

[110] Begründung zum Änderungsvorschlag für § 42 ArbnErfG der Bund-Länder-Kommission für Bildungsplanung und Forschungsförderung (BLK), Sitzung vom 30.10.2000.

[111] Begründung zum Gesetz zur Änderung des Gesetzes über Arbeitnehmererfindungen, BT-Dr 14 / 5975, S. 6.

[112] Entwurf eines Gesetzes zur Änderung des Gesetzes über Arbeitnehmererfindungen, BT-Dr 14/5975, S. 6.

hen.[113] Ausgenommen bleiben auch weiterhin Gastdozenten, Doktoranden und Studenten, soweit sie nicht zusätzlich bei der Hochschule angestellt sind.[114]

Arbeitgeber oder Dienstherr der an der Hochschule beschäftigten Personen ist in vielen Fällen jedoch nicht die Hochschule selbst als juristische Person, sondern der Staat als Träger der Hochschule, insbesondere das Land.[115] Da der Wortlaut der Neuregelung in § 42 Nr. 1, 2 und 4 ArbnErfG allgemein von „Dienstherr" und nicht von „Hochschule" spricht, sind auch Arbeitnehmer im Landesdienst bzw. Beamten, die in einem unmittelbaren Beamtenverhältnis zum Land stehen, erfasst.[116] In Erfindungsangelegenheiten wird der Staat bzw. das Land jedoch gegenüber dem in seinem Dienst stehenden Hochschulpersonal durch die Hochschule und deren Organe vertreten.[117] Da für den Erfinder in diesen Fällen allein die Hochschule als Partner erscheint, wird im Folgenden nicht zwischen der Hochschule einerseits und dem Staat bzw. dem Land andererseits unterschieden.
Zu dem von § 42 ArbnErfG n.F. geschützten Personenkreis gehört somit insbesondere das in § 42 S. 1 HRG aufgeführte hauptberuflich tätige wissenschaftliche Personal, also Hochschullehrer, wissenschaftliche Mitarbeiter und Lehrkräfte für besondere Aufgaben.[118] Einbezogen sind aber auch sonstige Personen, die bei der Hochschule angestellt sind, wie z.B. wissenschaftliche und studentische Hilfskräfte, das gesamte technische Personal sowie Angestellte, Arbeiter und Beamte der Verwaltung.[119]

In diesem Zusammenhang ist jedoch zu beachten, dass die Einbeziehung aller Hochschulbediensteten in die Sonderregelungen des § 42 ArbnErfG n.F. für Hochschulbeschäftigte ohne wissenschaftliche Tätigkeit lediglich in Bezug auf § 42 Nr. 4 und 5 ArbnErfG, also bezüglich der Vergütung sowie der Nichtanwendbarkeit des Beteiligungsanspruchs aus § 40 Nr. 1 ArbnErfG, zu einer Besserstellung gegenüber anderen Beamten und Arbeitnehmern im öffentlichen Dienst führt.
Da die übrigen Bestimmungen des § 42 ArbnErfG n.F. (Nr. 1 bis 3) ausschließlich der Gewährleistung der verfassungsrechtlich geschützten Wissenschaftsfreiheit dienen und einen Bezug zur Lehr- und Forschungstätigkeit des Erfinders erfordern, gelten sie nur für Personen, die in den Schutzbereich des Art. 5 III 1 GG einbezogen sind,[120] während sie für nicht wissenschaftlich Tätige ohne Auswirkungen bleiben.
Vom persönlichen Anwendungsbereich des § 42 Nr. 1 bis 3 ArbnErfG erfasst und damit privilegiert sind daher Hochschullehrer, also Professoren und Juniorprofessoren (§ 42 S. 1 HRG), kraft Übergangsrecht noch vorhandene Hochschulassistenten (§ 76 a HRG), wissenschaftliche Assistenten, Oberassistenten und Oberingenieure (§ 74 I HRG).[121]

---

[113] Kraßer, Forschung und Lehre 8/2002, 1, 7.
[114] Gesetz zur Änderung des Gesetzes über Arbeitnehmererfindungen, BT-Dr 14 / 5975, S. 6 (Besonderer Teil zu Artikel 1 Nr. 2).
[115] Kraßer, Forschung und Lehre 8/2002, 1, 7; Kraßer / Stricker, S. 69.
[116] Bartenbach / Volz, GRUR 2002, 743, 745.
[117] Kraßer, Forschung und Lehre 8/2002, 1, 7.
[118] Bartenbach / Volz, ArbnErfG, § 42 (n.F.) Rn. 12; Bartenbach / Volz, GRUR 2002, 743, 746.
[119] Bartenbach / Volz, ArbnErfG, § 42 (n.F.) Rn. 12.
[120] Begründung zum Gesetz zur Änderung des Gesetzes über Arbeitnehmererfindungen, BT-Dr 14 / 5975, S. 6.
[121] Bartenbach / Volz, GRUR 2002, 743, 746.

Fraglich ist, ob – abweichend von der h.M. zu § 42 ArbnErfG a.F.[122] – nunmehr auch wissenschaftliche Mitarbeiter in den Genuss der § 42 Nr. 1 bis 3 ArbnErfG kommen. Gem. § 53 I, II HRG erbringen wissenschaftliche Mitarbeiter wissenschaftliche Dienstleistungen, wozu auch die Vermittlung von Fachwissen und praktischen Fertigkeiten an Studenten sowie deren Unterweisung in der Anwendung wissenschaftlicher Methoden gehört. Da zum Begriff der wissenschaftlichen Lehre unabdingbar auch wissenschaftliche Eigenverantwortung gehört,[123] steht Hochschulbeschäftigten, die zwar Lehrveranstaltungen halten dürfen, hierbei aber weisungsabhängig sind, aus dem Gesichtspunkt der Lehrfreiheit ein solcher besonderer Schutz unstreitig nicht zu.[124]
Soweit wissenschaftliche Assistenten allerdings selbständig Aufgaben in Forschung und Lehre wahrnehmen (§ 53 I 4 HRG) und insoweit in den Schutz des Art. 5 III 1 GG einbezogen sind, sollte man jedoch aufgrund der Schutzrichtung des § 42 ArbnErfG n.F. ihre Einbeziehung in den Anwendungsbereich bejahen.[125]

Unstreitig nicht erfasst werden alle Personen, bei denen das erforderliche Beschäftigungsverhältnis fehlt, wie Gastdozenten, freie Mitarbeiter der Hochschule, Mitarbeiter, die von dritter Stelle abgeordnet werden wie z.B. Arbeitnehmer eines privaten Auftraggebers oder Kooperationspartners, Angehörige außeruniversitärer Forschungseinrichtungen sowie Studenten.[126]
Auch das Doktorandenverhältnis an sich ist – ohne eine Beschäftigung am Lehrstuhl – kein Arbeitsverhältnis, § 42 ArbnErfG n.F. schon aus diesem Grund nicht anwendbar.[127] Erfindungen, die sich – insbesondere bei Arbeiten mit technischem Bezug – aus der wissenschaftlichen Tätigkeit im Rahmen der Doktorarbeit ergeben, sind daher ohne Einschränkung frei durch den Erfinder selbst verwertbar.

cc) Sachlicher Anwendungsbereich

§ 42 ArbnErfG n.F. spricht von „Erfindungen". Vom sachlichen Anwendungsbereich der Vorschrift umfasst sind daher alle patent- oder gebrauchsmusterfähigen Diensterfindungen i.S.d. §§ 2, 4 II ArbnErfG, die der Hochschulbeschäftigte während der Dauer seines Arbeits- bzw. Anstellungsverhältnisses als Allein- oder Miterfinder fertig stellt.[128]

Nach dem eindeutigen Wortlaut nicht erfasst sind dagegen technische Verbesserungsvorschläge, §§ 3, 20 ArbnErfG.[129] Der neugefasste § 42 ArbnErfG spricht nur von Erfindungen. Ob sich gleichwohl, wie auch im Zusammenhang mit der alten Fas-

---

[122] Vgl. Reimer / Schade / Schippel, ArbnErfG, § 42 Rn. 7 m. w. Nachweisen.
[123] v.Münch / Kunig – Wendt, GG, Art. 5 Rn. 102.
[124] Beyerlein, NZA 2002, 1020, 1021.
[125] So auch Bartenbach / Volz, GRUR 2002, 743, 746; Vgl. zum Schutzbereich des Art. 5 III GG: Krüger in: Handbuch des Wissenschaftsrechts, Bnd.1, S. 278.
[126] Vgl. Aufzählung bei Bartenbach / Volz, ArbnErfG, § 42 (n.F.) Rn. 17-20.
[127] Ballhaus, GRUR 1984, 1, 1; Wimmer, GRUR 1961, 449, 452.
[128] Bartenbach / Volz, GRUR 2002, 743, 747.
[129] Bartenbach / Volz, ArbnErfG, § 42 (n.F.), Rn. 52.

sung des § 42 ArbnErfG,[130] eine Ansicht bilden wird, die aufgrund der Zielsetzung der Neuregelung in Form der Belebung erfinderischer Tätigkeit an Hochschulen eine Ausdehnung des sachlichen Anwendungsbereichs auch auf technische Verbesserungsvorschläge fordert,[131] bleibt abzuwarten.
Da technische Verbesserungsvorschläge im Vergleich zu Erfindungen kein aliud darstellen, sondern zu diesen in einem Stufenverhältnis stehen,[132] könnte angesichts der verfassungsrechtlich garantierten Wissenschaftsfreiheit von Hochschulwissenschaftlern eine Einbeziehung auch der technischen Verbesserungsvorschläge in den sachlichen Anwendungsbereich des § 42 ArbnErfG n.F. zu bejahen sein. Hier stellte sich jedoch das Problem, dass eine auf den Vorrang der Wissenschaftsfreiheit aus Art. 5 III GG zurückgeführte, analoge Anwendung des § 42 ArbnErfG n.F. auch auf technische Verbesserungsvorschläge nur für Hochschulwissenschaftler gelten könnte. Die Neuregelung des § 42 ArbnErfG erfasst jedoch nach ihrem persönlichen Anwendungsbereich nunmehr grundsätzlich alle Hochschulbeschäftigten, also auch solche, die sich nicht auf die verfassungsrechtlichen Garantien der Wissenschaftsfreiheit berufen können.
Vor diesem Hintergrund und ausgehend vom eindeutigen Gesetzeswortlaut der Neuregelung ist eine Ausdehnung des sachlichen Anwendungsbereichs auch auf technische Verbesserungsvorschläge zu verneinen. Es bleibt daher bei der Geltung der allgemeinen Regeln des ArbnErfG (§§ 40, 41 i.V.m. §§ 3, 20 ArbnErfG), so dass diesbezüglich auch nur die üblichen Vergütungsregeln des ArbnErfG zur Anwendung kommen.

Auch sonstige schöpferische Leistungen wie Computerprogramme oder Geschmacksmuster werden von der Neuregelung nicht erfasst.

b) Diensterfindung

Nach der Neuregelung setzt das Recht der Hochschule zur Inanspruchnahme das Vorliegen einer Diensterfindung voraus. Daher kommt der Abgrenzung zwischen gebundener Diensterfindung und freier Erfindung ausschlaggebende Bedeutung zu.

Grundsätzlich wird bei Diensterfindungen gem. § 4 II ArbnErfG zwischen Obliegenheitserfindungen (§ 4 II Nr. 1 ArbnErfG) und Erfahrungserfindungen (§ 4 II Nr. 2 ArbnErfG) unterschieden.[133] Diese allgemeinen Regeln gelten mangels Sonderregelung auch für Erfindungen von Hochschulbeschäftigten.[134]

---

130 Bartenbach / Volz, ArbnErfG, § 42 (a.F.), Rn. 29; Reimer / Schade / Schippel/ Leuze, ArbnErfG, § 42 (a.F.), Rn. 21; Frieling, GRUR 1987, 407, 409; Leuze, GRUR 1994, 415, 425.
131 In diese Richtung schon Beyerlein, NZA 2002, 1020, 1023.
132 Bartenbach / Volz, ArbnErfG, § 42 (a.F.) Rn. 29.
133 Bartenbach / Volz, Arbeitnehmererfindungen, S. 50 Rn. 87; Ilzöfer, S. 42 Rn. 33; Schaub, § 115 Rn. 15.
134 Entwurf eines Gesetzes zur Änderung des Gesetzes über Arbeitnehmererfindungen, BT-Dr 14 / 5975, S. 6 (Besonderer Teil zu Artikel 1 Nr. 2).

aa) Obliegenheitserfindung, § 4 II Nr. 1 ArbnErfG

Als Obliegenheits- bzw. Aufgabenerfindung wird gem. § 4 II Nr. 1 ArbnErfG grundsätzlich jede Erfindung bezeichnet, die aus der dienstlich obliegenden Tätigkeit entstanden ist. Für die Beurteilung, ob eine Obliegenheitserfindung vorliegt, kommt es daher insbesondere auf die arbeitsvertraglichen Pflichten des Erfinders an.[135] Maßgeblich kann in diesem Zusammenhang zum Beispiel die Durchführung eines bestimmten Forschungs- oder Entwicklungsauftrags für die Hochschule sein.[136] Die Voraussetzung der „obliegenden Tätigkeit" ist bereits dann erfüllt, wenn die dem Erfinder übertragene Tätigkeit Probleme aufwirft oder zu Überlegungen Anlass gibt, die zu der Erfindung geführt haben.[137]

Keine besonderen Fragen dürfte die Feststellung des Vorliegens einer Diensterfindung nach den allgemeinen Kriterien des § 4 II ArbnErfG damit bei dem technischen und sonstigen nichtwissenschaftlichen Personal mit sich bringen.[138]

Mit Blick auf die grundgesetzlich verankerte Forschungs- und Lehrfreiheit sind dagegen spezifische Probleme in Bezug auf Hochschulwissenschaftler absehbar.[139]
Da die Forschung zu den klassischen dienstlichen Aufgaben des Hochschullehrers gehört, reicht dieser allgemeine Aufgabenkreis für sich genommen nicht aus, um eine Obliegenheitserfindung i.S.v. § 4 II Nr. 1 ArbnErfG zu begründen.[140] Zudem beschreibt der Begriff „Forschung" eher allgemein das Berufsfeld von Wissenschaftlern als ihren spezifizierten Aufgabenkreis.[141] Fraglich ist daher, welche Kriterien die Erfindung eines Hochschullehrers zu einer Obliegenheitserfindung machen.
Bereits in der Gesetzesbegründung lassen sich hierzu unterschiedliche Ansätze finden. So sollen zu Obliegenheitserfindungen der Hochschullehrer künftig insbesondere Erfindungen aus wissenschaftlicher Tätigkeit im Hauptamt gehören.[142] Andererseits weist die Amtliche Begründung des Regierungs-Entwurfs darauf hin, dass insbesondere auch Erfindungen aus wissenschaftlicher Tätigkeit an einer Hochschule Diensterfindungen seien, wobei zusätzlich darauf verwiesen wird, dass diese wissenschaftliche Tätigkeit neben der Forschung mit Mitteln der Hochschule auch die Forschung mit Mitteln Dritter i.S.v. § 25 HRG umfasse.[143]

Das Vorliegen einer Aufgabenerfindung setzt grundsätzlich die Zuweisung eines bestimmten Forschungs- und Entwicklungsauftrags oder entsprechender Tätigkeiten voraus. Trotz der grundgesetzlich garantierten Selbständigkeit der wissenschaftlichen Forschung steht den Hochschulen gem. § 23 HRG das Recht zur Koordinierung

[135] Bartenbach / Volz, Arbeitnehmererfindungen, S. 53 Rn. 95.
[136] LG Düsseldorf v. 04.12.1973, GRUR 1974, 275, 275.
[137] Bartenbach / Volz, Arbeitnehmererfindungen, S. 54 Rn. 95.
[138] Bartenbach / Volz, ArbnErfG, § 42 (n.F.) Rn. 35.
[139] Bartenbach / Volz, ArbnErfG, § 42 (n.F.) Rn. 36.
[140] Bartenbach / Volz, ArbnErfG, § 42 (n.F.) Rn. 37; Peter, Mitt. 2004, 396, 397.
[141] Peter, Mitt. 2004, 396, 397.
[142] Entwurf eines Gesetzes zur Änderung des Gesetzes über Arbeitnehmererfindungen, BT-Dr 14 / 5975, S. 6.
[143] Entwurf eines Gesetzes zur Änderung des Gesetzes über Arbeitnehmererfindungen, BT-Dr 14 / 5975, S. 7.

der Forschung sowie zur inhaltlichen Schwerpunktsetzung zu,[144] so dass sich auch für den einzelnen Wissenschaftler bestimmte Forschungsgebiete und damit ein spezieller dienstlicher Pflichtenkreis festlegen lassen.[145]
Im Hinblick auf Hochschullehrer erfolgt hierbei jedoch eine Einschränkung dieser Rechte durch Art. 5 III GG, da es mit der Wissenschaftsfreiheit nicht mehr zu vereinbaren wäre, wenn dem einzelnen Hochschullehrer im Wege einer „Koordinierung" geboten oder verboten würde, bestimmte Forschungsprojekte durchzuführen oder zu unterlassen.[146] Reichen in der Wirtschaft auch bei hoher Einordnung in die Unternehmenshierarchie bereits globale Hinweise der Geschäftsleitung, in der einen oder anderen Richtung entwickelnd tätig zu sein, für eine Aufgabenstellung aus, so fehlt für einen Hochschullehrer eine gleichwertige Hinweismöglichkeit des Dienstherrn wie auch überhaupt die hierarchische Einordnung hinsichtlich der Forschungstätigkeit.[147]
Der Dienstherr hat daher nicht das Recht, einem Hochschullehrer eine Aufgabe zu innovativer Entwicklung im Rahmen seiner Forschung zu stellen, und sei diese auch noch so abstrakt formuliert. Folglich wird daher in der Regel sowohl die Koordinierung als auch eine mögliche Schwerpunktsetzung auf der Basis freiwilliger Vereinbarungen zu erfolgen haben.
Angesichts der weitgehend selbständigen Aufgabenwahrnehmung (vgl. § 43 I 2 HRG) wird eine Aufgabenerfindung bei Hochschullehrern jedoch wohl eher die Ausnahme darstellen.[148]

Ohne Belang für die Einstufung als freie oder gebundene Erfindung ist demgegenüber die Finanzierung der Erfindungsentwicklung.[149] So können grundsätzlich auch Ergebnisse der Drittmittelforschung (§ 25 I HRG) zu den Obliegenheitserfindungen des § 4 II Nr. 1 ArbnErfG zählen.[150] Dies gilt jedenfalls dann, wenn das Forschungsvorhaben ausschließlich oder überwiegend in der Hochschule gem. § 25 II HRG durchgeführt wird.

Insgesamt bleibt daher festzuhalten, dass eine Obliegenheits- bzw. Aufgabenerfindung ausnahmsweise dann vorliegen wird, wenn sich der Hochschullehrer zur Durchführung eines drittmittelfinanzierten Forschungsprojekts der Hochschule oder eines von der Hochschule übernommenen Forschungsauftrages bereit erklärt hat,[151] ferner wenn er ein im Zusammenhang mit einer Erfindung stehendes Forschungsvorhaben dienstlich betreut oder für den Fall, dass bestimmte Forschungsaufgaben einvernehmlich in seinen dienstlichen Tätigkeitsbereich einbezogen werden. Eine etwaige Freistellung des Hochschullehrers zu Forschungs- und Entwicklungsaufgaben (§ 43 III 3 HRG) vermag eine Diensterfindung hierbei nicht auszuschließen.[152]

---

[144] Maunz /Dürig – Scholz, GG, Art. 5 III Rn. 118.
[145] Marquardt, S. 172.
[146] Laubinger in: Handbuch des Wissenschaftsrechts, Bnd. 1, S. 410.
[147] Vgl. Bartenbach, Stand der Reform zum Gesetz über Arbeitnehmererfindungen, S. 5.
[148] Vgl. Bartenbach / Volz, ArbnErfG, § 42 (n.F.) Rn. 37.
[149] So Bartenbach / Volz, ArbnErfG, § 42 (n.F.) Rn. 32, 33.
[150] So Beschlussempfehlung und Bericht des Rechtsausschusses, BT-Dr 14 / 7573 S.-5 (Beratung im Rechtsausschuss).
[151] So auch Leuze, GRUR 2005, 27, 30.
[152] Vgl. Bartenbach / Volz, ArbnErfG, § 42 (n.F.) Rn. 32.

bb) Erfahrungserfindung, § 4 II Nr. 2 ArbnErfG

Als Erfahrungserfindungen i.S.v. § 4 II Nr. 2 ArbnErfG werden solche Erfindungen bezeichnet, die maßgeblich auf den Erfahrungen des Betriebes beruhen. Hierunter fällt grundsätzlich das gesamte im Unternehmen vorhandene und dem Arbeitnehmer zugängliche Erfahrungswissen, insbesondere Know-how, Kenntnisse von Produktions- und Verfahrensmethoden, Erkenntnisse aus dem Erfahrungsaustausch mit Kollegen, Lieferanten und Geschäftspartnern sowie ferner Denkanstöße aufgrund von Kundenbeanstandungen und Fehlentwicklungen.[153]

Diese „Erfahrungspoole" lassen sich größtenteils auch im Hochschulbereich finden, so dass die Anwendung dieser Grundsätze auf Hochschulerfindungen weniger Schwierigkeiten bereiten wird. In diesem Zusammenhang stellt sich dann jedoch die Frage, was unter dem Begriff der Erfahrung zu fassen ist.
Nimmt man als Erfahrung die wissenschaftliche Kompetenz des Hochschullehrers, so wird man regelmäßig zu dem Ergebnis des Vorliegens einer Erfahrungserfindung kommen.[154] Eine solche pauschale Zuordnung der wissenschaftlichen Kompetenz des Hochschullehrers zur Hochschule verbietet sich jedoch angesichts der Wissenschaftsfreiheit aus Art. 5 III GG.[155] Wesen der Wissenschaft ist gerade das methodisch-systematische Streben nach Erkenntnis, das der Hochschullehrer selbständig ausübt. Der Fundus an Erfahrungen und wissenschaftlicher Kompetenz einer Hochschule beruht also gerade auf den eingebrachten Fähigkeiten und Kenntnissen der Hochschullehrer.[156] Diese Erfahrung wird zwar mit Mitteln der Hochschule gefördert und erweitert, inhaltlich geprägt wird sie aber vom Hochschullehrer selbst und ist folgerichtig auch diesem zuzuordnen.[157]
Als Konsequenz wird man daher die auf der eigenen wissenschaftlichen Tätigkeit beruhenden Kenntnisse, Erfahrungen und Arbeiten des Hochschullehrers unter Berücksichtigung der durch Art. 5 III 1 GG verfassungsrechtlich gewährleisteten Wissenschaftsfreiheit nicht als Erfahrungen und Arbeiten der Hochschule als Dienstherrn bewerten können.[158]

Ebenso wird nur in Ausnahmefällen eine Erfahrungserfindung vorliegen, wenn der Hochschullehrer Vorarbeiten anderer Hochschullehrer, also sog. „Kollegenwissen", nutzt. Aus der Ratio des ArbnErfG geht hervor, dass der Arbeitgeber nur an solchen Erfindungen partizipieren können soll, an denen er möglicherweise in irgendeiner Form beteiligt war.[159] Demzufolge können Erfahrungserfindungen also allein solche Erfindungen sein, die auf von Kollegen vermittelten Kenntnissen beruht, für deren Entstehung die Hochschule mitverantwortlich war.[160]

---

[153] Bartenbach / Volz, Arbeitnehmererfindungen, S. 55 Rn. 100.
[154] Peter / Runge, Leitfaden zur Gestaltung von Drittmittelverträgen zwischen Hochschule und der Industrie, http://www.gewrs.de/files/leitfaden_duesseldorfer_vertragswerkstatt.pdf, S. 11.
[155] Peter / Runge, Leitfaden zur Gestaltung von Drittmittelverträgen zwischen Hochschule und der Industrie, http://www.gewrs.de/files/leitfaden_duesseldorfer_vertragswerkstatt.pdf, S. 11.
[156] Peter, Mitt. 2004, 396, 398.
[157] Peter, Mitt. 2004, 396, 398.
[158] Bartenbach / Volz, ArbnErfG, § 42 (n.F.) Rn. 39.
[159] Marquardt, S. 43.
[160] Peter, Mitt. 2004, 396, 399.

Fraglich bleibt jedoch auch hier, ob und wann eben dieses Kollegenwissen unproblematisch der Hochschule zugerechnet werden kann. Da das allgemeine Wissen bzw. die Gesamtkompetenz eines Hochschullehrers einen anderen Hochschullehrer erfahrungsgemäß eher in seiner Funktion als Teil der Wissenschaft bereichert und nicht etwa als Mitarbeiter der bestimmten Hochschule, könnte eine solche Zurechnung der Erfahrungen zur Hochschule regelmäßig abzulehnen sein.[161]
Auch wenn dieser Ansicht im Grunde zuzustimmen ist, erscheint sie jedoch in einigen Fällen weder sachgerecht noch praktikabel, so zum Beispiel, wenn an einer Hochschule selbst über einen längeren Zeitraum ein gewisser Erfahrungspool an fachspezifischen Informationen, Kenntnissen, Know-how und bereits erlangten Forschungsergebnissen aufgebaut und unterhalten wird, der sich von der Person einzelner Hochschullehrer weit gehend verselbständigt hat. Da zudem der Wissensstand nicht zwangsläufig in Arbeitsunterlagen und anderweitigen Informationsträgern schriftlich oder sonst wie fixiert worden sein muss,[162] wäre ein Dividieren und Zuordnen von an Hochschulen gesammelten Erfahrungen hin zu einzelnen Wissensträgern oftmals kaum durchführbar. Diese Überlegungen zeigen, dass es durchaus Konstellationen geben kann, in denen Kollegenwissen der Hochschule zugerechnet werden muss.

Raum für Erfahrungserfindungen i.S.v. § 4 II Nr. 2 ArbnErfG wird daher grundsätzlich auch dann gegeben sein, wenn die Erfindung maßgeblich auf der Hochschule zurechenbaren Beiträgen, wichtigen Vorarbeiten, Know-how oder Dritterfindungen anderer Hochschulbeschäftigter beruht oder auf solchen Erfindungen, die einem Vertragspartner der Hochschule zuzurechnen sind.[163] Die Unterscheidung zwischen Erfahrungserfindung und freier Erfindung wird in diesem Zusammenhang somit stark von den Umständen des jeweiligen Einzelfalls abhängen.

Im Zusammenhang mit Erfindungen von Hochschullehrern wird folglich anstelle von Obliegenheitserfindungen überwiegend von Erfahrungserfindungen gesprochen werden können, da im Hochschulbereich grundsätzlich nicht wie in der Wirtschaft Vorgaben zur Forschung erteilt werden, sondern die Erfindungen in der Regel weitgehend auf im Rahmen der Forschungs- und Lehrfreiheit getätigten Erfahrungen beruhen. Darüber hinaus kann der Hochschullehrer als Folge der mit dem Schutz der Forschungsfreiheit verbundenen Selbständigkeit den Gegenstand seiner Forschung grundsätzlich selbst bestimmen (vgl. § 43 I 1 HRG).[164]

c) Freie Erfindung gem. § 4 III ArbnErfG – Abgrenzung zur Diensterfindung

Ebenso wie für die Diensterfindung gelten auch für die Beurteilung der Frage, ob eine freie Erfindung vorliegt, die allgemeinen Grundsätze.[165] Die in § 42 I ArbnErfG a.F. enthaltene Fiktion freier Erfindungen für die vom Hochschulwissenschaftler in dieser

---

[161] So Peter, Mitt. 2004, 396, 398/399.
[162] Bartenbach / Volz, ArbnErfG, § 4 Rn. 40.
[163] Bartenbach / Volz, ArbnErfG, § 42 (n.F.) Rn. 39.
[164] Marquardt, S. 171.
[165] Entwurf eines Gesetzes zur Änderung des Gesetzes über Arbeitnehmererfindungen, BT-Dr 14 / 5975, S. 6 (Besonderer Teil zu Artikel 1 Nr. 1).

Eigenschaft entwickelten Erfindungen ist im Rahmen der Novellierung ersatzlos entfallen.[166]

Die freie Erfindung wird im ArbnErfG begrifflich nur durch eine Negativdefinition („sonstige Erfindungen") umschrieben. Eine freie Erfindung liegt daher dann vor, wenn sie weder aus der obliegenden Tätigkeit entstanden ist, noch maßgeblich auf Erfahrungen oder Arbeiten des Betriebes beruht. Entscheidendes Abgrenzungskriterium ist daher im Bereich des allgemeinen Arbeitnehmererfindungsrechts, ob der Arbeitgeber oder das Unternehmen einen entscheidenden Beitrag zu der getätigten Erfindung geleistet hat – dann Diensterfindung – oder ob diese allein vom Erfinder ohne oder nur unter geringem Einfluss des Arbeitgebers bzw. des Unternehmens entwickelt wurde – dann freie Erfindung.[167] Die Einstufung einer technischen Entwicklung als Diensterfindung mit den damit verbundenen Folgen ist nach dem Willen des Gesetzgebers nur bei einer engen Beziehung zwischen der Erfindung und dem Pflichtenkreis des Arbeitnehmererfinders oder dem innerbetrieblichen Kenntnis- und Technikstand des Unternehmens gerechtfertigt.[168]

Schwierig gestaltet sich die Differenzierung zwischen Diensterfindung i.S.v. § 4 II ArbnErfG und freier Erfindung i.S.v. § 4 III ArbnErfG bei Hochschullehrern, insbesondere wenn die Erfindung zwar außerhalb der Hochschule, aber innerhalb des Wissenschaftsbereiches des Hochschullehrers gemacht wird. Da sich der Hochschullehrer schon von seinem beruflichen Tätigkeitsfeld her mit der Erforschung und Vermittlung von Wissen beschäftigt (vgl. § 43 I, II HRG bzw. § 45 I und II WissHG NW), wäre im Zweifel jede Erfindung des Hochschullehrers auf seinem Wissenschaftsgebiet eine Diensterfindung, welche von der Hochschule in Anspruch genommen werden könnte und somit gemeldet werden müsste. Der Hochschullehrer wäre so aufgrund des Inhalts und der besonderen Merkmale seiner Tätigkeit erheblich schlechter gestellt als ein in einem Unternehmen tätiger Erfinder. Fraglich ist daher, wie in Zukunft bei Hochschulerfindungen zwischen Diensterfindungen und freien Erfindungen unterschieden werden soll.

Gegebenenfalls ist eine Einschränkung des Begriffs der Diensterfindung dahingehend angezeigt, nur solche Erfindungen als Diensterfindungen i.S.v. § 4 II ArbnErfG zu werten, welche in direktem Zusammenhang mit der universitären Tätigkeit stehen. Hierbei könnten die gleichen Abgrenzungskriterien Anwendung finden wie bei der Unterscheidung zwischen Hauptamt und Nebentätigkeit des Hochschullehrers im Rahmen des § 42 ArbnErfG a.F.[169] Begrifflich zu fassen ist eine Nebentätigkeit hierbei als die Ausübung eines Nebenamtes oder einer Nebenbeschäftigung, wobei Nebenamt einen nicht zum Hauptamt gehörenden Kreis von Aufgaben aufgrund eines öffentlich-rechtlichen Dienst- oder Arbeitsverhältnisses meint, Nebenbeschäftigung

---

[166] Bartenbach / Volz, ArbnErfG, § 42 (n.F.) Rn. 45.
[167] Bartenbach / Volz, ArbnErfG, § 4 Rn. 2; Bartenbach, NZA 1990 Beilage Nr. 2, S. 21, 25; Marquardt, S. 33.
[168] Vgl. Amtliche Begründung zum ArbnErfG in Blatt für Patent-, Muster und Zeichenwesen 1957, S. 228 (Teil B zu § 3 – jetzt § 4).
[169] Bartenbach / Volz, ArbnErfG, § 42 (a.F.) Rn. 20 mit Verweis auf § 1 Rn. 20ff. (Grundsätze der Sphärentheorie).

eine solche außerhalb des öffentlichen Dienstes.[170] Frei wären damit Erfindungen, die privat getätigt werden, ohne dass ein dienstlicher Bezug vorhanden ist, d.h. solche, die dem außeruniversitären Lebensbereich des Hochschullehrers zuzurechnen sind und nicht zum wissenschaftlichen Tätigkeitsfeld des entsprechenden Lehrstuhls gehören, und grundsätzlich auch Erfindungen, die der Wissenschaftler im Rahmen einer genehmigten Nebentätigkeit macht.[171]

In Zusammenhang mit Nebentätigkeiten lässt sich zunächst festhalten, dass die Genehmigung einer genehmigungspflichtigen Nebentätigkeit nicht zugleich die automatische Zuweisung der Rechte einer aus dieser Nebentätigkeit hervorgehenden Erfindung an die Hochschule beinhaltet.[172] Zum einen kann der Hochschule die Erfindung nicht durch die einseitige Genehmigung zur Diensterfindung erklären, zum anderen kann auch kein Vertrag zwischen Hochschule und Hochschulwissenschaftler hierüber vorliegen.[173] Denn selbst wenn man die Anfrage des Hochschulwissenschaftlers an die Hochschule auf Genehmigung der Nebentätigkeit als Vertragsangebot werten wollte, scheitert die Wirksamkeit eines solchen Vertrages an § 22 ArbnErfG, da die in Bezug genommene Erfindung aus der Nebentätigkeit erst hervorgehen soll, die Vereinbarung also eine unzulässige Vorausvereinbarung wäre.[174]

Es stellt sich jedoch die Frage, ob Erfindungen, welche ein Hochschullehrer außerhalb seiner universitären Tätigkeit vornimmt, auch dann keine Diensterfindungen darstellen, wenn sie auf in der Hochschule gemachten Erfahrungen beruhen.
Sicherlich kann nicht pauschal behauptet werden, dass ausnahmslos alle Erfindungen, die im Rahmen einer Nebentätigkeit entstehen, freie Erfindungen sind. Schon die Amtliche Begründung des Regierungs-Entwurfs im Anschluss an die Erklärung der Koalitionsfraktionen weist relativierend darauf hin, dass im Rahmen einer Nebentätigkeit vom Wissenschaftler gemachte Erfindungen nur dann frei seien, „wenn sie keine Diensterfindungen i.S.d. § 4 II ArbnErfG darstellen".[175] Vielmehr kann es sich auch bei diesen Erfindungen um eine Erfahrungserfindung i.S.v. § 4 II Nr. 2 ArbnErfG und damit um eine Diensterfindung handeln.[176]
Es wird daher jeweils im Einzelfall untersucht werden müssen, inwieweit für die Nebentätigkeit Wissen eingesetzt wurde, welches maßgeblich auf Erfahrungen der an der Hochschule dienstlich betriebenen Forschung beruht.[177] Auch in diesem Zusammenhang stellt sich damit weitergehend die Frage, was unter den Begriff der Erfahrung zu fassen ist. Mit der bereits oben begründeten Ablehnung einer pauschalen Zuordnung der wissenschaftlichen Kompetenz des Hochschullehrers zur Hochschule,[178] können die auf eigenen wissenschaftlichen Arbeiten des Hochschullehrers be-

---

[170] Peter, Mitt. 2004, 396, 398.
[171] So ausdrücklich die Begründung zum Entwurf eines Gesetzes zur Änderung des Gesetzes über Arbeitnehmererfindungen, BT-Dr 14 / 5975, S. 6 (Besonderer Teil zu Artikel 1 Nr. 2).
[172] Peter, Mitt. 2004, 396, 397.
[173] Peter, Mitt. 2004, 396, 397.
[174] Peter, Mitt. 2004, 396, 397.
[175] Vgl. Bartenbach / Volz, ArbnErfG, § 42 (n.F.) Rn. 36.
[176] Böhringer, NJW 2002, 952, 953.
[177] Kraßer, Forschung und Lehre 8/2002, 1, 8.
[178] Siehe auch Peter, Mitt. 2004, 396, 398; Peter / Runge, Leitfaden zur Gestaltung von Drittmittelverträgen zwischen Hochschule und der Industrie, http://www.gewrs.de/files/leitfaden_duesseldorfer_vertragswerkstatt.pdf, S. 11.

ruhenden Kenntnisse eine Erfindung in Nebentätigkeit im Ergebnis nicht zu einer Erfahrungserfindung machen. Um der willkürlichen Annahme des Vorliegens von Erfahrungserfindungen entgegenzuwirken, sind die bei der Erfindung genutzten Erfahrungen daher so konkret wie möglich herauszufiltern und zu bestimmen.

Nicht zu den Erfahrungen und Arbeiten, die für das Vorliegen einer Diensterfindung ins Gewicht fallen, sind darüber hinaus Forschungsergebnisse zu rechnen, die vor einer Patentanmeldung schon publiziert waren.[179] Diese Forschungsergebnisse sind durch ihre Veröffentlichung zum allgemein zugänglichen und benutzbaren Stand der Technik geworden, so dass eine Erfahrungserfindung nur vorliegen kann, wenn es bei der Erfindung um eine nicht nahe liegende Erweiterung dieses Stands der Technik geht.[180]
Nicht ausreichen kann es zudem, wenn in der Hochschule gemachte Erfahrungen des Hochschullehrers lediglich den Anstoß für weitere Überlegungen gegeben haben, die letztendlich ihrerseits zu der Erfindung führten.

Im Ergebnis werden daher außer in Fällen der Verwendung projektspezifischer Kenntnisse aus der Hochschule, die nicht zum allgemeinen Wissen(schaft)sstand gehören, Nebentätigkeitserfindungen in der Regel freie Erfindungen sein.[181]

d) Frei gewordene Diensterfindungen

Diensterfindungen, welche die Hochschule ausdrücklich schriftlich freigibt, nur beschränkt oder nicht innerhalb von vier Monaten nach Eingang der ordnungsgemäßen Erfindungsmeldung in Anspruch nimmt, werden gem. § 8 I ArbnErfG freie Erfindungen. Dies hat zur Folge, dass der Hochschulbeschäftigte als alleiniger Inhaber der Erfindungsrechte ohne Beschränkung über seine Erfindung verfügen kann. Mit dem Freiwerden kann der Hochschulerfinder die ursprüngliche Diensterfindung zum Schutzrecht anmelden bzw. die Schutzrechtsanmeldung fortsetzen und über die Erfindung oder die Schutzrechtspositionen frei bestimmen.[182] Insbesondere treffen ihn gem. § 8 II ArbnErfG nach dem Freiwerden der Erfindung nicht die Mitteilungs- und Anbietungspflichten aus §§ 18, 19 ArbnErfG.

2) Rechtliche Konsequenzen für Hochschullehrer und Hochschulen

Die Neuregelung des § 42 ArbnErfG führt zu einschneidenden rechtlichen Konsequenzen für Hochschullehrer und Hochschulen in Hinblick auf das Verfahren von der Diensterfindung bis zu ihrer Verwertung, die im Folgenden aufgezeigt und untersucht werden.

---

[179] Kraßer, Forschung und Lehre 8/2002, 1, 9.
[180] Kraßer, Forschung und Lehre 8/2002, 1, 9.
[181] Peter / Runge, Leitfaden zur Gestaltung von Drittmittelverträgen zwischen Hochschule und der Industrie, http://www.gewrs.de/files/leitfaden_duesseldorfer_vertragswerkstatt.pdf, S. 11.
[182] Bartenbach / Volz, ArbnErfG, § 42 (n.F.) Rn. 50.

a) Rechtliche Konsequenzen und Pflichten für Hochschullehrer

Die Abschaffung des Hochschullehrerprivilegs führt dazu, dass gem. § 40 ArbnErfG grundsätzlich – vorbehaltlich gewisser Besonderheiten – die Vorschriften für Arbeitnehmer im privaten Dienst auch für Erfindungen von Hochschullehrern Anwendung finden. Demzufolge sind alle von Hochschullehrern an Hochschulen gemachten Erfindungen Arbeitnehmererfindungen, d.h. der Hochschullehrer ist einem normalen Arbeitnehmer in der Industrie gleichgestellt, dessen Arbeitsergebnisse aus arbeitsrechtlichen Gesichtspunkten dem Arbeitgeber gehören.

Daraus ergeben sich folgende Pflichten für die Hochschullehrer:

aa) Meldepflichten

(1) Meldepflicht bei Diensterfindungen, § 5 ArbnErfG

Gem. § 5 ArbnErfG muss jetzt auch der Hochschullehrer der Hochschule jede Erfindung nach ihrer Fertigstellung schriftlich und unverzüglich melden. Eine Ausnahme von dieser Regel statuiert § 42 Nr. 2 ArbnErfG n.F., der eine Meldung solange für entbehrlich erklärt, wie der Hochschulerfinder von einer Offenbarung, d.h. einer Veröffentlichung der Erfindung gleich welcher Art, absieht. Ist jedoch eine Offenbarung geplant, hat der Hochschulerfinder der Hochschule seine Diensterfindung unverzüglich schriftlich zu melden.

In der Meldung hat der Arbeitnehmererfinder die technische Aufgabe, ihre Lösung und das Zustandekommen der Diensterfindung zu beschreiben. Vorhandene Aufzeichnungen sind beizufügen, soweit sie zum Verständnis der Erfindung erforderlich sind. Die Hochschule hat nach Eingang der Erfindungsmeldung zwei Monate Zeit, Ergänzungen zur Meldung einzufordern. Lässt sie diesen Zeitraum verstreichen, so gilt die Erfindungsmeldung als ordnungsgemäß erfolgt.
Meldet der Hochschulerfinder die Diensterfindung nicht und entsteht der Hochschule dadurch ein Schaden, so kann diese unter Umständen Schadensersatzansprüche geltend machen, und zwar sowohl wegen Verletzung des sich aus dem ArbnErfG ergebenden gesetzlichen Schuldverhältnisses nach § 280 I BGB, als auch im Falle unbefugter Veröffentlichung nach § 823 II BGB wegen Verstoßes gegen die Geheimhaltungspflicht aus § 24 II ArbnErfG.[183] Zudem stellt die Nichtbeachtung der Meldepflicht oder eine vorzeitige Veröffentlichung eine Dienstpflichtverletzung dar.[184]

In der Praxis kann die Pflicht zur Meldung „fertiger Erfindungen“ zu Problemen führen. Eine Erfindung ist dann „fertig“, wenn sie ein Durchschnittsfachmann nach den Anweisungen des Erfinders unter Benutzung der wissenschaftlichen Hilfsmittel ausführen kann. Während bei technischen Entwicklungen in der Industrie leichter er-

---

183 Bartenbach / Volz, GRUR 2002, 743, 752.

184 So Begründung des Entwurfs eines Gesetzes zur Änderung des Gesetzes über Arbeitnehmererfindungen, BT-Dr 14 / 5975, S. 6; Bartenbach / Volz, GRUR 2002, 743, 752.

kannt werden kann, ob eine Entwicklung einen Grad erreicht hat, der einer fertigen Entwicklung entspricht, kann sich dies bei wissenschaftlichen Arbeiten schwieriger gestalten. Dies liegt vor allem daran, dass wissenschaftliche Arbeiten in der Regel sehr viel breiter angelegt sind und häufig zu mehreren Ergebnissen führen. Zudem denkt der wissenschaftlich Forschende zunächst weniger an die praktische Umsetzung als an das wissenschaftliche Ergebnis. Nur patenterfahrenen Hochschullehrern wird es leicht fallen, rechtzeitig Erfindungen zu erkennen und zu melden.
Die unzureichende Erfahrung einer Großzahl der Hochschullehrer kann jedoch durch entsprechend breit angelegte Aufklärung, Information und Unterstützung insbesondere seitens der Hochschule ausgeglichen werden. So ist zum Beispiel die Einrichtung universitärer Beratungsstellen denkbar, in denen – vermeintliche – Hochschulerfinder Ansprechpartner und Ratgeber für eine Beurteilung des Stands ihrer Erfindung finden.

(2) Meldepflicht bei freien Erfindungen, § 18 ArbnErfG

Infolge der Geltung der allgemeinen Grundsätze des ArbnErfG unterliegen nunmehr auch die freien Erfindungen der Mitteilungspflicht nach § 18 ArbnErfG.[185] Darüber hinaus besteht gem. § 19 ArbnErfG die Pflicht des Hochschulerfinders, der Hochschule vor der Verwertung der freien Erfindung ein nichtausschließliches Recht zur Benutzung derselben anzubieten.

Unter den Begriff der freien Erfindungen fallen alle Erfindungen eines Arbeitnehmers, die keine Diensterfindungen sind, § 4 III ArbnErfG, weil sie dem außerbetrieblichen Lebensbereich des Arbeitnehmers zuzurechnen sind und kein betriebliches Arbeitsergebnis darstellen.[186] Zur Abgrenzung im Einzelnen wird auf die oben gemachten Ausführungen verwiesen. Auch diese freien Erfindungen müssen nach ihrer Fertigstellung gem. § 18 I ArbnErfG dem Arbeitgeber unverzüglich, d.h. ohne schuldhaftes Zögern,[187] schriftlich mitgeteilt werden.[188] Dabei hat er über die Erfindung und ihre Entstehung so viel mitzuteilen, dass die Hochschule beurteilen kann, ob es sich wirklich um eine freie Erfindung oder um eine Diensterfindung handelt. Eine Unterlassung der Meldung kann nicht mit der bloßen Behauptung gerechtfertigt werden, es handele sich um eine freie Erfindung, da die gesetzliche Regelung gerade verhindern will, dass der Erfinder diese Frage für sich allein entscheidet, ohne den Arbeitgeber zu informieren.[189] Vielmehr soll die Mitteilung zu Rechtssicherheit für beide Seiten führen.

Gem. § 18 III ArbnErfG besteht eine Mitteilungspflicht hinsichtlich freier Erfindungen jedoch dann nicht, wenn die Erfindung offensichtlich im Arbeitsbereich des Betriebes des Arbeitgebers nicht verwendbar ist. Probleme bereitet der Umgang mit dem Anwendungsbereich des § 18 III ArbnErfG bei freien Erfindungen des Hochschulperso-

---

[185] Entwurf eines Gesetzes zur Änderung des Gesetzes über Arbeitnehmererfindungen, BT-Dr 14 / 5975, S. 6 (Besonderer Teil zu Artikel 1 Nr. 2).
[186] BGHZ 93, 82, 85 (Fahrzeugsitz); Nirk / Ullmann, S. 20.
[187] Bartenbach / Volz, ArbnErfG, § 18 Rn. 19.
[188] Nirk / Ullmann, S. 20.
[189] Kraßer, Forschung und Lehre 8/2002, 1, 10.

nals, da fraglich ist, wie in diesem Zusammenhang der Arbeitsbereich der Hochschule definiert werden soll.
Die Hochschule ist zwar zur Verwertung von Erfindungen im eigenen Betrieb nicht eingerichtet, jedoch fallen sämtliche Erfindungen per se in den Aufgabenbereich „Forschung" der Hochschule. Auch eine Benutzung in der Hochschule selbst kann angesichts der Vielfalt der hier stattfindenden Aktivitäten meist nicht offensichtlich ausgeschlossen werden.[190] Dies hätte zur Folge, dass sich kein Anwendungsbereich für § 18 III ArbnErfG ergeben würde, sich diese Ausnahme an Hochschulen also nicht umsetzen ließe.
Ein weiteres Problem ergibt sich aus der Tatsache, dass sich die Hochschulen auf der Grundlage der neuen Regelung verstärkt der Erfindungsverwertung durch Verkauf oder Lizenzierung widmen sollen und sich ihnen hierdurch zwangsläufig ein neues Aufgabengebiet erschließt.[191] Unter diesem Aspekt könnte dann jedoch von keiner Erfindung gesagt werden, dass sie im Arbeitsbereich der Hochschule offensichtlich nicht verwendbar sei.[192] Daraus ergibt sich, dass der Arbeitsbereich einer Hochschule nicht verallgemeinernd mit „Forschung" oder „Erfindungsverwertung" benannt werden darf, da unter diesen weiten Begriffen nach Belieben des Dienstherrn alles und nichts gefasst werden könnte. Dass Erfindungen als Forschungsergebnisse im weitesten Sinne auch immer etwas mit Forschung oder Verwertung zu tun haben, liegt auf der Hand. Dies würde aber im Ergebnis zu einer Aushöhlung des § 18 III ArbnErfG führen, die so nicht gewollt sein kann.
Um eine Schlechterstellung des Hochschullehrers im Vergleich zu anderen Arbeitnehmern, deren Betriebe einen genau abgrenzbaren Arbeitsbereich haben, zu vermeiden, sollte daher im Rahmen des § 18 III ArbnErfG zur Konkretisierung des Arbeitsbereichs der Hochschule der konkrete Aufgabenbereich des entsprechenden Instituts, dem der Hochschullehrer angehört oder seines Lehrstuhls in die Beurteilung miteinbezogen werden. Darüber hinaus hat aus oben genannten Gründen bei einer Beurteilung der offensichtlichen Unanwendbarkeit der Erfindung i.S.v. § 18 III ArbnErfG der bei den Hochschulen neu entstandene Aufgabenkomplex der Erfindungsverwertung außer Betracht zu bleiben.

Fraglich ist darüber hinaus, ob die hinsichtlich freier Erfindungen grundsätzlich bestehende Mitteilungspflicht des § 18 ArbnErfG für die Wissenschaftler unter den Hochschulerfindern einer Einschränkung bedarf.
Diese sind gem. § 42 Nr. 2 ArbnErfG n.F. berechtigt, die Offenbarung einer Diensterfindung aufgrund ihrer Lehr- und Forschungsfreiheit abzulehnen.[193] Wenn dies schon beim Vorliegen einer Diensterfindung möglich ist, welche die Hochschule durch eine unbeschränkte Inanspruchnahme problemlos an sich ziehen kann, muss dies erst recht für eine freie Erfindung des Hochschulwissenschaftlers gelten, über die er als Inhaber nach seinem Belieben verfügen kann.[194] Um einen Widerspruch zu der Wertentscheidung des § 42 Nr. 2 ArbnErfG n.F. zu verhindern, welcher die Publikationsfreiheit des Hochschulwissenschaftlers aus Art. 5 III 1 GG gewährleisten soll,

---

[190] Kraßer, Forschung und Lehre 8/2002, 1, 9.
[191] Kraßer, Forschung und Lehre 8/2002, 1, 10.
[192] Kraßer, Forschung und Lehre 8/2002, 1, 10.
[193] Dazu ausführlich unter IV)3)b).
[194] Vgl. hierzu Bartenbach /Volz, ArbnErfG, § 8 Rn. 51.

kann die Mitteilungspflicht nach § 18 ArbnErfG daher in den Fällen nicht bestehen, in denen der Hochschulwissenschaftler im Falle einer Diensterfindung gem. § 42 Nr. 2 ArbnErfG berechtigt wäre, von der Meldung abzusehen. Folglich kann der Hochschulwissenschaftler aufgrund seiner Lehr- und Forschungsfreiheit in Analogie zu § 42 Nr. 2 ArbnErfG auch die Offenbarung einer freien Erfindung ablehnen.[195]

bb) Anzeigepflicht vor Offenbarung, § 42 Nr. 1 ArbnErfG n.F.[196]

Gem. § 42 Nr. 1 ArbnErfG n.F. ist der Hochschullehrer als Erfinder berechtigt, die Diensterfindung im Rahmen seiner Lehr- und Forschungstätigkeit zu offenbaren.
Plant der Hochschullehrer, von seinem Publikationsrecht Gebrauch zu machen, so muss er die Veröffentlichung der Hochschule rechtzeitig, in der Regel zwei Monate zuvor, anzeigen, falls diese patentfähige Erfindungen beinhaltet. Diese zwei Monate bis zur Offenbarung der Erfindung seitens des Hochschullehrers wird die Hochschule nutzen, um ihre Patentfähigkeit zu prüfen bzw. prüfen zu lassen und ggf. das Anmeldeverfahren in Gang zu bringen.
Damit stellt § 42 Nr. 1 ArbnErfG n.F. eine Ausnahmevorschrift zu § 24 II ArbnErfG dar, welcher eine Geheimhaltungspflicht des Erfinders bis zum Freiwerden der Erfindung gem. § 8 ArbnErfG festschreibt.

b) Rechtliche Konsequenzen und Pflichten für die Hochschule

Durch den Wegfall des Hochschullehrerprivilegs erhält die Hochschule gegenüber dem Hochschulerfinder bezüglich getätigter Erfindungen den Status eines Arbeitgebers. Sie kann über alle Erfindungen von Hochschulbeschäftigten frei verfügen und im jeweiligen Fall darüber entscheiden, ob die jeweils gemeldete Erfindung in Anspruch genommen wird.

aa) Gestaltungsrechte

Nach Eingang der ordnungsgemäßen Erfindungsmeldung muss die Hochschule über ihr Vorgehen entscheiden und dem Hochschulbeschäftigten die Entscheidung mitteilen. In diesem Zusammenhang stehen ihr mehrere Gestaltungsrechte zur Verfügung. Im Einzelnen bestehen folgende Möglichkeiten:

(1) Freigabe

Gem. § 8 I Nr. 1 ArbnErfG kann die Hochschule schriftlich die Freigabe der Erfindung erklären. Dem steht das Bewirken der Freigabe durch Verstreichenlassen der Inanspruchnahmefrist ohne Erklärung seitens der Hochschule gleich, § 8 I Nr. 3 ArbnErfG. Sowohl die ausdrückliche Freigabe als auch der Fristablauf ohne Erklärung

---

[195] Bartenbach / Volz, ArbnErfG, § 42 (n.F.) Rn. 48.
[196] Ausführlich zur Anzeigepflicht: Siehe Ausführungen unter IV) 3) a).

hat zur Folge, dass alle Rechte an der Erfindung endgültig dem Hochschullehrererfinder zur alleinigen Nutzung verbleiben, so dass er frei über sie verfügen kann. Rechtsfolge der Freigabe ist daher ein Zustand, welcher der Rechtslage vor der Novellierung des § 42 ArbnErfG, also unter Zugrundelegung des alten Hochschullehrerprivilegs entspricht.

Die Freigabe kann grundsätzlich auch noch nach erfolgter Schutzrechtsanmeldung erfolgen. In diesem Fall gehen gem. § 13 IV ArbnErfG alle Rechte aus der Anmeldung auf den Hochschullehrererfinder über. Eine Kostenregelung enthält § 13 IV 2 ArbnErfG für diesen Fall nicht. Da der Arbeitgeber mit der Schutzrechtsanmeldung ausschließlich seiner eigenen gesetzlichen Pflicht aus § 13 I ArbnErfG nachgekommen ist, besteht allerdings kein Anspruch auf Erstattung der bis dahin vom Arbeitgeber aufgewandten Kosten.[197]

(2) Unbeschränkte Inanspruchnahme

Inanspruchnahme bedeutet, dass sich die Hochschule oder das Land die vermögenswerten Rechte an der Erfindung aneignet. Mit der unbeschränkten Inanspruchnahme gehen alle Rechte an der Erfindung – mit Ausnahme des Benutzungsrechts im Rahmen der Lehr- und Forschungstätigkeit gem. § 42 Nr. 3 ArbnErfG – auf die Hochschule über. Gleichzeitig verpflichtet das Gesetz die Hochschule als Dienstherrn, die gemeldete Diensterfindung unverzüglich, d.h. ohne schuldhaftes Zögern, im Inland zur Erteilung eines Schutzrechts anzumelden (vgl. § 13 I ArbnErfG). Dies gilt auch für den Fall, dass sie noch nicht endgültig über die Inanspruchnahme entschieden hat.
Mit unbeschränkter Inanspruchnahme erwirbt die Hochschule ferner das Recht, die Erfindung auch im Ausland zum Schutzrecht anzumelden, § 14 ArbnErfG.

Soweit das Schutzrecht bereits angemeldet ist, wird aus der formalen Verfahrensherrschaft (§ 7 I PatG) eine sachliche Berechtigung. Die Hochschule kann die Erfindung nach Belieben nutzen, veräußern oder Lizenzen vergeben. Soweit teilweise vertreten wird, eine Verpflichtung, die Erfindung in irgendeiner Form zu nutzen oder zu verwerten bestehe nicht,[198] erscheint dies zweifelhaft. Immerhin wird der Hochschulerfinder erst am tatsächlichen Verwertungserlös beteiligt und erhält nicht wie andere Arbeitnehmererfinder eine „Vorab"-Vergütung gem. § 9 I ArbnErfG bei bloßer unbeschränkter Inanspruchnahme der Diensterfindung durch den Arbeitgeber. Würde die Hochschule Erfindungen nur in Anspruch nehmen und sammeln, ohne sie zu verwerten, wäre zudem der Wissenschaft und dem technischen Fortschritt wenig gedient.[199] Darüber hinaus entspricht die Geheimhaltung von Wissen nicht der Aufgabenstellung der Hochschule, welche Wissen er- und vermitteln soll (vgl. § 2 HRG).

Angesichts der Zielsetzung der Neufassung des § 42 ArbnErfG, die bestmögliche Verwertung der Diensterfindungen der Hochschulbeschäftigten zu gewährleisten, soll

[197] Bartenbach / Volz, ArbnErfG, § 13 Rn. 22.
[198] So z.B. Hübner, S. 59.
[199] Cohauz / Hannig / Dawidowicz & Partner, Untersuchung zum Verwertungsprivileg, S. 157.

die unbeschränkte Inanspruchnahme nach der Vorstellung des Gesetzgebers in Zukunft wohl den Regelfall des von Seiten der Hochschule gewählten Gestaltungsrechts darstellen. Tatsächlich steht der Wahl der unbeschränkten Inanspruchnahme in der Praxis bislang jedoch die Tatsache entgegen, dass den Hochschulen Gelder fehlen, um die notwendigen Anmeldungen der Erfindungen durchzuführen.
Insgesamt besteht jedoch sowohl auf Hochschulseite als auch in der Industrie die Hoffnung, dass sich diese anfänglichen Finanzierungsprobleme nach einer „Einschwingphase", in der verstärkt Koordinierungs- und Abstimmungsarbeit geleistet werden muss, legen werden. Ob sich diese zuversichtliche Erwartung erfüllen wird, bleibt abzuwarten. Vielleicht bieten hier eher Vertragsmodelle wie der sog. „Berliner Vertrag", welche teilweise eine Übernahme der Kosten durch den jeweiligen Industriepartner bei gleichzeitiger Übertragung der Erfindungsrechte im Rahmen von Forschungsverträgen vorsehen, eine realistische Handhabe.[200]

(3) Beschränkte Inanspruchnahme

Weiterhin besteht die Möglichkeit der beschränkten Inanspruchnahme der Erfindung, § 7 II ArbnErfG. Da die Vorschrift des § 42 ArbnErfG n.F. für diesen Fall keine Regelung trifft, gelten insoweit die allgemeinen Regeln der §§ 6 I, 7 II ArbnErfG.
Die Erklärung der beschränkten Inanspruchnahme hat innerhalb von vier Monaten nach Eingang der ordnungsgemäßen Erfindungsmeldung schriftlich zu erfolgen, § 6 II ArbnErfG. Hierdurch erwirbt die Hochschule (für das Land) ein der einfachen Lizenz vergleichbares, nicht ausschließliches Benutzungsrecht. Das Land darf die beschränkt in Anspruch genommene Erfindung nur für eigene Zwecke, d.h. zur Erfüllung seiner öffentlichen Aufgaben, nutzen. Eine lizenzweise Überlassung an Dritte ist ausgeschlossen.

Aufgrund dieser Rechtsfolgen der beschränkten Inanspruchnahme ist davon auszugehen, dass die Hochschule von dieser Möglichkeit Gebrauch machen wird, wenn die Erfindung für sie nützlich sein könnte, jedoch kein Interesse an der exklusiven Nutzung besteht.

(4) Wahlrecht der Hochschule

Unter den oben benannten Möglichkeiten hat die Hochschule ein freies Wahlrecht.[201] Dieses erlischt erst, wenn es durch entsprechende Erklärung gegenüber dem Arbeitnehmer ausgeübt worden ist oder wenn seit dem Eingang der ordnungsgemäßen Erfindungsmeldung vier Monate vergangen sind.[202] Im letzten Fall gilt die Erfindung gem. § 8 I Nr. 3 ArbnErfG als freigegeben.

---

[200] Siehe hierzu Kapitel „Kooperationsverträge".
[201] Hübner, S. 58.
[202] Hübner, S. 58.

bb) Vergütungspflicht

Im Falle der unbeschränkten Inanspruchnahme der Erfindung seitens der Hochschule, genauer mit der Verwertung, entsteht zugleich dem Grunde nach der Vergütungsanspruch des Hochschulerfinders. Er beträgt gem. § 42 Nr.4 ArbnErfG n.F. 30 % der durch die Verwertung erzielten Einnahmen. Die vom Dienstherrn für schutzrechtliche Sicherung und Vermarktung aufgewandten Kosten werden hierbei nicht vom Erlös abgezogen. Berechnungsgrundlage bilden hierbei die Bruttoeinnahmen ohne jeden Abzug.[203] Bei ertragsschwachen Erfindungen kann diese Regelung zur Folge haben, dass der Anteil, der der Hochschule verbleibt, deren Aufwendungen nicht deckt.[204] Somit ist die Vergütungspflicht sowohl dem Entstehungsgrund als auch der Höhe nach abweichend von den allgemeinen Vorschriften geregelt.
Im Vergleich dazu sah der Änderungsvorschlag für § 42 ArbnErfG der Bund-Länder-Kommission für Bildungsplanung und Forschungsförderung (BLK) lediglich einen Anspruch auf Erfindervergütung in Höhe eines Drittels des Verwertungserlöses nach Abzug der Patentierungskosten vor. Jedenfalls aber sollte das in der Wirtschaft gelegentlich mühsame und konfliktträchtige Abschichten von Anteilen des Arbeitgebers und eigenen Leistungen des Erfinders entfallen.[205]

3) Besonderheiten im Vergleich mit anderen Arbeitnehmererfindungen

Obwohl im Rahmen der Novellierung des § 42 ArbnErfG eine Anpassung an die im privaten und öffentlichen Dienst geltenden Bestimmungen erfolgte, lassen sich weiterhin einige Besonderheiten im Umgang mit Hochschulerfindungen im Vergleich zu anderen Arbeitnehmererfindungen feststellen.
Von der generellen Geltung des ArbnErfG auch für Erfindungen von Hochschulbeschäftigten kann allerdings nur insoweit abgewichen werden, wie die Nr. 1 bis 5 des § 42 ArbnErfG n.F. besondere Regelungen enthalten. Als Ausnahmevorschriften gegenüber den allgemeinen erfinderrechtlichen Bestimmungen des öffentlichen Dienstes (§§ 40, 41 ArbnErfG) sind diese grundsätzlich eng auszulegen, wobei allerdings die gesetzgeberische Wertentscheidung im Lichte des Art. 5 III GG zu beachten bleibt.[206]

a) Positive Publikationsfreiheit, § 42 Nr. 1 ArbnErfG n.F.

Die Vorschrift des § 42 Nr. 1 ArbnErfG trägt der Forschungsfreiheit des Art. 5 III 1 GG Rechnung, welche immer dann berührt ist, wenn der Hochschulwissenschaftler[207] vor der Entscheidung steht, ob er seine Diensterfindung veröffentlichen will oder nicht.

---

[203] Vgl. Begründung zum Entwurf eines Gesetzes zur Änderung des Gesetzes über Arbeitnehmererfindungen, BT-Dr 14 / 5975, S. 7; http://www.bmbf.de/pub/arbeitnehmererfindergesetz.pdf.
[204] Bartenbach / Hellebrand, Mitt. 2002, 165, 169; Kraßer, Forschung und Lehre 8/2002, 1, 11.
[205] Begründung zum Änderungsvorschlag für § 42 ArbnErfG der Bund-Länder-Kommission für Bildungsplanung und Forschungsförderung (BLK), Sitzung vom 30.10.2000.
[206] Bartenbach / Volz, ArbnErfG, § 42 (n.F.) Rn. 5; Bartenbach / Volz, GRUR 2002, 743, 747.
[207] Zur beschränkten Geltung des § 42 Nr. 1 ArbnErfG n.F. nur für Hochschulwissenschaftler siehe schon Ausführungen zum persönlichen Anwendungsbereich.

Sie soll die positive Publikationsfreiheit der wissenschaftlichen Hochschulerfinder sichern, welche die freie Entscheidungsbefugnis des Hochschulwissenschaftlers betrifft, die Ergebnisse seiner Forschungsarbeit der Öffentlichkeit mitzuteilen und damit zu veröffentlichen (vgl. Art. 5 III 1 GG und § 4 II 1 HRG).[208]

Das Recht auf Verbreitung, wie es auch § 4 II 1 HRG statuiert, setzt zwangsläufig das Recht des Hochschulwissenschafters auf die eigene Entscheidung voraus, ob das Forschungsergebnis überhaupt verbreitet werden soll. Als Ausfluss des kommunikativen Gehalts des Grundrechts kann er selbst auch das Medium sowie die Modalitäten der Mitteilung frei bestimmen.[209] Wissenschaftler möchten mit der Veröffentlichung in der Regel nicht nur Anerkennung finden, sie erstreben auch, dass ihre Befunde weiterentwickelt werden.[210] Forschung ist daher grundsätzlich auf Veröffentlichung hin angelegt.

Nach den allgemeinen Regeln des ArbnErfG müsste der Wissenschaftler seine Forschungsergebnisse so lange geheim halten, bis die gemeldete Diensterfindung frei geworden ist, §§ 24 II, 8 I ArbnErfG. Folglich käme bei einer Inanspruchnahme der Erfindung durch die Hochschule eine Veröffentlichung erst dann in Betracht, wenn die Hochschule auf weitere Geheimhaltung verzichtet hat, die technische Lehre offenkundig geworden oder die Schutzrechtsanmeldung offen gelegt worden ist.[211] Damit würde sich die Vorschrift des § 24 II ArbnErfG insofern beschränkend auf die Publikation von Forschungsergebnissen auswirken, als sie die Geheimhaltung von Erfindungen gebieten und somit bei wissenschaftlichen Forschungsergebnissen die von der Wissenschaftsfreiheit des Art. 5 III 1 GG mitumfasste Freiheit der Entscheidung über die Publikation gefährden würde. Aus diesem Grunde ist eine Ausnahme von der allgemeinen Geheimhaltungspflicht für Wissenschaftler notwendig.
In Abweichung zu anderen Arbeitnehmererfindern berechtigt § 42 Nr. 1 ArbnErfG n.F. Hochschulwissenschaftler daher, eigene Diensterfindungen im Rahmen ihrer Lehr- und Forschungstätigkeit zu offenbaren, vorausgesetzt, dass rechtzeitig, in der Regel zwei Monate zuvor, eine Ankündigung der geplanten Offenbarung an den Dienstherrn erfolgt ist.
Gewiss kann diese Anzeigepflicht eine erhebliche Behinderung für den Hochschullehrer darstellen, wenn er seine wissenschaftlichen Ergebnisse alsbald möglich veröffentlichen will. Ihre Notwendigkeit erklärt sich jedoch mit dem Fehlen einer sog. Neuheitsschonfrist in Deutschland: Einmal offenbart genügt eine Erfindung nicht mehr dem absoluten Neuheitsbegriff aus § 3 PatG, so dass eine Patentierung nicht mehr erreicht werden kann.

---

[208] Bartenbach / Volz, ArbnErfG, § 42 (n.F.) Rn. 58; Bartenbach / Volz, GRUR 2002, 743, 749; Kraßer / Stricker, S. 67.
[209] Kraßer / Stricker, S. 67.
[210] Reich, HRG, § 4 Rn. 14.
[211] Vgl. Begründung zum Gesetz zur Änderung des Gesetzes über Arbeitnehmererfindungen, BT-Dr 14 / 5975, S. 6.

aa) Offenbarung

Aus dem oben Gesagten folgt, dass der Begriff der Offenbarung im Zusammenhang mit der Geheimhaltungspflicht und der damit bezweckten Sicherung der Schutzrechtserlangung zu sehen ist.[212]
In Anlehnung an den im Patentwesen gebräuchlichen Begriff bedeutet Offenbarung in diesem Kontext, die Erfindung durch schriftliche oder mündliche Beschreibung, durch Benutzung oder in sonstiger Weise der Öffentlichkeit zugänglich zu machen (vgl. § 3 I 1 PatG). Daher liegt nicht nur eine Offenbarung vor, wenn das Wesen der Diensterfindung in einer Fachzeitschrift vorgestellt wird, sondern immer schon dann, wenn sich wissenschaftliche Erkenntnisse zu einem konkreten Erfahrungswissen und einer entsprechenden Anweisung zum technischen Handeln verdichtet haben.[213]
So gilt in der Regel nicht schon das Vorabverschicken von Manuskripten an Organisatoren einer Veranstaltung als neuheitsschädlich, sondern erst der Vortrag.[214] Kommt es jedoch zum Beispiel zu einer Internetinformation über den geplanten Vortrag, so kann dies bereits als Veröffentlichung gelten, insbesondere wenn sie auf einer branchenbekannten Internetseite oder in einer fachbezogenen Datei eingestellt sind oder wenn sie mit Adressenangabe einem unbeschränkten Personenkreis direkt angekündigt oder aufgrund ihrer fachüblichen Terminologie über Suchmaschinen auffindbar sind.[215] Aus diesem Grunde erscheint es für den Fall, dass eine Vorabinformation unumgänglich ist, sinnvoll, Konferenzbeiträge immer so zu gestalten, dass die Erfindung aus diesen vorab gelieferten Informationen nicht ableitbar ist.

Als Datum der Veröffentlichung gilt grundsätzlich das Erscheinungsdatum.

bb) Lehr- und Forschungstätigkeit

Erfasst werden nach dem Wortlaut des § 42 Nr. 1 ArbnErfG n.F. allerdings nur Offenbarungen, die im Rahmen der Lehr- und Forschungstätigkeit erfolgen.
Dieser im Lichte der durch Art. 5 III 1 GG geschützten Publikationsfreiheit weit auszulegende Begriff der Lehr- und Forschungstätigkeit umfasst im Grundsatz das Gesamtgebiet der grundgesetzlich geschützten Betätigung des Hochschulwissenschaftlers im universitären und außeruniversitären Bereich.[216] § 4 II und III HRG nennt hierfür beispielhaft die Fragestellung, die Grundsätze der Methodik und die Bewertung und Verbreitung des Forschungsergebnisses sowie das Abhalten von Lehrveranstaltungen, deren inhaltliche und methodische Gestaltung, als auch das Recht auf Äußerung von wissenschaftlichen und künstlerischen Lehrmeinungen. Aus der Formulierung „im Rahmen der Lehr- und Forschungstätigkeit" ergibt sich, dass diese maßgeblicher, wenn auch nicht ausschließlicher Anlass der beabsichtigten Offenbarung sein muss, beide Tätigkeitsbereiche brauchen jedoch nicht kumulativ gegeben zu sein.[217]

---

[212] Bartenbach / Volz, ArbnErfG, § 42 (n.F.) Rn. 76.
[213] Vgl. Busse – Keukenschrijver, PatG, § 3 Rn. 118; Bartenbach / Volz, GRUR 2002, 743, 750.
[214] Singer / Stauder – Spangenberg, EPÜ, Art. 54 Rn. 29.
[215] Niedlich, Mitt. 2004, 349, 351.
[216] Bartenbach / Volz, ArbnErfG, § 42 (n.F.) Rn. 77; Bartenbach / Volz, GRUR 2002, 743, 751.
[217] Bartenbach / Volz, ArbnErfG, § 42 (n.F.) Rn. 77.

Unklar ist, ob insoweit nur eine nichtkommerzielle Benutzung im wissenschaftlichen Bereich erfasst ist. So beschränken die Gesetzesmaterialien zu § 42 Nr. 3 ArbnErfG n.F. das Benutzungsrechts des Hochschulwissenschaftlers an der Diensterfindung ausdrücklich auf eine nichtkommerzielle Verwendung der Erfindung.[218] Auch wenn diese Einschränkung im Rahmen der Begründung zu § 42 Nr. 1 ArbnErfG n.F. nicht auftaucht, so ist vor dem Hintergrund der Schutzwürdigkeit des Verwertungsrechts der Hochschule doch anzunehmen, dass auch im Rahmen der Offenbarung eine Kommerzialisierung der Erfindung ausgeschlossen sein soll.[219]

Als Teil der Hochschulforschung sind auch Forschungsvorhaben mit Drittmitteln i.S.v. § 25 HRG und Entwicklungsvorhaben im Rahmen angewandter Forschung (§ 26 HRG) umfasst, nicht dagegen eine Offenbarung im Rahmen privater Nebentätigkeit, auch soweit es sich um entgeltliche außeruniversitäre Auftragsforschung oder Gutachtertätigkeit handelt.[220] Diese Einschränkung der Privilegierung folgt auch aus Satz 2 des § 42 Nr. 1 ArbnErfG n.F., der in Bezug auf Satz 1 bestimmt, dass § 24 II ArbnErfG nur „insoweit" keine Anwendung findet. Daraus lässt sich folgern, dass die Geheimhaltungspflicht nur für die Lehr- und Forschungstätigkeit des Hochschulwissenschaftlers ausgeschlossen ist.[221] Für darüber hinaus gehende Bereiche besteht sie unverändert fort, so zum Beispiel für den Fall, dass der Hochschulwissenschaftler den Erfindungsgegenstand im Rahmen eines eigenen Gewerbebetriebs offenbaren will.[222]

cc) Anzeige der Offenbarungsabsicht

Das Recht zur Offenbarung der Diensterfindung im Rahmen der Lehr- und Forschungstätigkeit knüpft das Gesetz an eine vorherige Anzeige der beabsichtigten Offenbarung der Diensterfindung gegenüber dem Dienstherrn. Anzeige bedeutet somit die Erklärung, dass und zu welchem Zeitpunkt die Diensterfindung im Rahmen der Lehr- und Forschungstätigkeit offenbart werden soll.[223] Weder der Gesetzeswortlaut, noch die amtliche Begründung zu § 42 Nr. 1 ArbnErfG geben einen bestimmten Wortlaut oder Inhalt der Anzeige vor. Fraglich ist, ob die Anzeige trotzdem Angaben hinsichtlich des konkreten Anlasses, der Art oder des Orts der geplanten Offenbarung enthalten muss.

Im Hinblick auf die Publikationsfreiheit des Hochschulwissenschaftlers wird man ein solches Erfordernis grundsätzlich verneinen müssen. Darüber hinaus ist in der Regel kein berechtigtes Interesse des Dienstherrn an diesen Angaben ersichtlich, zumal

[218] Entwurf eines Gesetzes zur Änderung des Gesetzes über Arbeitnehmererfindungen, BT-Dr 14 / 5975, S. 7 (Begründung zu § 42 Nr. 3 ArbnErfG).
[219] So wohl auch Bartenbach / Volz, ArbnErfG, § 42 (n.F.) Rn. 77.
[220] Bartenbach / Volz, ArbnErfG, § 42 Rn. 77; Bartenbach / Volz, GRUR 2002, 743, 751.
[221] Begründung zum Entwurf eines Gesetzes zur Änderung des Gesetzes über Arbeitnehmererfindungen, BT-Dr 14 / 5975, S. 6 (Besonderer Teil zu § 42 Nr. 1).
[222] Bartenbach / Volz, GRUR 2002, 743, 752.
[223] Bartenbach / Volz, ArbnErfG, § 42 (n.F.) Rn. 81.

ihm kein Recht zur Überprüfung der Sinnhaftigkeit der beabsichtigten Offenbarung zusteht.[224]

Es sind jedoch auch Konstellationen denkbar, in denen ein Auskunftsanspruch des Dienstherrn ausnahmsweise gerechtfertigt sein könnte. So besteht zum Beispiel die Möglichkeit, dass der Dienstherr im Einzelfall Zweifel hat, ob seitens des Hochschullehrers überhaupt eine nicht-kommerzielle Offenbarung beabsichtigt ist. Fraglich ist, ob dem Dienstherrn in diesem Fall ausnahmsweise ein weiter gehender Auskunftsanspruch gegen den Hochschullehrer zuzusprechen ist.
Eine kommerzielle Offenbarung wäre mangels Bezuges zur Lehr- und Forschungstätigkeit nicht mehr von der positiven Publikationsfreiheit des Hochschulerfinders aus § 42 Nr. 1 ArbnErfG gedeckt. Ohne konkrete Angaben zu Anlass, Art und Ort der geplanten Offenbarung ist dem Dienstherrn eine Einschätzung sowie eine Überprüfung des Vorliegens der Voraussetzungen des § 42 Nr. 1 ArbnErfG nicht möglich. Bei Bestehen von berechtigten Zweifeln darüber, ob eine kommerzielle Offenbarung beabsichtigt ist, kann dem Dienstherrn insofern ausnahmsweise ein berechtigtes Interesse an konkreteren Angaben zur geplanten Offenbarung zustehen. Für diesen Fall ist ihm daher ein weiter gehender Auskunftsanspruch zuzuerkennen. Da das Vorliegen einer detaillierten Auskunftspflicht des Hochschullehrers vom Grundsatz her zu verneinen ist, müssen jedoch konkrete Anhaltspunkte oder bestimmte Verdachtsmomente für eine beabsichtigte kommerzielle Offenbarung vorliegen.

Ebenso wenig ist die Anzeige an eine bestimmte Form gebunden. Aus Darlegungs- und Beweislastgründen ist jedoch Schriftform zu empfehlen. Adressat der Anzeige ist gem. § 42 Nr. 1 S. 1 ArbnErfG der Dienstherr. Der Empfänger bestimmt sich nach den gleichen Grundsätzen wie bei der Erfindungsmeldung gem. § 5 ArbnErfG[225], so dass die Meldung an den Arbeitgeber bzw. den Dienstherr, also die oberste Dienstbehörde, oder an einen vom Arbeitgeber allgemein oder für den Einzelfall zur Entgegennahme Bevollmächtigten zu erfolgen hat.[226]

Weiterhin muss die Anzeige so rechtzeitig erstattet werden, dass der Dienstherr die Möglichkeit hat, vor der geplanten Offenbarung die Schutzrechtsanmeldung im Inland gem. § 13 ArbnErfG vorzunehmen.[227] Aus dem Begriff der Rechtzeitigkeit folgt auch, dass zuvor zwangsläufig eine ordnungsgemäße Meldung der Erfindung gem. § 5 ArbnErfG erfolgt sein muss.[228] Nur so kann die Anzeige der bevorstehenden Offenbarung der Erfindung ihren Zweck erfüllen, nämlich der Hochschule eine rechtzeitige Patentanmeldung unter Wahrung der Erfordernisse des § 3 PatG zu ermöglichen. Auch wenn die Meldung nachgeholt werden kann, verlängert sich in dem Fall die Frist für die Offenbarung entsprechend.[229]

---

[224] Bartenbach / Volz, GRUR 2002, 743, 751.
[225] Bartenbach / Volz, GRUR 2002, 743, 751.
[226] Bartenbach / Volz, ArbnErfG, § 5 Rn. 9, 14 ff.
[227] Begründung zum Entwurf eines Gesetzes zur Änderung des Gesetzes über Arbeitnehmererfindungen, BT-Dr 14 / 5975, S. 6 (Besonderer Teil zu § 42 Nr. 1).
[228] Bartenbach / Volz, ArbnErfG, § 42 (n.F.) Rn. 86; Bartenbach / Volz, GRUR 2002, 743, 751.
[229] Bartenbach / Volz, ArbnErfG, § 42 (n.F.) Rn. 86.

Entgegen dem Fraktionsentwurf[230], welcher eine Frist von einem Monat vorsah, geht § 42 Nr. 1 ArbnErfG n.F. von einer Frist von zwei Monaten als Regelvermutung für eine Rechtzeitigkeit aus. Sie gilt automatisch, wenn keine besonderen Umstände für eine Verlängerung oder Verkürzung sprechen und kennzeichnet den Zeitraum zwischen Anzeige und Offenbarung der Erfindung, also die dem Erfinder zumutbare Wartezeit.[231] Durch den Verzicht auf eine starre Frist zur Bestimmung des Zeitraums zwischen der Offenbarung der Diensterfindung und deren Ankündigung gegenüber der Hochschule zugunsten der flexibleren Regelfrist, ist nunmehr eine auf den Einzelfall bezogene, interessengerechte Fristbestimmung möglich.[232] Als Fristbeginn dürfte der Tag des Eingangs der Anzeige anzusehen sein.[233]
Die Anzeigepflicht des Hochschulwissenschaftlers gibt der Hochschule die Möglichkeit, bei wirtschaftlich interessanten Forschungsergebnissen eine vorsorgliche Patentanmeldung vorzunehmen und somit die Neuheitsschädlichkeit der Veröffentlichung zu vermeiden. Ziel der Regelung ist es damit zugleich, den Dienstherrn bei Offenbarungsinteresse des Hochschulwissenschaftlers zu einer beschleunigten Schutzrechtsanmeldung – wie sie § 13 ArbnErfG ohnehin vorsieht – zu veranlassen.[234]

Nach Ablauf der Meldepflicht kann die geplante Publikation ohne weiteres erfolgen. Das Gesetz gibt der Hochschule weder das Recht, die wissenschaftliche Veröffentlichung zu untersagen, noch ein solches, auf ihren Inhalt Einfluss zu nehmen. Es bedarf daher für die angezeigte Publikation auch keiner Genehmigung der Hochschule, der schlichte Fristablauf genügt,[235] selbst wenn die Schutzrechtsanmeldung noch aussteht. In diesem Fall kann es allerdings auch im Eigeninteresse des Hochschulerfinders sinnvoll sein, den Dienstherrn zuvor letztmalig zur Schutzrechtsanmeldung aufzufordern oder ihm eine Nachfrist hierfür zu setzen.[236]
Aus diesem Grund wird man die Pflicht zur vorherigen Anzeige als verfassungsrechtlich unbedenkliche Beschränkung der positiven Publikationsfreiheit ansehen können,[237] zumal sie nur Publikationen betrifft, in denen fertige Erfindungen wiedergegeben werden, nicht aber die Veröffentlichung nicht unmittelbar anwendbarer Forschungsergebnisse.[238]

Während eine nachträgliche Aufgabe der bereits angezeigten Offenbarungsabsicht seitens des Hochschulwissenschaftlers unschädlich ist, vermag eine Offenbarung unter Verletzung der Anzeigepflicht Schadensersatzansprüche der Hochschule zu begründen. Rechtsgrundlage hierfür ist die Verletzung des aus dem ArbnErfG folgenden gesetzlichen Schuldverhältnisses nach § 280 I BGB sowie § 823 II i.V.m.

---

230 Entwurf eines Gesetzes zur Änderung des Gesetzes über Arbeitnehmererfindungen v. 09.05.2002, BT-Dr 14 / 5975, siehe dort S. 4.
231 Bartenbach / Volz, ArbnErfG, § 42 (n.F.) Rn. 85.
232 Beyerlein, NZA 2002, 1020, 1022.
233 So Bartenbach / Volz, GRUR 2002, 743, 751.
234 Bartenbach / Volz, GRUR 2002, 743, 750.
235 Information des BMBF: http://www.patente.bmbf.de/de/druck/patentpo_220.php.
236 Bartenbach / Volz, ArbnErfG, § 42 (n.F.) Rn. 92.
237 Zur Verfassungsmäßigkeit ausführlich: VI) 2) a) cc): Anzeigepflicht des § 42 Nr. 1 S. 1 ArbnErfG bei Offenbarungsabsicht.
238 Kraßer, Forschung und Lehre 8/2002, 1, 13.

§ 24 II ArbnErfG.[239] Darüber hinaus stellt die vorzeitige Offenbarung eine Dienstpflichtverletzung dar.[240]

Nicht von der Anzeigepflicht betroffen sind die nach § 8 I ArbnErfG frei gewordenen Erfindungen, sowie erst recht die originär freien Erfindungen i.S.v. § 4 III ArbnErfG. Sie können ohne Anzeige vom Hochschulwissenschaftler jederzeit offenbart werden.[241]

Die Anzeigepflicht bei Offenbarungsinteresse nach § 42 Nr. 1 S. 1 ArbnErfG n.F. ist gegenstandslos, wenn bereits eine Schutzrechtsanmeldung der Diensterfindung nach § 13 ArbnErfG erfolgt ist.[242] Denkbar ist dies in der Konstellation, dass der Hochschulwissenschaftler eine Diensterfindung getätigt und diese der inanspruchnehmenden Hochschule gem. § 5 ArbnErfG gemeldet hat, bislang seinerseits aber noch kein Interesse an einer Veröffentlichung bestand. Da in diesem Fall die Priorität der Erfindung gesichert ist und sich eine Offenbarung nicht mehr neuheitsschädlich i.S.v. § 3 I 1 PatG auswirkt, kann die Veröffentlichung ohne Anzeige erfolgen. Da der Hochschulwissenschaftler gem. § 42 Nr. 1 S. 2 ArbnErfG n.F. „insoweit" nicht der üblichen Geheimhaltungspflicht des § 24 II ArbnErfG unterliegt, kann er den Erfindungsgegenstand auch vor der Offenlegung der Patentanmeldung (§§ 32 II, 31 II Nr. 2 PatG) an die Öffentlichkeit bringen.[243]

b) Negative Publikationsfreiheit, § 42 Nr. 2 ArbnErfG n.F.

Trotz des grundsätzlichen Strebens nach Veröffentlichung kann ein Hochschulwissenschaftler im Einzelfall Interesse daran haben, von der Veröffentlichung seines Forschungsergebnisses für eine begrenzte Zeit oder auf Dauer abzusehen, sei es, dass er es noch weitere Zeit überprüfen möchte oder dass er die Verbreitung aus anderen Gründen für inopportun hält.[244]
Durch die zwingende Offenlegung der Anmeldung mit Ablauf von 18 Monaten nach Einreichung (§§ 32 II, 31 II Nr. 2 PatG) ist jedoch mit jeder Patentanmeldung grundsätzlich auch eine Veröffentlichung der Erfindung und damit auch der Forschungsergebnisse verbunden. Demgegenüber steht als Ausfluss der negativen Seite des Art. 5 III 1 GG die sog. negative Publikationsfreiheit eines jeden Wissenschaftlers, wonach auch derjenige geschützt ist, der die von ihm erzielten wissenschaftlichen Erkenntnisse nicht publizieren will, und zwar unabhängig davon, aus welchen Motiven dies geschieht.[245] Würde sich nun der Hochschulwissenschaftler dafür entscheiden, sein Forschungsergebnis auf Dauer geheim zu halten, die Hochschule als Dienstherr

---

239 Bartenbach / Volz, GRUR 2002, 743, 752.
240 Begründung des Entwurfs eines Gesetzes zur Änderung des Gesetzes über Arbeitnehmererfindungen, BT-Dr 14 / 5975, S. 7 (Besonderer Teil zu § 42 Nr. 2) – wenn schon die Unterlassung der nachträglichen Anzeige eine Dienstpflichtverletzung darstellt, dann wohl erst recht auch die Unterlassung der erstmaligen Anzeige nach § 42 Nr. 1 S. 1 ArbnErfG n.F.
241 Bartenbach / Volz, ArbnErfG, § 42 (n.F.) Rn. 71.
242 Bartenbach / Volz, ArbnErfG, § 42 (n.F.) Rn. 61; Bartenbach / Volz, GRUR 2002, 743, 750.
243 Bartenbach / Volz, GRUR 2002, 743, 750.
244 Reich, HRG, § 4 Rn. 14.
245 Sachs, S. 319 Rn. 110.

die Erfindung jedoch in Anspruch nehmen und eine Schutzrechtsanmeldung tätigen, so wäre der Hochschulwissenschaftler hierdurch in seiner negativen Publikationsfreiheit aus Art. 5 III 1 GG verletzt. [246]

Um ein Unterlaufen des grundgesetzlich garantierten „Rechts auf Schweigen" infolge der Schutzrechtsanmeldung auszuschließen,[247] soll § 42 Nr. 2 ArbnErfG die negative Publikationsfreiheit gewährleisten und so einen Ausgleich der widerstreitenden Interessen der Wissenschaftsfreiheit des Hochschullehrers einerseits und dem Verwertungsrecht der Hochschule andererseits schaffen.
Zu diesem Zweck berechtigt der im Wechselbezug zu Nr. 1 stehende § 42 Nr. 2 S. 1 ArbnErfG den Hochschulwissenschaftler im Erfindungsfall über die Offenbarung und insbesondere deren Zeitpunkt in eigener Verantwortung zu entscheiden und so – entgegen der allgemeinen Meldepflicht aus § 5 I ArbnErfG – als Wissenschaftler die Offenbarung seiner Diensterfindung abzulehnen und aus diesem Grunde der Anzeigepflicht nicht nachzukommen. Somit gesteht § 42 Nr. 2 S. 1 ArbnErfG dem Hochschulwissenschaftler ein Absehen von der Erfindungsmeldung nach § 5 ArbnErfG zu.[248]

aa) Ablehnung der Offenbarung aufgrund der Lehr- und Forschungstätigkeit

Die Ablehnung der Offenbarung der Erfindung muss jedoch aufgrund der Lehr- und Forschungstätigkeit des Hochschulwissenschaftlers geschehen.
Wie im Rahmen von Nr. 1 ist auch hier das Merkmal der „Lehr- und Forschungstätigkeit" weit auszulegen, so dass ein Zusammenhang mit der Tätigkeit des Hochschulwissenschaftlers in Forschung und Lehre genügt.[249] Vorrangig wird es sich bei den Ablehnungsgründen um wissenschaftlich-ethische Gründe handeln.[250] Vorstellbar sind jedoch auch andere Motive, wie zum Beispiel Geheimhaltungsbedürfnisse mit Blick auf noch laufende Forschungsarbeiten, wirtschaftliche Aspekte, die Erprobung oder Verbesserung der Erfindung betreffend oder auch rein persönliche Beweggründe.[251]

Die Hochschule erhält keine Gelegenheit zu prüfen, ob ausreichende Gründe für die Ablehnung der Offenbarung vorliegen.[252] Dies kann im Extremfall zu einer dauerhaften Geheimhaltung von Forschungsergebnissen führen, so dass § 42 Nr. 2 S. 1 ArbnErfG auch das Recht beinhaltet, eine Erfindung gerade nicht zu melden. Infolgedessen kann die Hochschule nicht mit der Meldung und daher auch nicht mit der Möglichkeit der Inanspruchnahme ausnahmslos aller Diensterfindungen rechnen. In

---

[246] Vgl. Begründung zum Gesetz zur Änderung des Gesetzes über Arbeitnehmererfindungen, BT-Dr 14 / 5975, S. 7.
[247] Bartenbach / Volz, GRUR 2002, 743, 752.
[248] Bartenbach / Volz, GRUR 2002, 743, 752; Beyerlein, NZA 2002, 1020, 1020.
[249] Bartenbach / Volz, ArbnErfG, § 42 (n.F.) Rn. 112; Bartenbach / Volz, GRUR 2002, 743, 753.
[250] Entwurf eines Gesetzes zur Änderung des Gesetzes über Arbeitnehmererfindungen, BT-Dr 14 / 5975, S. 7 (Besonderer Teil zu § 42 Nr. 2).
[251] Beispiele nach Bartenbach / Volz, ArbnErfG, § 42 (n.F.) Rn. 112; Bartenbach / Volz, GRUR 2002, 743, 753.
[252] Bartenbach / Volz, ArbnErfG, § 42 (n.F.) Rn. 114; Kraßer, Forschung und Lehre 8/2002, 1, 15.

Drittmittel- oder Kooperationsverträgen sollte sie dem Partner aus diesem Grund Rechte an den aus der vertragsgemäßen Forschung erwachsenden Erfindungen nur insoweit versprechen und einräumen, als es sich um gemeldete Diensterfindungen handelt.[253]

bb) Rechtsfolgen der Ablehnung

Rechtsfolge des § 42 Nr. 2 S. 1 ArbnErfG ist nicht das Freiwerden der Erfindung i.S.v. § 8 ArbnErfG, sondern vielmehr lediglich das Ruhen der Meldepflicht.
Eine Zusammenschau von § 42 Nr. 2 S. 1 und 2 ArbnErfG könnte hierbei nahe legen, dass die Geheimhaltungsabsicht im Regelfall zunächst auf unbestimmte Zeit ausgerichtet sein muss.[254] Eine Entscheidung des Hochschulwissenschaftlers gegen die Offenbarung seiner Diensterfindung ist für diesen jedoch nicht bindend, d.h., er kann zu einem späteren Zeitpunkt die Diensterfindung in Abkehr zu seiner bisherigen Haltung offenbaren.[255] Dieser Zeitpunkt muss seitens des Hochschulwissenschaftlers beliebig gewählt werden können, da ansonsten seine durch Art. 5 III GG geschützte positive Publikationsfreiheit zu starken Einschränkungen unterliegen würde. Hinzu kommt, dass eine solche Anforderung an die zeitliche Dimension der Geheimhaltungsabsicht nicht praxistauglich wäre, da keine handhabbare Möglichkeit besteht, zu überprüfen, ob der Wille des Hochschulwissenschaftlers tatsächlich auf unbestimmte Zeit ausgerichtet ist.
Insgesamt ist daher das Erfordernis einer Ausrichtung der Geheimhaltungsabsicht des Erfinders auf unbestimmte Zeit abzulehnen.

Als Konsequenz des Entfallens der Meldepflicht aus § 5 ArbnErfG kommen zwangsläufig auch die hieran anknüpfenden Rechtsfolgen (§§ 6, 7, 13 ArbnErfG) nicht zum Tragen.[256] Ein Inanspruchnahmerecht der Hochschule kann daher auch dann nicht bestehen, wenn sie anderweitig von der Diensterfindung Kenntnis erlangt. Gerade im Fall der zufälligen Kenntniserlangung von der Erfindung ist die Hochschule vielmehr zur unbedingten Geheimhaltung verpflichtet. Auch wenn diese Geheimhaltungspflicht sich mangels Vorliegens einer Erfindungsmeldung nicht direkt aus § 24 I ArbnErfG herleiten lässt, so kann sie zumindest aus der dem Arbeitsverhältnis entspringenden Fürsorgepflicht abgeleitet werden.[257]

Da das Gebrauchmachen von dem Recht aus § 42 Nr. 2 S. 1 ArbnErfG keiner Anzeige oder Erklärung seitens des Hochschulwissenschaftlers an die Hochschule bedarf, vermag insoweit schon die rein persönliche innere Willensbildung den Hochschulwissenschaftler von seiner gesetzlichen Meldepflicht zu befreien.[258]
In einem solchen Fall darf jedoch auch der Hochschullehrer selbst die Erfindung nicht veröffentlichen. Er darf also nicht unter Berufung auf die Publikationsfreiheit eine Patentanmeldung seitens der Hochschule verhindern, gleichzeitig aber seinerseits

[253] Kraßer, Forschung und Lehre 8/2002, 1, 15.
[254] So Bartenbach / Volz, GRUR 2002, 743, 753.
[255] Beyerlein, NZA 2002, 1020, 1021.
[256] Bartenbach / Volz, GRUR 2002, 743, 753.
[257] Vgl. Bartenbach / Volz, GRUR 2002, 743, 753.
[258] Bartenbach / Volz, ArbnErfG, § 42 (n.F.) Rn. 114; Bartenbach / Volz, GRUR 2002, 743, 753.

selbst die Verwertung in Form der Veröffentlichung betreiben.[259] Tut er es doch, verstößt er sowohl gegen §§ 5, 13 ArbnErfG als auch gegen die Geheimhaltungspflicht aus § 24 II ArbnErfG.[260] Dies hätte Schadensersatzansprüche der Hochschule aus § 280 I BGB sowie aus § 823 II BGB i.V.m. § 24 II ArbnErfG zur Folge.

cc) Nachholen der Meldung bei späterer Offenbarungsabsicht, § 42 Nr. 2 S. 2 ArbnErfG

Für den Fall, dass sich der Erfinder zu einem späteren Zeitpunkt doch noch zu einer Offenbarung entschließt, muss er die Meldung unverzüglich nachholen, § 42 Nr. 2 S. 2 ArbnErfG. Mit der nachträglichen Willensänderung lebt die ursprüngliche Meldepflicht gem. § 5 ArbnErfG mitsamt ihren Rechtsfolgen wieder auf.[261] Infolgedessen stehen der Hochschule sodann wieder dieselben Möglichkeiten offen, von denen sie bei sofortiger Meldung der Diensterfindung nach deren Fertigstellung hätte Gebrauch machen können.[262]
Um eine Umgehung der Rechte der Hochschule zu verhindern, wird man verlangen können, dass der Hochschullehrer auch im Fall der „verzögerten", nachträglichen Offenbarung diese entsprechend § 42 Nr. 1 ArbnErfG ankündigt und nicht vor Ablauf der folgenden zwei Monate vornimmt.[263]

dd) Rechtsfolgen des Verstoßes gegen S. 2

In diesem Zusammenhang stellt sich die Frage, welche Auswirkungen es hat, wenn ein Hochschulerfinder der ihm gem. § 42 Nr. 2 S. 2 ArbnErfG n.F. obliegenden nachträglichen Anzeigepflicht nicht nachkommt, gleichwohl publiziert und auf diesem Wege seine Diensterfindung offenbart.

Was den Hochschulwissenschaftler betrifft, stellt die in § 42 Nr. 2 S. 2 ArbnErfG festgeschriebene Meldepflicht vor Offenbarung eine Einschränkung der durch Art. 5 III 1 GG geschützten positiven Publikationsfreiheit dar, so dass im Wege einer verfassungskonformen Auslegung das Vorliegen einer Dienstpflichtverletzung in diesem Fall abzulehnen sein könnte. Auch bestünde obendrein das eher praktische Problem der Nachprüfbarkeit und Nachweisbarkeit, da der Hochschulwissenschaftler zum Beispiel ohne weiteres behaupten könnte, die Erfindung sei noch nicht fertig gestellt, mit der Folge, dass eine Meldepflicht noch gar nicht bestanden hätte.
Die Möglichkeit der Patentverwertung durch die Hochschule in dieser Konstellation nur als ein bisher nicht existierendes Angebot der Hochschule zu sehen, widerspricht jedoch dem erklärten Ziel der Novellierung, Hochschulpatente verstärkt einer professionellen Verwertung zuzuführen.

---

[259] Entwurf eines Gesetzes zur Änderung des Gesetzes über Arbeitnehmererfindungen, BT-Dr 14 / 5975, S. 7 (Besonderer Teil zu § 42 Nr. 2); Bartenbach / Volz, ArbnErfG, § 42 (n.F.) Rn. 119; Fleuchaus / Braitmayer, GRUR 2002, 653, 656.
[260] Bartenbach / Volz, ArbnErfG, § 42 (n.F.) Rn. 119.
[261] Bartenbach / Volz, ArbnErfG, § 42 (n.F.) Rn. 125; Bartenbach / Volz, GRUR 2002, 743, 753.
[262] Beyerlein, NZA 2002, 1020, 1021.
[263] Bartenbach / Volz, GRUR 2002, 743, 753; Kraßer, Forschung und Lehre 8/2002, 1, 15.

Mit dem Wortlaut des § 42 Nr. 2 ArbnErfG n.F. und der Gesetzesbegründung zufolge ist daher in der Veröffentlichung ohne vorherige Mitteilung an die Hochschule eine Dienstpflichtverletzung zu sehen, welche unter Umständen Schadensersatzansprüche begründen kann.[264]

c) Benutzungsrecht nach § 42 Nr. 3 ArbnErfG n.F.

§ 42 Nr. 3 ArbnErfG statuiert für den Fall der Inanspruchnahme der Diensterfindung durch die Hochschule das nicht ausschließliche Recht des Hochschulwissenschaftlers zur Benutzung der Diensterfindung im Rahmen seiner Lehr- und Forschungstätigkeit.
Diese Vorschrift soll dem Umstand Rechnung getragen, dass die Erfindung im Rahmen wissenschaftlicher Tätigkeit gemacht wurde und somit sicherstellen, dass diese auch im wissenschaftlichen Bereich nutzbringend eingesetzt werden kann.[265] Im Übrigen wäre ein Nutzungsverbot zu Forschungszwecken gegenüber dem Hochschullehrer aus mehreren Gründen wohl als unzulässig anzusehen:
Im Bereich der Forschung hat der Hochschullehrer das Recht, über Gegenstände, Ziele und Methoden seiner wissenschaftlichen Betätigung frei zu entscheiden.[266] Der Staat hat an der Hochschule durch geeignete organisatorische Maßnahmen dafür zu sorgen, dass das Grundrecht der freien wissenschaftlichen Betätigung soweit unangetastet bleibt, wie das unter Berücksichtigung der anderen legitimen Aufgaben der Wissenschaftseinrichtungen und der Grundrechte der verschiedenen Beteiligten möglich ist.[267] Durch die Geltendmachung eines Nutzungsverbots würde die Hochschule, welche eigentlich für die Freiheit und Unabhängigkeit der Forschung des Hochschullehrers Sorge zu tragen hat, diesen in seiner Forschungsfreiheit einschränken. Vor diesem Hintergrund wäre die Versagung eines Benutzungsrechts, wie es § 42 Nr. 3 ArbnErfG n.F. nunmehr vorsieht, als unzulässig anzusehen.

Da die Hochschule im Falle der beschränkten Inanspruchnahme gem. § 7 II ArbnErfG nur ein nicht ausschließliches Benutzungsrecht erwirbt, der Erfinder selbst Rechtsinhaber der Erfindung bleibt und daher nicht auf die Einräumung eines besonderen Benutzungsrechts angewiesen ist, greift § 42 Nr. 3 ArbnErfG n.F. ausschließlich für den Fall der unbeschränkten Inanspruchnahme der Erfindung durch die Hochschule. Das Benutzungsrecht entsteht daher kraft Gesetzes mit Zugang der unbeschränkten Inanpruchnahmeerklärung der Hochschule gegenüber dem Hochschulwissenschaftler.[268]

Inhaltlich geht es sogar über das in § 11 Nr. 2 PatG festgelegte Versuchsprivileg hinaus. Folglich ist nicht nur wie nach dem Patentgesetz die Forschung an der geschützten Erfindung frei. Um den Hochschullehrer im Rahmen eigener künftiger For-

---

[264] Begründung zum Gesetz zur Änderung des Gesetzes über Arbeitnehmererfindungen, BT-Dr 14 / 5975, S. 7 (Besonderer Teil zu § 42 Nr. 2); Bartenbach / Volz, ArbnErfG, § 42 (n.F.) Rn. 126.
[265] Begründung zum Gesetz zur Änderung des Gesetzes über Arbeitnehmererfindungen, BT-Dr 14 / 5975, S. 7 (Besonderer Teil zu § 42 Nr. 3).
[266] BVerfG v. 29.05.1973, BVerfGE 35, 79, 113.
[267] BVerfG v. 29.05.1973, BVerfGE 35, 79, 115.
[268] Bartenbach / Volz, GRUR 2002, 743, 754.

schungs- und Lehrtätigkeit nicht zu behindern, war es erforderlich, ihm auch im Falle der Inanspruchnahme der Erfindung und ihrer kommerziellen Verwertung durch die Hochschule ein Benutzungsrecht für Lehre und Forschung zu sichern.
Das hier normierte Benutzungsrecht erlaubt daher nicht nur die Verwendung der Erfindung als Versuchsgegenstand, sondern auch deren Nutzung als Arbeitsmittel im Rahmen der Lehr- und Forschungstätigkeit des Erfinders.[269] Weder ein von der Hochschule erlangtes Patent noch dessen Verkauf oder Lizenzierung können dieses gesetzlich verbriefte Recht ausschließen oder einschränken.[270] Es wirkt also auch gegenüber Dritten.
Dies ergibt sich nicht wie bei einer Lizenz aus der direkten Anwendung des § 15 III PatG, da es sich bei dem Recht des Hochschulwissenschaftlers aus § 42 Nr. 3 ArbnErfG n.F. nicht um ein rechtsgeschäftliches, sondern um ein gesetzliches Nutzungsrecht handelt, welches unabhängig vom Vorliegen eines entsprechenden Parteiwillens entsteht.[271] Da rechtsgeschäftliche und gesetzliche Nutzungsrechte im Hinblick auf ihre tatsächliche Wirkung für den Berechtigten einander jedoch ähnlich sind, ist § 15 III PatG analog anzuwenden, um eine sachlich nicht gerechtfertigte Ungleichbehandlung zu vermeiden.[272]

Die Formulierung des § 42 Nr. 3 ArbnErfG n.F. „nichtausschließliches Recht zur Benutzung der Diensterfindung" findet sich auch noch an anderen Stellen im ArbnErfG wieder, so etwa in den §§ 7 II, 14 III, 16 III und 19 I ArbnErfG. Aufgrund des gleichen Wortlauts ist das gesetzliche Benutzungsrecht des Hochschulwissenschaftlers aus § 42 Nr. 3 ArbnErfG n.F. den entsprechenden Rechten des Arbeitgebers aus §§ 7 II, 14 III, 16 III und 19 I ArbnErfG gleichzustellen.[273] Diesen kommt der Wert einer einfachen Lizenz zu.[274] Folglich ist auch das Benutzungsrecht des § 42 Nr. 3 ArbnErfG n.F. an die Person des Hochschulwissenschaftlers gebunden und weder übertragbar noch vererblich,[275] ebenso nicht pfändbar (§ 851 ZPO).[276]

Nicht von der Privilegierung des § 42 Nr. 3 ArbnErfG erfasst ist jedoch jegliche kommerzielle Nutzung der Erfindung durch den Hochschulwissenschaftler. Dies ergibt sich schon aus dem Zweck der Vorschrift, den Hochschulwissenschaftler durch die Inanspruchnahme der Erfindung einerseits nicht ungebührlich in seiner Lehr- und Forschungstätigkeit einzuschränken, der Hochschule andererseits jedoch eine effiziente wirtschaftliche Nutzung der Erfindung zu ermöglichen. Anderenfalls würde dem Erfinder eine gesetzlich nicht vorgesehene weitere Vergütungsmöglichkeit für seine Diensterfindung eröffnet.[277]

---

[269] Begründung zum Entwurf eines Gesetzes zur Änderung des Gesetzes über Arbeitnehmererfindungen, BT-Dr 14/5975, S. 7; Kraßer, Forschung und Lehre 8/2002, 1, 16.
[270] Begründung zum Gesetzesentwurf eines Gesetzes zur Änderung des Gesetzes über Arbeitnehmererfindungen (ArbnErfGÄndG) vom 09.05.2001, BT-Dr 14/5975, S. 7.
[271] Beyerlein, NZA 2002, 1020, 1022.
[272] BGH v. 23.04.1974, GRUR 1974, 463, 464 – Anlagengeschäft; Beyerlein, NZA 2002, 1020, 1022.
[273] So Bartenbach / Volz, GRUR 2002, 743, 754.
[274] BGH v. 23.04.1974, GRUR 1974, 463, 464 – Anlagengeschäft; Kittner / Zwanziger, § 75 Rn. 23; Bartenbach / Volz, ArbnErfR, S. 67 Rn. 178.
[275] Bartenbach / Volz, GRUR 2002, 743, 754.
[276] Beyerlein, NZA 2002, 1020, 1022.
[277] Beyerlein, NZA 2002, 1020, 1022.

Gleichwohl steht es der Hochschule natürlich frei, dem Hochschulwissenschaftler nach erfolgter Inanspruchnahme im Rahmen einer lizenzvertraglichen Abrede weiter gehende Rechte einzuräumen, auch wenn er hierauf keinen Rechtsanspruch hat.[278]

Mit dieser Einschränkung der nichtkommerziellen Nutzung im Rahmen der Lehr- und Forschungstätigkeit umfasst das Benutzungsrecht des § 42 Nr. 3 ArbnErfG n.F. alle Benutzungshandlungen, auf die sich gem. § 9 PatG ein etwaiges Schutzrecht erstrecken würde.[279]

d) Vergütungsregelung des § 42 Nr. 4 ArbnErfG n.F.

Gemäß der Vergütungsregelung des § 42 Nr. 4 ArbnErfG n.F. haben die an einer Hochschule Beschäftigten im Falle der Verwertung ihrer Erfindung durch den Dienstherrn Anspruch auf eine pauschal festgesetzte Vergütung in Höhe von 30 % der durch die Verwertung erzielten Einnahmen. Die sonstigen durch § 9 ArbnErfG zur Angemessenheit der Vergütung vorgegebenen Kriterien wie der erfindungsspezifische Erfindungswert sowie der individuelle Anteilsfaktor, bleiben somit – anders als der Miterfinderanteil – unberücksichtigt.
Was in der Industrie oder in der außeruniversitären Forschung zum Teil freiwillig gewährt wird – eine signifikant über dem gesetzlichen Mindeststandart liegende Erfindervergütung –, soll mit der Regelung des § 42 Nr. 4 ArbnErfG n.F. im Hochschulbereich zum Normalfall werden. Ausweislich der Gesetzesbegründung soll diese Art der Vergütung einen erheblichen finanziellen Anreiz für die Hochschulbeschäftigten schaffen, Erfindungen zu tätigen und Diensterfindungen zu melden.[280]

aa) Geltungsbereich

Diese Vergütungsregelung gilt nicht nur für Hochschulwissenschaftler, sondern im Gegensatz zu den Nr. 1 bis 3 des § 42 ArbnErfG n.F. auch für Angestellte im Hochschulbereich (vgl. Wortlaut des § 42 ArbnErfG: „Für Erfindungen der an einer Hochschule Beschäftigten"). Damit sind auch diejenigen Beschäftigten in den Geltungsbereich der Vorschrift einbezogen, die sich nicht auf die in Art. 5 III 1 GG grundrechtlich verankerte Wissenschaftsfreiheit berufen können.
Die Erweiterung des persönlichen Anwendungsbereichs über die wissenschaftlich Tätigen hinaus erschien geboten, um den mit der Novellierung des § 42 ArbnErfG angestrebten Wissens- und Technologietransfer an den Hochschulen zu fördern und damit zu mehr Innovation beizutragen.[281] Ob diese Maßnahme in der Praxis tatsächlich zur Erreichung des angestrebten Ziels beitragen wird, ist fraglich.
Jedenfalls im Rahmen von universitären Erfindungsgemeinschaften wird sich die Ausdehnung der Regelung auf alle Hochschulbeschäftigten positiv auswirken. So

---

[278] Bartenbach / Volz, GRUR 2002, 743, 754.
[279] Bartenbach / Volz, ArbnErfG, § 42 (n.F.) Rn. 139.
[280] Vgl. Begründung zum Entwurf eines Gesetzes zur Änderung des Gesetzes über Arbeitnehmererfindungen, BT-Dr 14 / 5975, S. 7.
[281] Begründung zum Entwurf eines Gesetzes zur Änderung des Gesetzes über Arbeitnehmererfindungen, BT-Dr 14 / 5975, S. 6 (Besonderer Teil zu Art. 1 Nr. 2).

sind an universitären Forschungsarbeiten nicht mehr allein Wissenschaftler beteiligt, vielmehr ist eine fortwährende Verzahnung von wissenschaftlichem und technischem Personal zu verzeichnen.[282] Nur einen Teil des Forschungsteams, nämlich den der Wissenschaftler, der neuen Vergütungsregelung zu unterstellen, hätte das unbillige und in der Praxis schwer zu handhabende Ergebnis zur Folge, in ein und derselben Einrichtung je nach Erfinder unterschiedliche Methoden bei der Berechnung der Vergütung anwenden zu müssen.[283] Dies galt es zu vermeiden. Somit ist nunmehr im Erfindungsfall der 30 %ige Anteil an den erzielten Einnahmen unter den miterfindenden Hochschulbeschäftigten nach ihrem jeweiligen Beitrag zur Erfindung nach den allgemeinen Regeln des ArbnErfG aufzuteilen. Darüber hinaus soll mit der Regelung des § 42 Nr. 4 ArbnErfG der Streitpunkt der komplizierten Vergütungsberechnung im Einzelfall vermieden werden.

bb) Art der Inanspruchnahme

In sachlicher Hinsicht ist der Geltungsbereich auf Diensterfindungen begrenzt. Auch wenn der Gesetzeswortlaut der Nr. 4 im Gegensatz zu den Nr. 1 bis 3 des § 42 ArbnErfG n.F. nur allgemein von „Erfindungen" spricht, so ist die Begrenzung auf Diensterfindungen der Gesetzesbegründung selbst zu entnehmen. Denn hier wird die Regelung des § 42 Nr. 4 ArbnErfG n.F. ausdrücklich allein auf die Verwertung von „Diensterfindungen" bezogen.[284]

Nach den Gesetzesmaterialien zu § 42 Nr. 4 ArbnErfG n.F. kommt der Hochschulerfinder nur im Falle unbeschränkter Inanspruchnahme i.S.v. § 7 I ArbnErfG in den Genuss der neuen Vergütungsregelung.[285] Aus dem Gesetzestext selbst, der allgemein von „Verwertung" und „Einnahmen" spricht, lässt sich eine solche Beschränkung allerdings nicht herleiten. Fraglich ist daher, ob die pauschalisierte Vergütung von 30 % der erzielten Einnahmen auch für den Fall der beschränkten Inanspruchnahme der Hochschule geschuldet wird.
Würde man § 42 Nr. 4 ArbnErfG n.F. auf Fälle der beschränkten Inanspruchnahme nicht anwenden, bliebe es diesbezüglich bei der abgestuften Vergütungsbemessung gem. §§ 10 I, 9 II ArbnErfG, was im Gegensatz zur Neuregelung eine extreme Herabstufung der Vergütung bedeuten würde.
Zu beachten ist allerdings, dass die Novellierung des § 42 ArbnErfG auf eine umfassende Verwertung von Hochschulerfindungen durch die Hochschule abzielt, die Möglichkeit der beschränkten Inanspruchnahme einer Erfindung daher eher die Ausnahme darstellen sollte.[286] Zudem hat eine nur beschränkte Inanspruchnahme seitens der Hochschule zur Folge, dass diese ein einfaches, nicht ausschließliches Benut-

---

[282] Begründung zum Entwurf eines Gesetzes zur Änderung des Gesetzes über Arbeitnehmererfindungen, BT-Dr 14 / 5975, S. 6 (Besonderer Teil zu Art. 1 Nr. 2).
[283] Begründung zum Entwurf eines Gesetzes zur Änderung des Gesetzes über Arbeitnehmererfindungen, BT-Dr 14 / 5975, S. 6 (Besonderer Teil zu Art. 1 Nr. 2).
[284] Entwurf eines Gesetzes zur Änderung des Gesetzes über Arbeitnehmererfindungen, BT-Dr 14 / 5975, S. 7 (Besonderer Teil zu § 42 Nr. 4).
[285] Begründung zum Entwurf eines Gesetzes zur Änderung des Gesetzes über Arbeitnehmererfindungen, BT-Dr 14 / 5975, S. 7 (Besonderer Teil zu § 42 Nr. 4).
[286] Bartenbach / Volz, GRUR 2002, 743, 755.

zungsrecht an der Erfindung erwirbt, im Übrigen die Erfindung jedoch frei wird,[287] was heißt, dass der Hochschulerfinder ohne Einschränkung hierüber verfügen kann. Der zu verschmerzende Rechtsverlust ist daher nicht so hoch wie im Falle einer unbeschränkten Inanspruchnahme. Überdies bleibt dem Hochschulerfinder bei einer beschränkten Inanspruchnahme die Möglichkeit, für den Fall, dass die „beschränkten" Rechte der Hochschule die Verwertung der Erfindung unbillig erschweren, von der Hochschule gem. § 7 II S. 2 ArbnErfG entweder die unbeschränkte Inanspruchnahme oder aber die Freigabe der Erfindung zu verlangen.
Vor diesem Hintergrund erscheint es sinn- und zweckmäßig, die Vergütungsregelung des § 42 Nr. 4 ArbnErfG n.F. mit der Gesetzesbegründung ausschließlich auf die Verwertung in Form der unbeschränkten Inanspruchnahme anzuwenden.[288]

cc) Verwertung

Der Begriff der Verwertung ist in einem weiten Sinne zu verstehen.[289] Er umfasst sowohl die innerbetriebliche Eigennutzung bei der Hochschule als auch die außerbetriebliche Nutzung im Wege des Erfindungsverkaufs, des Lizenzaustauschs oder der Lizenzvergabe.[290] Während der Koalitionsentwurf von SPD und Bündnis 90/Die Grünen in der Gesetzesbegründung zunächst nur von einer Verwertung durch Patentverkauf oder Lizenzvergabe sprach,[291] korrigierte der Regierungsentwurf diese Einschränkung dahingehend, dass auch die Verwertung „in einer anderen Form, durch die Vermögenswerte zufließen", erfasst wird.[292]
Ausschlaggebend ist hierbei, dass es sich um eine tatsächliche Verwertung handelt. Eine bloße wirtschaftliche Verwertbarkeit i.S.v. § 9 II ArbnErfG löst hingegen keine Vergütungspflicht der Hochschule aus.[293]

dd) Vergütungsbemessung

Hinsichtlich der Höhe der Erfindervergütung stellt die Neuregelung des § 42 ArbnErfG Hochschulangehörige deutlich günstiger als andere Beschäftigte im öffentlichen und Arbeitnehmererfinder im privaten Dienst, deren Vergütung gem. §§ 9, 11 ArbnErfG i.V.m. den Richtlinien über die Bemessung der Vergütung unter Berücksichtigung des Nettoertrages, d.h. nach Abzug der Verwertungskosten des Arbeitgebers[294] im Einzelfall berechnet wird. Im Gegensatz dazu werden die von der Hochschule in die Patentierung und Vermarktung investierten Mittel (Schutzrechtserwirkungs-, -aufrechterhaltungs-, -verteidigungs- und -verwertungskosten) vor Auskeh-

---

287 Bartenbach / Volz, ArbeitnehmererfindungsR, S. 67 Rn. 177.
288 Anders: Bartenbach / Volz, GRUR 2002, 743, 755, die von einer Geltung der Regelung auch im Falle der bloß beschränkten Inanspruchnahme ausgehen.
289 Bartenbach / Volz, ArbnErfG, § 42 (n.F.) Rn. 160.
290 Bartenbach / Volz, GRUR 2002, 743, 755.
291 Begründung zum Entwurf eines Gesetzes zur Änderung des Gesetzes über Arbeitnehmererfindungen, BT-Dr 14 / 5975, S. 7 (Besonderer Teil zu § 42 Nr. 4).
292 BR-Dr. 583/01 v. 17.08.2001, S. 10 (Begründung zu § 42 Nr. 4).
293 Bartenbach / Volz, GRUR 2002, 743, 755; Beyerlein, NZA 2002, 1020, 1021.
294 Vgl. hierzu Bartenbach / Volz, Arbeitnehmervergütung, RL Nr. 16 Nr. 20.

rung nicht abgezogen. Basis für die dreißigprozentige Beteiligung sind also die Bruttoeinnahmen der Hochschule, z. B. aus Lizenzvergabe oder Patentverkauf.[295]

(1) Begriff der Einnahmen

Bezugsgröße für die Berechnung der Vergütung im Einzelfall sind gem. § 42 Nr. 4 ArbnErfG n.F. die seitens der Hochschule durch die Verwertung der Diensterfindung erzielten Einnahmen. Unter dem erstmals im ArbnErfG verwendeten Begriff der Einnahmen sind alle Vermögenswerte zu fassen, die dem Dienstherrn aus der Verwertung der Diensterfindung tatsächlich zufließen.[296] Nicht vergütungspflichtig sind daher nicht realisierbare Ansprüche oder Forderungen.[297]

Erforderlich ist in Anlehnung an den allgemeinen Vergütungsgrundsatz[298], dass die Einnahmen kausal auf die Diensterfindung zurückgehen und sich ein wirtschaftlicher Nutzen beim betreffenden Dienstherrn ohne Einbeziehung Dritter niederschlägt.[299] Damit fehlt die erforderliche Kausalität zwischen Erfindung und Einnahmen, soweit eine Erstattung der Kosten vor Fertigstellung einer Erfindung vereinbart ist. Etwas anderes kann nur gelten, wenn nach Fertigstellung einer Erfindung ein Auftraggeber sich z.B. zu einer (weiteren) Beteiligung an den Entwicklungskosten oder aber zu Vergütungen für die Überlassung der Erfindungsrechte bereit erklärt.
Ebenso stellt zum Beispiel beim Erfindungsverkauf der erzielte Kaufpreiserlös, bei der Lizenzvergabe die zufließende Lizenzgebühr die Einnahme dar.[300] Bei Lizenzaustauschverträgen stellt in Anlehnung an Richtlinie Nr. 17 der Gesamtnutzen des Vertrages für die Hochschule die Einnahme dar, wobei allgemein auf dessen Bruttoeinnahmen bzw. Vermögensvorteile aus den eingetauschten Fremdrechten abgestellt wird.[301]

Wird eine Erfindung im Rahmen eines „Gesamtpakets" zusammen mit anderen Erfindungen oder Schutzrechten verkauft, so ist der Wert der einzelnen Erfindung in Anlehnung an die Vergütungsrichtlinie Nr. 19[302] im Hinblick auf ihren wirtschaftlichen, technischen und patentrechtlichen Einfluss auf den Gesamtkomplex zu ermitteln (sog. Komplexanteil[303]).[304]

Ebenso sind auch sonstige vermögenswerte Vorteile des Dienstherrn mit einzubeziehen,[305] wie die nachträgliche Übernahme von Entwicklungskosten seitens des Li-

---

[295] Begründung zum Gesetzesentwurf eines Gesetzes zur Änderung des Gesetzes über Arbeitnehmererfindungen (ArbnErfGÄndG) vom 09.05.2001, S. 7.
[296] BR-Dr. 583/01 v. 17.08.2001, S. 10 (Begründung zu § 42 Nr. 4).
[297] Bartenbach / Volz, ArbnErfG, § 42 (n.F.) Rn. 168.
[298] Siehe dazu Bartenbach / Volz, Arbeitnehmererfindervergütung, Einleitung Rn. 13 ff.
[299] Bartenbach / Volz, ArbnErfG, § 42 (n.F.) Rn. 167; Bartenbach / Volz, GRUR 2002, 743, 756.
[300] Bartenbach / Volz, GRUR 2002, 743, 756.
[301] Bartenbach / Volz, Arbeitnehmererfindervergütung, RL 17 Rn. 33.
[302] Dort Satz 3.
[303] Vgl. dazu Bartenbach / Volz, Arbeitnehmererfindervergütung, RL Nr. 19 Nr. 54ff.
[304] Bartenbach / Volz, GRUR 2002, 743, 756.
[305] Schiedsstelle v. 19.12.1991, GRUR 1992, 847, 848; Bartenbach / Volz, Arbeitnehmererfindervergütung, Einleitung Rn. 13; Busse – Keukenschrijver, ArbnErfG, § 9 Rn. 5.

zenznehmers, aber auch Schadensersatzzahlungen Dritter bei Schutzrechtsverletzungen.[306]
Erfasst sind jeweils nicht die Nettoerlöse, sondern die gesamten, erfindungsbezogenen Bruttoeinnahmen nach Abzug von Steuern, insbesondere Umsatzsteuer, aber ohne Ertragssteuern, wie Einkommenssteuer.[307]

Nicht zu den Einnahmen zu zählen sind staatliche Finanzierungsmittel und entwicklungsbezogene Drittmittel i.S.v. § 25 HRG, da diese nicht für erbrachte Leistungen eingenommen, sondern vielmehr zur Deckung von Kosten bereit gestellt werden.[308]

Als Vorbereitungshandlung vergütungsfrei sind Versuche, bei denen die Erfindung selbst Gegenstand der Forschung ist.[309] Dies gilt nach der in § 11 Nr. 2 PatG getroffenen Wertung auch in den sonstigen Fällen, in denen sich die Versuche auf den Gegenstand der Diensterfindung beziehen.[310] Als Erprobungshandlung gilt dabei nicht nur die Erforschung am Objekt der Erfindung selbst, sondern auch die Prüfung, ob mit dem Gegenstand der Erfindung weitere Komplexe erforscht werden können, die zu einem umfassenden Forschungsvorhaben gehören.[311]

Fraglich ist, wie der Anspruch des Erfinders zu bemessen ist, wenn die Hochschule im Rahmen der Verwertung der Erfindung keine „Einnahmen" im eigentlichen Sinne erhält, so zum Beispiel, wenn die Hochschule im Gegenzug für eine Lizenz an der Diensterfindung keine Geldzahlung, sondern ebenfalls eine Lizenz erhält, welche im Rahmen des Hochschulbetriebs eingesetzt wird oder die Rechte an der Erfindung ohne Gegenleistung überträgt.[312]
Solche Verwertungsmaßnahmen der Hochschule zu verbieten oder die Übertragung ohne Gegenleistung der Aufgabe des Schutzrechts nach § 16 I ArbnErfG gleichzusetzen,[313] würde die Rechte der Hochschule an der Diensterfindung ungerechtfertigt beschneiden. Klar ist aber auch, dass die Vergütung des Hochschulerfinders in diesen Fällen nicht entfallen kann. Damit würden Umgehungsgeschäften Tür und Tor geöffnet.
Für den Fall, dass ausnahmsweise kein Kaufpreis bzw. keine Lizenzgebühr ausgewiesen ist, entfällt die Vergütung daher nicht, vielmehr wird der Erlös in solchen Fällen fiktiv nach dem marktüblichen (Brutto-) Kaufpreis bzw. (Brutto-) Lizenzsatz zu bestimmen sein.[314] Um in diesem Zusammenhang zu verhindern, dass die Hochschule infolge der fiktiven Vergütungsbemessung am Ende „drauf zahlen" muss, ist die Obergrenze der Erfindervergütung jedoch auch bei der fiktiven Bestimmung stets bei 30 % der Entgeltzahlungen, welche die Hochschule ihrerseits erhalten hat, anzusiedeln.[315]

---

[306] Bartenbach / Volz, Arbeitnehmererfindervergütung, RL Nr. 14 Rn. 41.
[307] Bartenbach / Volz, ArbnErfG, § 42 (n.F.) Rn. 168.
[308] Bartenbach / Volz, ArbnErfG, § 42 (n.F.) Rn. 167.
[309] Bartenbach / Volz, ArbnErfG, § 42 (n.F.) Rn. 173.
[310] Bartenbach / Volz, ArbnErfG, § 42 (n.F.) Rn. 173; Zu § 11 Nr. 2 PatG: BVerfG v. 10.05.2000, GRUR 2001, 43, 44 f. – Klinische Versuche.
[311] Schiedsstelle v. 04.02.1986, Blatt 1986, 346, 347.
[312] Beispiel nach Beyerlein, NZA 2002, 1020, 1021.
[313] So angedacht bei Beyerlein, NZA 2002, 1020, 1022.
[314] Bartenbach / Volz, ArbnErfG, § 42 (n.F.) Rn. 171; Bartenbach / Volz, GRUR 2002, 743, 756.
[315] Bartenbach / Volz, ArbnErfG, § 42 (n.F.) Rn. 171.

(2) Verfahren

Da die Vorschrift nur die Vergütungshöhe für Erfindungen von Hochschulerfindern neu regelt, bestimmen sich die übrigen im Zusammenhang mit der Vergütung stehenden Grundsätze, wie die des Entstehens, der Dauer und der Verjährung des Anspruchs, nach den allgemeinen Regeln des ArbnErfG.
So erfolgt auch die Konkretisierung des Vergütungsanspruchs im Verfahren nach § 12 ArbnErfG.[316] Dies bedeutet, dass gem. § 12 I ArbnErfG vorrangig eine einvernehmliche Vergütungsvereinbarung zwischen der Hochschule und dem Hochschulerfinder zu erzielen ist. Nur für den Fall, dass eine solche nicht erreicht werden konnte, kommt es zu einer Festsetzung der Vergütung i.S.v. § 12 III ArbnErfG durch die Hochschule als Dienstherrn.

Im Rahmen der Ermittlung der konkreten Vergütungshöhe treten in diesem Fall an die Stelle der sonst notwendigen Angaben zu Erfindungswert und Anteilsfaktor[317] diejenigen über die erzielten Bruttoeinnahmen.[318] Maßgeblich für das Entstehen des Vergütungsanspruchs ist damit allein die Tatsache, ob Einnahmen aus der Verwertung der Diensterfindung erzielt werden.[319]
Infolgedessen ist der Vergütungsanspruch der Hochschulbeschäftigten von der eigentlichen Einreichung einer Schutzrechtsanmeldung unabhängig, obwohl diese mit Blick auf die Zielsetzung der Novellierung hinsichtlich der Verwertung den Regelfall darstellen wird.[320]
Aufgrund der spezialgesetzlichen Ausgestaltung der Angemessenheit der Vergütung scheidet im Zusammenhang mit Hochschulerfindungen das Institut der vorläufigen Vergütung bei noch ausstehender Schutzrechtserteilung aus.[321]

ee) Verwertung des Erlösanteils der Hochschule

Für die Verwertung des bei der Hochschule verbleibenden Erlösanteils wurden keine gesetzlichen Vorgaben gemacht.[322] Er wird jedoch vorwiegend zur Deckung der internen und externen Kosten der Schutzrechtserteilung und Verwertung benötigt werden. In der Verwendung der Einnahmen im Übrigen ist die Hochschule frei.[323]

Ein in der Forschung bewährtes Modell, sog. „Drittelmodell", sieht eine Verteilung vor, bei der von den Nettoerfindungserlösen zu einem Drittel das jeweilige Institut profitiert, in dem die Erfindung gemacht worden ist, zu einem Drittel die Hochschule

---

[316] Bartenbach / Volz, ArbnErfG, § 42 (n.F.) Rn. 146; Bartenbach / Volz, GRUR 2002, 743, 755.
[317] Vgl. hierzu auch Bartenbach / Volz, Arbeitnehmererfindervergütung, Einleitung Rn. 106 ff. sowie 112 ff.
[318] Bartenbach / Volz, GRUR 2002, 743, 755.
[319] Bartenbach / Volz, GRUR 2002, 743, 755.
[320] Bartenbach / Volz, GRUR 2002, 743, 755.
[321] Bartenbach / Volz, ArbnErfG, § 42 (n.F.) Rn. 146; Bartenbach / Volz, GRUR 2002, 743, 755.
[322] Vgl. Begründung zum Entwurf eines Gesetzes zur Änderung des Gesetzes über Arbeitnehmererfindungen, BT-Dr 14 / 5975, S. 7.
[323] Begründung zum Entwurf eines Gesetzes zur Änderung des Gesetzes über Arbeitnehmererfindungen, BT-Dr 14 / 5975, S. 7.

als ganze sowie das letzte Drittel an den Hochschulerfinder selbst geht, so dass im Ergebnis Hochschule, Hochschullehrer und Institut gleichberechtigt je ein Drittel des Erlöses erhalten. In der Praxis, wo dieses Modell für Wissenschaftler im Forschungsbereich teilweise bereits Anwendung findet (so z.B. in der Max-Planck-Gesellschaft), hat dieses Verfahren zu einer Steigerung des Patentaufkommens und damit zu einer vermehrten wirtschaftlichen Verwertung von Forschungsergebnissen beigetragen.[324]
Während sowohl der Gesetzesentwurf des Bundesrates[325] als auch die Begründung des Änderungsgesetzes dieses Drittelmodell erwähnt und wie oben beschreibt,[326] findet es sich in § 42 Nr. 4 ArbnErfG n.F. nicht wieder. Lediglich hinsichtlich des dem Hochschulerfinder zustehenden Drittels ist in § 42 Nr. 4 ArbnErfG n.F. eine Regelung geschaffen worden. Mangels gesetzlicher Festlegungen für die verbleibenden zwei Drittel des Nettoerfindungserlöses ist deren Verteilung frei.
Ob die Erlösverteilung dennoch nach dem Prinzip des Drittelmodells erfolgen wird, bleibt abzuwarten. Dies wäre wünschenswert, da durch die zusätzlichen Verwertungseinnahmen des jeweiligen Instituts oder der Fakultät weitere Anreize zur Erfindungstätigkeit und -verwertung gesetzt werden könnten.

e) Keine Inanspruchnahme einer angemessenen Beteiligung, § 42 Nr. 5 ArbnErfG n.F.

Für den Bereich des öffentlichen Dienstes sieht das ArbnErfG grundsätzlich die beschränkte Möglichkeit der Geltendmachung einer Ertragsbeteiligung gem. § 40 Nr. 1 ArbnErfG vor. Hiernach nimmt der Dienstherr die Erfindung zwar nicht für sich in Anspruch, kann sich aber dennoch angemessen an den Verwertungserträgen des Erfinders beteiligen. In dieser Konstellation hat der Dienstherr keine Möglichkeit, die Verwertung der Erfindung zu beeinflussen, sondern belässt diese vielmehr beim Erfinder selbst und partizipiert lediglich an dessen Erlösen.

Diese Option ist der Hochschule gem. § 42 Nr. 5 ArbnErfG n.F. verwehrt. Hintergrund dieser Entscheidung des Gesetzgebers ist die Zielsetzung der Neuregelung, die Rahmenbedingungen für den Aufbau eines Hochschul-Patentwesens zu schaffen und zu diesem Zweck die Verwertung der Hochschulerfindungen ausschließlich in die Hand der Hochschule zu übergeben. Eine Freigabe gegen Erlösbeteiligung, wie sie § 40 Nr. 1 ArbnErfG vorsieht, würde dem Zweck widersprechen, dass die Hochschulen eine aktive Rolle im Patentgeschäft übernehmen sollen.[327] Dieses Ziel wäre nicht zu erreichen, wenn für die Hochschulen die Möglichkeit verbliebe, die patentrechtliche Verwertung der Erfindung dem Hochschullehrer zu überlassen und ihrerseits lediglich auf einen Teil des Ertrags zurückzugreifen. Der Hochschulerfinder stünde bei Anwendung der Regelung des § 40 Nr. 1 ArbnErfG schlechter als vor der Novellierung des § 42 ArbnErfG, da er weiterhin alle Risiken und Kosten der schutz-

---

[324] So Begründung zum Entwurf eines Gesetztes zur Änderung des Gesetzes über Arbeitnehmererfindungen, BT-Dr 14 / 5975,S. 7.
[325] BR-Dr 740/00, siehe auch Pressemitteilung des Bundesrates v. 09.03.2001, 37/2001.
[326] Entwurf eines Gesetzes zur Änderung des Gesetzes über Arbeitnehmererfindungen, BT-Dr 14 / 5975, S. 7 (Besonderer Teil zu § 42 Nr. 4).
[327] Vgl. Begründung zur Gesetzesentwurf eines Gesetzes zur Änderung des Gesetzes über Arbeitnehmererfindungen (ArbnErfGÄndG) vom 09.05.2001, BT-Dr 14/5975, S. 7 und 8.

rechtlichen Sicherung und Verwertung seiner Forschungsergebnisse zu tragen hätte, darüber hinaus jedoch neben den sonstigen Einschränkungen zusätzlich mit der Erlösbeteiligung der Hochschule belastet wäre.
Nur wenn eine einheitliche Verwertung durch die Hochschule gesichert ist, ist der Aufbau einer Verwertungsstruktur an den Hochschulen auch sinnvoll. Hochschulen müssen nach der gesetzlichen Vorgabe deshalb eine klare Entscheidung treffen zwischen einer Inanspruchnahme der Erfindung mit all ihren Konsequenzen oder der Erfindungsfreigabe mit der Folge, dass dann alle in eigener Initiative und auf eigenes Risiko erlangten Erlöse allein dem Erfinder zustehen. Eine Erlösbeteiligung lässt dagegen grundsätzlich den Erfinder das ganze Risiko von Verwertungsbemühungen tragen und im Falle eines Erfolges profitiert der Dienstherr ohne eigenes finanzielles Engagement, was insbesondere für den Hochschulbereich unangemessen ist.[328]

f) Unabdingbarkeit / Möglichkeiten der Gestaltung in der Praxis

Gem. § 22 S. 1 ArbnErfG können die Vorschriften des ArbnErfG nicht zuungunsten des Arbeitnehmers abgedungen werden. Dieser Unabdingbarkeitsgrundsatz enthält damit die gesetzgeberische Wertung, dass die zugunsten des Arbeitnehmers erlassenen Vorschriften des ArbnErfG grundsätzlich zwingend sind, sie also nicht zur Disposition der Beteiligten stehen.[329] Die durch das ArbnErfG geschaffene Rechtsposition des Arbeitnehmers soll demnach im Grundsatz nicht von vornherein verschlechtert werden können.[330] § 22 ArbnErfG soll damit als Schutzvorschrift den Arbeitnehmer als sozial Schwächeren vor Benachteiligung durch übereilte, unüberlegte und in Sorge um Erhalt oder Erlangung seines Arbeitsplatzes gemachte Zugeständnisse und Rechtsverzichte schützen.[331]
Als zulässig angesehen werden jedoch Vereinbarungen über Diensterfindungen nach ihrer Meldung oder solche, die von den Vorschriften des Gesetzes in einem für den Beschäftigten günstigen Sinne abweichen.[332] Ob eine Regelung zugunsten oder zuungunsten eines Arbeitnehmers abbedungen ist, muss bei objektiver Betrachtungsweise im Einzelfall durch einen Vergleich der Rechtsstellung des Arbeitnehmers, die ihm die Vereinbarung zuweist, mit der, die ihm das ArbnErfG einräumt, entschieden werden.[333]

aa) Möglichkeit einer Erlösbeteiligung trotz Freigabe

Als Folge des Unabdingbarkeitsgrundsatzes bleibt es somit im Grundsatz bei den aufgezeigten Gestaltungsrechten der Hochschule. Fraglich ist jedoch, ob nicht dennoch der Weg einer Freigabe gegen Erlösbeteiligung gangbar ist, d.h. ob sich die

---

[328] Information des BMBF: http://www.patente.bmbf.de/de/druck/patentpo_220.php; Fleuchaus / Braitmayer, GRUR 2002, 653, 655.
[329] Bartenbach / Volz, ArbnErfG, § 22 Rn. 6.
[330] Bartenbach / Volz, ArbnErfG, § 22 Rn. 6.
[331] Bartenbach / Volz, ArbnErfG, § 22 Rn. 1; Beyerlein, Mitt. 2005, 152, 153.
[332] Vgl. Kraßer, Forschung und Lehre 8/2002, 1, 16.
[333] Bartenbach / Volz, ArbnErfG, § 22 Rn. 18.

Hochschule trotz Freigabe eine Beteiligung an möglichen Verwertungserlösen des Erfinders einräumen lassen kann.

(1) Freigabe unter Bedingung

Eine Freigabe unter der Bedingung, die Hochschule am Erlös zu beteiligen, stellte eine Umgehung des § 42 Nr. 5 ArbnErfG dar, welcher die Anwendung des § 40 Nr. 1 ArbnErfG ausdrücklich ausschließt. Auch das Gestaltungsrecht des § 42 II ArbnErfG a.F. wurde gerade nicht in die Neuregelung des § 42 ArbnErfG übernommen. Eine Freigabe gegen Ertragsbeteiligung widerspräche zudem dem erklärten Ziel der Reform, des Aufbaus eines Hochschul-Patentwesens.

In der Praxis würde die grundsätzliche Ablehnung der Möglichkeit zur Freigabe einer Erfindung unter einer Bedingung jedoch Probleme bereiten. In Ermangelung der für eine unbeschränkte Inanspruchnahme erforderlichen Mittel bliebe der Hochschule in vielen Fällen momentan nur eine beschränkte Inanspruchnahme oder die unbedingte Freigabe der Erfindung. Dies widerspräche jedoch ebenso der Zielsetzung der Neuregelung, dass Hochschulen möglichst viele Erfindungen an sich ziehen sollen.
Um der Gefahr vorzubeugen, dass die Neuregelung – so wie ursprünglich vom Gesetzgeber bezweckt – in der Praxis mangels Geldes und zusätzlicher Einnahmequellen der Hochschulen nicht umsetzbar bleibt, könnte es daher notwendig sein, der Hochschule die Möglichkeit zuzugestehen, dem Hochschulerfinder nach der Meldung einer Diensterfindung eine Freigabe derselben unter der Bedingung einer späteren Erlösbeteiligung anzubieten.

Zweck der Neuregelung des § 42 ArbnErfG ist es unter anderem, der Hochschule zur Verwertung möglichst vieler Hochschulerfindungen zu verhelfen. Hintergrund stellt damit eine Art Effizienzgedanke dar: Effizient erscheint es, die Hochschule im Verhältnis zu potentiellen Verwertungspartnern in der Industrie unabhängig, d.h. für eine Vielzahl der Fälle möglichst ungehindert von geistigen Eigentumsrechten der Hochschulerfinder auftreten zu lassen. Hierzu gehört auch die Ausstattung der Hochschule mit auf sie konzentrierten Erfindungsrechten. Eben dieser Effizienzgedanke sollte jedoch auch dazu dienen, eine äußerste Grenze für die Inanspruchnahmerechte der Hochschulen zu ziehen. Wenn die Zuordnung von Hochschulerfindungen zu den jeweiligen Hochschulen seine Rechtfertigung auch in Effizienzgedanken findet, fehlt diese Rechtfertigung in den Fällen, in denen ein Recht der Hochschule an der Erfindung nicht effizient wäre. Die Zuordnung der ausschließlichen Rechte zu den Hochschulen vermag nur dann stimulierende Wirkung zu entfalten, wenn die Hochschule tatsächlich etwas mit diesen Rechten unternimmt bzw. unternehmen kann.

In anders gelagerten Fällen stellt sich folglich die Frage, ob noch eine hinreichende Legitimation dafür besteht, Hochschule und Hochschulerfinder auf den abschließenden Katalog des § 42 ArbnErfG n.F. zu verweisen oder ob nicht vielmehr im Wege einer teleologischen Reduktion der Vorschrift eine Ausnahme in Form der Zulassung anderweitiger Regelungen geboten erscheint. Hauptanwendungsfälle für eine Freigabe unter Bedingung könnten wohl die sein, in denen die finanziell lukrativste Verwertung auch für die Hochschulen eine Verwertung durch den Erfinder selbst ist.

Dies wäre auch im Hinblick auf § 22 S. 1 ArbnErfG als zulässig anzusehen, wenn ein solches Angebot erst nach der Meldung einer konkreten Diensterfindung erfolgt und die Stellung des Hochschulerfinders nicht verschlechtert. Dem Hochschulerfinder würde neben den gesetzlich vorgesehenen ein weiterer Weg ermöglicht, was für ihn von Vorteil sein kann, wenn er bereits selbst Verwertungsangebote aus der Industrie bekommen hat oder sich mit der Erfindung selbständig machen will. So kann er spezielle Regelungen im Einzelfall mit zuständigen Hochschulgremien aushandeln. Das gilt insbesondere für den Fall, dass dem Hochschullehrer durch die eigene Verwertung abzüglich seiner Kosten mehr als 30 % eines von der Hochschule zu erzielenden Erlöses erlangen könnte.

Probleme ergeben sich hingegen in Bezug auf Vereinbarungen, die zeitlich vor der Fertigstellung einer Erfindung liegt. Maßgeblicher Beurteilungszeitpunkt in Bezug auf eine etwaige Vorteilhaftigkeit i.S.v. § 22 S. 1 ArbnErfG ist der Augenblick des Zustandekommens der vom ArbnErfG abweichenden Regelung, eine Bewertung ex post verbietet sich.[334] Bei Vereinbarungen vor einer gemachten Erfindung lässt sich jedoch regelmäßig allenfalls ex post feststellen, ob die Vereinbarung für den Hochschullehrer vorteilhaft war.[335] Vor einer gemachten Erfindung kann der zu erwartende Erlös und damit der für den Hochschullehrer verbleibende Vorteil jedenfalls nicht mit der für § 22 S. 1 ArbnErfG erforderlichen Sicherheit vorausgesagt werden. Folglich muss es in diesen Fällen bei den Rechtsfolgen des § 22 S. 1 ArbnErfG und damit bei einer Unwirksamkeit von Vereinbarungen vor einer gemachten Erfindung bleiben.

Unter Berücksichtigung der bisherigen Praxiserfahrungen und der Schwierigkeiten, die sich aus der Umsetzung der Neuregelung ergeben, ist daher entgegen der Tendenz, die § 42 Nr. 5 ArbnErfG vorzugeben scheint, im Interesse einer möglichst effektiven Erfindungsverwertung eine Freigabe unter Bedingung zumindest nach gemachter Erfindung zuzulassen. Lehnt der Hochschulerfinder diese allerdings ab, so verbleibt der Hochschule weiterhin die Entscheidung zwischen Inanspruchnahme und bedingungsloser Freigabe.

(2) Vertragliche Vereinbarung im Zusammenhang mit Freigabe

Aus oben genannten Gründen sowie aufgrund der Tatsache, dass bei einer irgendwie gearteten vertraglichen Vereinbarung im Zusammenhang mit der Freigabe ein noch größerer Verhandlungsspielraum für den Hochschulerfinder verbleibt als bei einer Freigabe unter Bedingung, ist auch eine solche jedenfalls nach gemachter Erfindung als zulässig anzusehen.

---

[334] Bartenbach / Volz, ArbnErfG, § 22 Rn. 22.
[335] Peter / Runge, Leitfaden zur Gestaltung von Drittmittelverträgen zwischen Hochschule und der Industrie, http://www.gewrs.de/files/leitfaden_duesseldorfer_vertragswerkstatt.pdf, S. 11.

bb) Möglichkeiten einer Einschränkung der Publikationsfreiheiten

Fraglich ist weiterhin, ob das Abdingbarkeitsverbot des § 22 I ArbnErfG uneingeschränkt auch für die Bestimmungen gelten muss, welche die Publikationsfreiheit schützen.

Die Nummern 1 und 2 des § 42 ArbnErfG sind Ausfluss des Art. 5 III 1 GG. Soweit dieses verfassungsmäßige Recht, auf welches hiermit Rücksicht genommen werden soll, vertraglichen Einschränkungen zugänglich ist, sollte auch das ArbnErfG, hier speziell § 22 ArbnErfG, nicht entgegenstehen.[336] Einschränkungen, denen die selbstbestimmte wissenschaftliche Tätigkeit des an den Hochschulen tätigen Personals unterliegt, ergeben sich schon daraus, dass diese Personen freiwillig in ein entsprechendes Dienstverhältnis eingetreten sind.[337] Die Strukturen dieses Dienstverhältnisses sollen dazu beitragen, der Bedeutung wissenschaftlich freier individueller Betätigung je nach der wahrgenommenen Funktion des Einzelnen im Rahmen der Gesamtorganisation der Universität Rechnung zu tragen.[338] In diesem Zusammenhang sind auch die neuen Aufgaben der Hochschule bezüglich der Erfindungspatentierung und -verwertung, welche es bestmöglich zu erfüllen gilt, zu berücksichtigen. Die Möglichkeit eines vertraglichen Verzichts auf den Grundrechtsschutz seitens des Hochschullehrers und die damit verbundene Einschränkung der auf der Wertung des Art. 5 III 1 GG basierenden § 42 Nr. 1 und 2 ArbnErfG ist daher jedenfalls dann hinzunehmen, wenn diese aus sachlichen, sich aus dem Normzweck des novellierten § 42 ArbnErfG ergebenden Gründen gerechtfertigt ist.

(1) Einschränkungsmöglichkeit der positiven Publikationsfreiheit

Eine einvernehmliche, weiter gehende Einschränkung der positiven Publikationsfreiheit kann daher im Einzelfall zur Wahrung der Patentierungs- und Verwertungsmöglichkeiten durchaus als sinnvoll erscheinen. Im Rahmen von Drittmittel- oder Kooperationsverträgen muss es dem Hochschullehrer zum Beispiel möglich sein, sich zu verpflichten, die Veröffentlichung seiner Erfindung etwas länger als die von § 42 Nr. 1 ArbnErfG n.F. geforderten zwei Monate nach Meldung hinauszuschieben, um so eine sorgfältigere Ausarbeitung der Patentanmeldung zu ermöglichen.[339] Eine derartige Einschränkung der ansonsten zu schützenden positiven Publikationsfreiheit in Form eines freiwilligen Verzichts des Hochschullehrers auf seinen Grundrechtsschutz erscheint auch im Hinblick auf Art. 5 III 1 GG als gerechtfertigt und somit hinnehmbar.[340]

---

[336] Kraßer, Forschung und Lehre 8/2002, 1, 16.
[337] Sachs, S. 322 Rn. 123.
[338] Sachs, S. 322 Rn. 123.
[339] Kraßer, Forschung und Lehre 8/2002, 1, 17.
[340] Anderer Ansicht: LG Braunschweig, Mitt. 2004, 74f., welches schon in der Vorenthaltung der Erfinderrechte für zwei Monate gem. § 42 Nr. 1 ArbnErfG einen Verstoß gegen Art. 5 III GG sehen will.

(2) Einschränkungsmöglichkeit der negativen Publikationsfreiheit

In Bezug auf die negative Publikationsfreiheit muss es hingegen bei dem uneingeschränkten Verbot der nachteiligen Abweichungen bleiben. So ist denkbar, dass sich erst im Laufe der Forschungs- und Erfindungstätigkeit Gründe dafür ergeben, dass der Hochschulerfinder befürchtet, die Anwendung seiner Erfindung könne zu schwerwiegenden Gefahren für die Gesundheit von Menschen oder für die Umwelt führen und aus diesem Grund nun doch von einer Publikation absehen will. Da dieses Recht durch Geheimhaltung ausgeübt wird, wäre in der Praxis außerdem kaum kontrollierbar, ob einem vertraglich vereinbarten Verzicht auf die negative Publikationsfreiheit auch wirklich Rechnung getragen wird.[341]

Zu beachten ist in diesem Zusammenhang jedoch, dass § 42 Nr. 2 ArbnErfG n.F. nur im Verhältnis zwischen dem erfindenden Hochschulwissenschaftler und seinem Dienstherrn oder Arbeitgeber gilt.[342] Daraus folgt, dass auf die negative Publikationsfreiheit gegenüber einem Dritten verzichtet werden kann.[343]

Die Frage, ob die negative Publikationsfreiheit im Rahmen von Forschungskooperationen mit Unternehmen in der Wirtschaft nicht doch einer weiter gehenden Einschränkung bedarf und ob diese in zulässigem Maße umsetzbar ist, soll im Rahmen der Auswirkungen der Neuregelung in Mehrpersonenverhältnissen untersucht werden.

4) Übergangsbestimmungen, § 43 ArbnErfG

Die neu gefasste Übergangsvorschrift des § 43 ArbnErfG n.F. ersetzt die inzwischen überholte von 1957 und bezieht sich nunmehr ausschließlich auf § 42 ArbnErfG n.F.

Erfindungen von Hochschullehrern und wissenschaftlichen Assistenten, die vor Inkrafttreten des § 42 ArbnErfG n.F. – also vor dem 07. Februar 2002 – gemacht wurden (sog. „Alt-Erfindungen"), unterliegen gem. § 43 II S. 1 ArbnErfG weiterhin – und zwar dauerhaft – dem alten Recht, unabhängig davon, ob und wann sie patentiert werden.[344] Sie bleiben freie Erfindungen, d.h. an diesen Alt-Erfindungen bestehen auch nach Inkrafttreten der Novelle keine Rechte des Dienstherrn.[345] Zur Schutzrechtsanmeldung und Verwertung ist demzufolge weiterhin allein der Erfinder berechtigt. Hiermit soll der Vertrauensschutz der Erfinder in Bezug auf die bis zum 06. Februar 2002 bestehende Rechtslage realisiert werden. Diese Regelung soll jedoch nicht dem Recht des Erfinders entgegenstehen, seine freien Erfindungen trotzdem seinem Dienstherrn zur Verwertung anzubieten, wie es § 43 II 2 ArbnErfG n.F. klarstellt.

---

[341] Kraßer, Forschung und Lehre 8/2002, 1, 17.
[342] Bartenbach / Volz, ArbnErfG, § 42 (n.F.) Rn. 108.
[343] Vgl. Bartenbach, VPP-Rundbrief Nr. 3/2002, 100, 102; Siehe auch V) 2): Kooperationsverträge.
[344] Begründung zum Gesetzesentwurf eines Gesetzes zur Änderung des Gesetzes über Arbeitnehmererfindungen (ArbnErfGÄndG) vom 09.05.2001, BT-Dr 14/5975, S. 8.
[345] Bartenbach / Volz, GRUR 2002, 743, 757.

Für die Alt-Erfindungen sonstiger Hochschulbeschäftigten verbleibt es dementsprechend bei den Regelungen der §§ 40, 41 ArbnErfG. Dies hat insbesondere zur Folge, dass für die Vergütung dieser Alt-Erfindungen weiterhin die §§ 9, 10 ArbnErfG gelten und die Inanspruchnahme einer angemessenen Beteiligung nach § 40 Nr. 1 ArbnErfG nicht durch § 42 Nr. 5 ArbnErfG n.F. ausgeschlossen ist.[346]

Demgegenüber findet gem. § 43 I S. 1 ArbnErfG für alle Erfindungen, die nach Inkrafttreten des § 42 ArbnErfG n.F., also nach dem 06. Februar 2002 fertig gestellt wurden, das neue Recht Anwendung, mit befristeter Ausnahme für im Rahmen von Drittmittelverträgen getätigte Erfindungen, für die, wie unten noch zu zeigen sein wird,[347] eine besondere Übergangsvorschrift gilt.

Um in der Übergangszeit festzustellen, für welche Forschungsergebnisse altes, für welche neues Recht gilt, ist demzufolge darauf abzustellen, wann die Erfindung „gemacht", d.h. fertig gestellt wurde.[348]
Nach allgemeinen patentrechtlichen Grundsätzen ist eine Erfindung dann fertig gestellt, wenn der Erfinder eine Handlungsanweisung zu geben vermag, auf deren Grundlage ein durchschnittlicher Fachmann des betroffenen Gebiets der Technik zu dem vom Erfinder in Aussicht gestellten Ergebnis gelangen kann.[349] Die Rechtsprechung sieht dies auch dann schon als gegeben an, wenn der nacharbeitende Fachmann noch gewisse Versuche anstellen muss, um zum Erfolg zu kommen, solange sich diese in einem zumutbaren Rahmen halten.[350]

V) Auswirkungen der Neuregelung in Mehrpersonenverhältnissen

1) Gemeinschaftliche Erfindungen

Erfindungen, die auf der gemeinschaftlichen Tätigkeit mehrerer beruhen, sog. gemeinschaftliche Erfindungen, werfen – auch im Hinblick auf die Neuregelung des § 42 ArbnErfG – besondere Probleme auf.

Diese sollen im Folgenden dargestellt werden.

a) Wandel in der Wissenschaft

Das bei Inkrafttreten des ArbnErfG bestehende Wissenschaftsbild war größtenteils von der Vorstellung geprägt, wissenschaftliche Erkenntnisse seien vorwiegend auf

---

[346] Bartenbach / Volz, ArbnErfG, § 43 Rn. 5.
[347] Siehe V) 2): Kooperationsverträge.
[348] Information des BMBF: http://www.patente.bmbf.de/de/druck/patentpo_220.php; Fleuchaus / Braitmayer, GRUR 2002, 653, 656.
[349] Kraßer, Forschung und Lehre 8/2002, 1, 17.
[350] Kraßer, Forschung und Lehre 8/2002, 1, 17.

die Arbeit einzelner Forscher zurückzuführen. Ausgangs- und Endpunkt von Errungenschaften der Hochschulforschung stellte der einzelne Hochschulforscher dar, welcher somit als Individuum im Vordergrund stand.[351]
Über die Jahre hat sich die Forschungspraxis stark verändert. Vor allem im Bereich der Naturwissenschaften ist der allein forschende Privatgelehrte kaum mehr denkbar. Dies ergibt sich auch zwangsläufig daraus, dass Wissenschaftler heutzutage immer stärker auf material- und personalintensive Experimente angewiesen sind, die aufgrund ihrer hohen Kosten nicht mehr isoliert betrieben, sondern nur noch in organisierten Forschungsgemeinschaften durchgeführt werden können, wo Forschung und Entwicklung in Gemeinschaftsarbeit betrieben wird.

Heutzutage ist der Erfindungsprozess somit nicht mehr durch individuelle Leistungen, sondern vielmehr durch gruppendynamische, interdisziplinäre und interaktive Gemeinschaftsarbeit gekennzeichnet. Die derzeitige Forschung stellt sich als ein arbeitsteiliges System dar, an welchem mehrere Personen gemeinsam arbeiten, deren Teilbeiträge notwendig sind, um das Forschungsergebnis zu produzieren.[352] An dem Erreichen eines Forschungsziels – dem Entstehen einer Erfindung – wirken oft mehrere Personen arbeitsteilig zusammen. Neben einer funktionalen Spezialisierung innerhalb eines Fachgebiets findet aufgrund der interdisziplinären Forschungs- und Entwicklungsaufgaben im Rahmen eines Gesamtprojekts oftmals auch eine kollektive Zusammenarbeit von Wissenschaftlern unterschiedlicher Fachrichtungen statt.[353]
Mehr als durch Kreativität des Einzelnen in „Einsamkeit und Freiheit“ ist Wissenschaft heute als „offener sozialer Prozess vielfältiger Kommunikation“[354] definiert, der weit über die Universitäten hinaus reicht.[355] Der einzelne Wissenschaftler ist gegenüber der Gemeinschaft mehrerer zusammenarbeitender Forscher in den Hintergrund getreten. Zudem betreiben die Hochschulen heutzutage mehr als nur reine Grundlagenforschung.[356] Vielmehr ist die praktische Anwendung wissenschaftlicher Erkenntnisse zum Bestandteil der Forschungsaufgaben geworden.[357]

Aus diesem Wandel in der Forschungs- und Erfindungssituation hin zu Erfindungsgemeinschaften ergeben sich verstärkt Fragen im Zusammenhang mit der rechtlichen Behandlung der Miterfinder. Die Probleme, die sich speziell im Hochschulbereich aufgrund der Neuregelung des § 42 ArbnErfG ergeben, werden im Folgenden zu behandeln sein.

---

[351] Flämig in Handbuch des Wissenschaftsrechts, Bnd. 2 (1982), S. 912.
[352] Thieme, S. 400 Rn. 362.
[353] So in Sonderforschungsbereichen der DFG.
[354] Schulze-Fielitz, Freiheit der Wissenschaft in: Hdb VerfR, § 27 Rn. 17 (S. 1348).
[355] Dreier / Bauer – Pernice, GG, Art. 5 III Rn.4.
[356] Entwurf eines Gesetzes zur Änderung des Gesetzes über Arbeitnehmererfindungen, BT-Dr 14 / 5975, S. 2.
[357] Bartenbach / Volz, GRUR 2002, 743, 758.

b) Begriff der gemeinschaftlichen Erfindung

Erfinder ist derjenige, dessen individuelle geistige Tätigkeit zu einer Erfindung geführt hat.[358] Nach dem sog. Erfinderprinzip wird in Anerkennung der geistigen Leistung auf technischem Gebiet nur diesem das Recht auf das Patent gewährt.[359]
Mit § 6 S. 2 PatG wird das Erfinderprinzip auch für die Miterfinderschaft anerkannt.[360] Eine einheitliche Definition der gemeinschaftlichen Erfindung oder des entsprechenden Begriffs der Miterfinder gibt es jedoch nicht. Anhaltspunkte für die Begriffsbestimmung lassen sich dennoch sowohl im ArbnErfG (§ 5 I 2) als auch im PatG (§ 6 S. 2) finden. § 5 I 2 ArbnErfG knüpft die Möglichkeit einer gemeinsamen Erfindungsmeldung an die Tatsache, dass mehrere Arbeitnehmer am Zustandekommen der Erfindung beteiligt sind. Demgegenüber bestimmt § 6 S. 2 PatG, dass mehreren, die gemeinsam eine Erfindung gemacht haben, das Recht auf das Patent gemeinsam zusteht.

Beruht eine Erfindung auf der gemeinschaftlichen Tätigkeit mehrerer, so sind diejenigen als Miterfinder anzusehen, die an der Erfindung der technischen Regel wesentlichen geistigen Anteil haben,[361] also einen schöpferischen bzw. erfinderischen Beitrag zu der Erfindung beigesteuert haben.[362] Dies setzt neben der geistigen Mitarbeit auch die Entfaltung eigener Initiative bei der Suche nach der Lösung oder bei ihrer Erfassung voraus.[363] Die geistige Mitarbeit muss bei der Problemlösung stattfinden.[364] Hierbei ist entscheidend, dass selbständiges, nicht weisungsgebundenes Handeln gegeben ist.[365] Grundvoraussetzung ist, dass der geleistete Beitrag kausal im Sinne der Adäquanztheorie für das Zustandekommen der Erfindung ist.[366] Die einzelnen Beiträge dürfen jedoch nicht isoliert unter dem Gesichtspunkt erfinderischer Leistung geprüft werden. Vielmehr beurteilt sich das Vorliegen einer solchen nach der Gesamtlösung der Aufgabe mit den vorgeschlagenen Mitteln, wobei die jeweiligen Beiträge nur dahin gehend zu prüfen sind, ob sie überhaupt zur Lösung beigetragen haben.[367]

Auf den Zeitpunkt der Beitragsleistung kommt es für die Miterfinderschaft nicht an, sie kann sowohl im Vorfeld, als auch bis zur Fertigstellung der Erfindung im Rahmen

---

358 Vgl. Busse – Keukenschrijver, PatG, § 6 Rn. 15.
359 Busse - Keukenschrijver, PatG, § 6 Rn. 9.
360 Wunderlich, S. 28.
361 Busse – Keukenschrijver, PatG, § 6 Rn. 32; Hubmann, § 13 I, S. 137.
362 RG v. 18.12.1937, GRUR 1938, 256, 262; RG v. 10.10.1939, GRUR 1940, 339, 341; OLG Düsseldorf v. 30.10.1970, GRUR 1971, 215, 216 – Einsackwaage; BGH v. 05.05.1966; GRUR 1966, 558, 559f.; BGH v.17.10.2000, GRUR 2001, 226, 227 – Rollenantriebseinheit.
363 Hubmann, § 13 I, S. 137.
364 Bartenbach / Volz, ArbnErfG, § 5 Rn. 47.
365 Bartenbach / Volz, ArbnErfG, § 5 Rn. 49; Reimer / Schade / Schippel, ArbnErfG, § 5 Rn. 26; Wunderlich, S.66; Fahse, S. 163, 164.
366 Bartenbach, Zwischenbetriebliche Forschungs- und Entwicklungskooperation und das Recht der Arbeitnehmererfindung, S. 56.
367 BGH v. 20.06.1978, GRUR 1978, 583, 585 – Motorkettensäge; Busse - Keukenschrijver, PatG, § 6 Rn. 32; Hubmann, § 13 I S. 137; Leuze, GRUR 2005, 27, 33.

einer sukzessiven Miterfinderschaft erfolgen.[368] Gerade in Forschung und Entwicklung wird oft stufenmäßig gearbeitet, ohne dass an jeder Stufe die gleichen Personen tätig sind, so dass ein Nacheinander der Betätigung der einzelnen Miterfinder häufig der Fall sein wird.[369]

Abzugrenzen von dem Begriff des Miterfinders ist einerseits der sog. Anreger, insbesondere der Auftraggeber, der dem Erfinder eine Aufgabe stellt, an deren Lösung jedoch nicht mitarbeitet, sowie andererseits der bloße Gehilfe, der den Erfinder zwar unterstützt, aber zu der Entwicklung der technischen Regel keinen wesentlichen, auf eigener Initiative beruhenden geistigen Beitrag leistet.[370]

c) Bestimmung des Miterfinderanteils

Hinsichtlich der Bestimmung des Anteils des jeweiligen Miterfinders an der Erfindung ist bei der Prüfung, in welchem Umfang der Einzelne zu einer Erfindung beigetragen hat, die gesamte, dem Schutzrecht zugrunde liegende Erfindung und deren Zustandekommen zu beachten.[371]
Ausschlaggebend für die Größenbestimmung ist das Gewicht, welches den jeweiligen Einzelbeiträgen der an der Erfindung Beteiligten zueinander und im Verhältnis zu der Gesamtleistung zukommt.[372] Zu diesem Zwecke ist zunächst der Gegenstand der geschützten Erfindung zu ermitteln. Daran anschließend sind die Einzelbeiträge aller Beteiligten am Zustandekommen der Erfindung festzustellen und deren Gewicht im Verhältnis zueinander und zur erfinderischen Gesamtleistung abzuwiegen.[373] In diesem Zusammenhang ist nicht der Aufwand an Mühe und Arbeit entscheidend, sondern in erster Linie der Anteil an dem Erfindungsgedanken.[374]
Die Erlösbeteiligung müssen sich die Mitglieder von Erfindergemeinschaften nach einem Verteilungsschlüssel teilen, der in der Regel dem prozentualen Anteil an der Erfindung entspricht.[375]

---

368 RG v. 18.12.1937, GRUR 1938, 256ff.; Bartenbach / Volz, ArbnErfG, § 5 Rn. 50.1; Bartenbach, Zwischenbetriebliche Forschungs- und Entwicklungskooperation und das Recht der Arbeitnehmererfindung, S. 59; Lüdecke, S. 6.
369 Lüdecke, S. 6.
370 Hubmann, § 13 I, S. 138; Lüdecke, S. 37-41.
371 Bartenbach, Zwischenbetriebliche Forschungs- und Entwicklungskooperation und das Recht der Arbeitnehmererfindung, S. 61.
372 BGH v. 20.02.1979, GRUR 1979, 540, 541 – Biedermeiermanschetten.
373 BGH v. 20.02.1979, GRUR 1979, 540, 541 – Biedermeiermanschetten; Busse – Keukenschrijver, PatG, § 6 Rn. 37.
374 Wunderlich, S. 100.
375 Fleuchaus / Braitmayer, GRUR 2002, 653, 655.

d) Rechtliche Behandlung der Miterfinder

aa) Bruchteilsgemeinschaft, §§ 741 ff. BGB

Gem. § 6 S. 2 PatG erwerben die Miterfinder das Recht an der Erfindung gemeinschaftlich. Mangels ausdrücklicher Regelung im PatG oder ArbnErfG beurteilen sich die Beziehungen der Miterfinder nach den Vorschriften des bürgerlichen Rechts über die Bruchteilsgemeinschaft (§§ 741 ff. BGB) oder der Gesellschaft bürgerlichen Rechts (§§ 705 ff. BGB).
Welches der beiden Rechtsinstitute vorliegt, entscheidet sich vorrangig nach dem Anlass der Zusammenarbeit.[376] Erfolgt diese aufgrund eines – wenn auch nur stillschweigend – geschlossenen Vertrages zur Erreichung des gemeinsamen Zwecks der Schaffung der Erfindung und ihrer anschließenden Verwertung, handelt es sich regelmäßig um eine Gesellschaft bürgerlichen Rechts.[377]
Falls keine besonderen vertraglichen Vereinbarungen getroffen wurden, richtet sich ihr Verhältnis dagegen nach den Regeln der Bruchteilsgemeinschaft, §§ 741 ff. BGB,[378] wobei diese Bestimmungen der besonderen Interessenlage, die sich insbesondere aus der unkörperlichen Natur der Rechte an Erfindungen und der Bedeutung der Geheimhaltung vor Anmeldung, anzupassen sind.[379]

Für die Annahme einer Bruchteilsgemeinschaft reicht bereits die bloße Tatsache aus, dass ein Recht oder eine Mehrheit von Rechten mehreren Personen gemeinschaftlich zusteht, § 741 BGB. Die Bruchteilsgemeinschaft entsteht daher mit der Fertigstellung der Erfindung, welche das gemeinschaftliche Recht dieser Bruchteilsgemeinschaft bildet.[380]

Entsprechend den Vorschriften über die Bruchteilsgemeinschaft steht die Verwaltung den Teilhabern nach § 744 I BGB gemeinschaftlich zu. Hierzu zählen insbesondere die Schutzrechtsanmeldung und -aufrechterhaltung, Vergabe von Lizenzen sowie das Vorgehen gegen Verletzende sowie gegen Geheimnisverrat.[381]
Aus § 744 II BGB ist zu folgern, dass jeder Miterfinder berechtigt ist, die Erfindung auf den Namen aller beim Patentamt anzumelden.[382] Die Anmeldung kann im Einzelfall eine notwendige Erhaltungsmaßnahme i.S.v. § 744 II BGB darstellen, so etwa wenn die Gefahr einer neuheitsschädlichen Veröffentlichung droht.[383] Dieser Umstand gewinnt Bedeutung, wenn eines der Gemeinschaftsmitglieder eine Anmeldung

[376] Bartenbach, Zwischenbetriebliche Forschungs- und Entwicklungskooperation und das Recht der Arbeitnehmererfindung, S. 62.
[377] Bartenbach, Zwischenbetriebliche Forschungs- und Entwicklungskooperation und das Recht der Arbeitnehmererfindung, S. 62; Lüdecke, S. 107 ff.
[378] Vgl. RGZ 117, 47, 49; RG GRUR 1938, 256, 258.; Hübner, Hochschulen und Patente, S. 21, 22; Flechaus / Braitmayer, GRUR 2002, 653, 655.
[379] Busse – Keukenschrijver, PatG, § 6 Rn. 37; Hubmann, § 13 Seite 138.
[380] Bartenbach, Zwischenbetriebliche Forschungs- und Entwicklungskooperation und das Recht der Arbeitnehmererfindung, S. 62.
[381] Busse – Keukenschrijver, PatG, § 6 Rn. 38.
[382] Hubmann, § 13 Seite 139.
[383] Busse – Keukenschrijver, PatG, § 6 Rn. 39.

zum Schutzrecht ablehnt. Einer verweigerten Mitwirkung bei der Anmeldung, so zum Beispiel durch Nichterteilung der Vollmacht, kann durch eine Anmeldung allein im eigenen Namen begegnet werden.[384]

Über seinen Anteil kann der einzelne Teilhaber grundsätzlich ohne die Mitwirkung der anderen verfügen, § 747 S. 1 BGB. Solange eine Geheimhaltungspflicht besteht, jedoch nur unter Wahrung der Geheimhaltung.[385]
Verfügungen im Ganzen können dagegen gem. § 747 II BGB nur mit Einverständnis aller Teilhaber erfolgen. Eine unbeschränkte Inanspruchnahme der Erfindung seitens des Dienstherrn bzw. des Arbeitgebers gem. §§ 6, 7 ArbnErfG erfasst daher auch jeweils nur den dem einzelnen Miterfinder gehörenden Erfindungsanteil.[386] Durch diese Inanspruchnahme rückt der Dienstherr bzw. der Arbeitgeber in die Bruchteilsgemeinschaft mit den übrigen Miterfindern ein.[387]

bb) Probleme in Bezug auf die Neuregelung des § 42 ArbnErfG

In der Praxis ist es im Falle der Miterfinderschaft nicht unüblich, dass die Erfindung gemeinsam von wissenschaftlichen und nichtwissenschaftlichen Hochschulbeschäftigten getätigt wird. Da der Gesetzesbegriff „Erfinder" in § 42 ArbnErfG n.F. nicht im Sinne von „Allein-Erfinder" zu verstehen ist, kommen die Privilegien des § 42 Nr. 1 bis 3 ArbnErfG n.F. Hochschulwissenschaftlern auch im Falle einer Miterfinderschaft zugute.[388] Dies hat zur Folge, dass für die wissenschaftlichen Miterfinder die Sonderregelungen des § 42 Nr. 1 bis 3 ArbnErfG n.F. gelten, die anderen hingegen aus dem Anwendungsbereich dieser privilegierenden Vorschriften ausgeschlossen sind (s.o.). Fraglich ist, welche Probleme sich in diesem Zusammenhang ergeben können und wie sie zu lösen sein werden.

(1) Positive Publikationsfreiheit, § 42 Nr. 1 ArbnErfG n.F.

Hinsichtlich des Rechts des Hochschulwissenschaftlers auf Offenbarung der Erfindung im Rahmen seiner Lehr- und Forschungstätigkeit kann es im Rahmen einer Erfindergemeinschaft zu Schwierigkeiten kommen, wenn der Hochschulwissenschaftler von diesem seinem Recht Gebrauch machen will, die anderen Miterfinder eine Veröffentlichung der Erfindung jedoch ablehnen.

Grundsätzlich zeigt die gesetzgeberische Wertung in § 42 Nr. 1 und 2 ArbnErfG, dass die Publikationsfreiheit mit Blick auf Art. 5 III 1 GG letztlich Vorrang vor den Interessen anderer haben muss. In Anbetracht des Ziels der Neuregelung, Hochschulerfindungen möglichst umfassend einer Verwertung zuzuführen, ist von diesem Grundsatz jedoch dann abzuweichen, wenn sich eine Offenbarung der Erfindung in

[384] Bernhardt / Kraßer, Patentrecht, § 19, S. 351; Busse – Keukenschrijver, PatG, § 6 Rn. 39.
[385] Busse – Keukenschrijver, PatG, § 6 Rn. 41.
[386] Reimer / Schade / Schippel, ArbnErfG, § 6 Rn. 11.
[387] Lüdecke, S. 78; Wunderlich, S. 133.
[388] Bartenbach / Volz, ArbnErfG, § 42 (n.F.) Rn. 68.

diesem Stadium als neuheitsschädlich darstellen würde, so dass eine spätere Patentanmeldung ausgeschlossen wäre. Angesichts des Fehlens einer Ausnahmeregelung ist der Anwendungsbereich des § 42 Nr. 1 ArbnErfG in diesen Fällen im Wege der teleologischen Reduktion zu begrenzen.
Hierfür spricht auch der Rechtsgedanke des § 744 II BGB – will man die Offenbarung nicht bereits als Verfügung i.S.v. § 747 BGB ansehen.[389] Denn diesem Rechtsgedanken zufolge wird der Schutz des gemeinschaftlichen Gegenstands auch gegen die Grundsätze der Bruchteilsgemeinschaft dadurch gewährleistet, dass § 744 II BGB eine Ausnahme vom Grundsatz der gemeinschaftlichen Verwaltung hinsichtlich der zur Erhaltung des Gegenstands notwendigen Maßnahmen zulässt.

Daher ist davon auszugehen, dass der Hochschulwissenschaftler dann nicht einseitig von seinem Veröffentlichungsrecht aus § 42 Nr. 1 ArbnErfG n.F. Gebrauch machen kann, wenn ein solches mangels Schutzrechtsanmeldung neuheitsschädlich und damit schutzrechtsausschließend wirken würde.

(2) Negative Publikationsfreiheit, § 42 Nr. 2 ArbnErfG n.F.

Im Zusammenhang mit der negativen Publikationsfreiheit des Hochschulwissenschaftlers ist ungeklärt, wie in der Praxis zu verfahren sein wird, wenn die Diensterfindung auf gemeinsamem Wege von Hochschulbeschäftigten als Miterfinder getätigt wird, sich jedoch nur einer von ihnen auf sein Recht zur Ablehnung der Offenbarung der Erfindung aus § 42 Nr. 2 S. 1 ArbnErfG n.F. beruft bzw. berufen kann, während die anderen offenbaren möchten. Die Entscheidung des hieraus resultierenden Wertungskonfliktes wirkt sich zudem auch auf die Pflicht der nichtwissenschaftlichen Hochschulerfinder aus, in einem solchen Fall die Erfindung – wie es § 5 ArbnErfG vorsieht – zu melden oder eine Meldung, mit der zwangsläufig die Offenbarung der Erfindung verbunden wäre, zu unterlassen.
Wenn sich bei gemeinschaftlichen Erfindungen Teile des gemeinsam erarbeiteten Wissens eindeutig bestimmten Personen zuordnen lassen, können diese für den von ihnen stammenden Teil jeweils selbständig entscheiden.[390] In den meisten Fällen wird eine Teilung der Erfindung jedoch weder sinnvoll noch praktikabel sein. Fraglich ist daher die Behandlung des Falles, in dem eine Einigung zwischen den Miterfindern hinsichtlich der Offenbarung nicht erreicht werden kann. Dem Gesetzgeber ist bewusst, dass er den Konflikt zwischen Miterfindern über die Frage der Erfindungsmeldung nicht geregelt hat.[391]

Zwar ist im Grundsatz anerkannt, dass die anmeldewilligen Mitglieder von den übrigen die notwendige Mitwirkung bei der Anmeldung wegen der damit verbundenen wirtschaftlichen Vorteile verlangen können (vgl. § 744 II BGB).[392] Hat jedoch einer der Beteiligten ein berechtigtes, überwiegendes Interesse daran, dass die Anmel-

[389] Bartenbach / Volz, ArbnErfG, § 42 (n.F.) Rn. 68; Bartenbach / Volz, GRUR 2002, 743, 750.
[390] Kraßer, Forschung und Lehre 8/2002, 1, 15.
[391] So der Hinweis in der Beschlussempfehlung und dem Bericht des Rechtsausschlusses v. 26.11.2001, BT-Dr 14 / 7573, S. 7.
[392] Bartenbach, Zwischenbetriebliche Forschungs- und Entwicklungskooperationn und das Recht der Arbeitnehmererfindung, S. 106 / 107; Hübner, Hochschulen und Patente, S. 22.

dung zunächst unterbleibt, darf sie nicht gegen seinen Willen erfolgen.[393] Fraglich ist, ob die negative Publikationsfreiheit des Hochschulwissenschaftlers ein solches überwiegendes Interesse darstellt.
Macht ein an der Hochschule beschäftigter Wissenschaftler, dem § 42 Nr. 2 S. 1 ArbnErfG ein Ablehnungsrecht hinsichtlich der Offenbarung der Erfindung zuspricht, solche Interessen geltend, spricht für ihn sein Grundrecht aus Art. 5 III 1 GG. Die Wissenschaftsfreiheit gewährt jedem Hochschulangehörigen, der im Rahmen seiner Dienstaufgaben selbständig forscht, das Recht, über die Verbreitung seiner Arbeitsergebnisse eigenverantwortlich zu entscheiden.[394] Dazu gehört auch die Freiheit, bestimmte Arbeitsergebnisse gerade nicht zu verbreiten.[395] Daher könnte man davon ausgehen, dass vom privilegierten Wissenschaftler eine Mitwirkung an der Patentanmeldung, welche zwangsläufig zur Veröffentlichung führt, nicht gegen seinen Willen verlangt werden kann.[396]
Zu beachten ist in diesem Zusammenhang jedoch, dass § 42 Nr. 2 ArbnErfG n.F. nur im Verhältnis zwischen dem erfindenden Hochschulwissenschaftler und seinem Dienstherrn oder Arbeitgeber gilt.[397] Die anderen Miterfinder sind durch diese Vorschrift nicht gebunden, und zwar unabhängig von der Frage, inwieweit das Grundrecht der Wissenschaftsfreiheit als primär staatsgerichtetes Abwehr- und Teilhaberecht gegenüber den Miterfindern als Dritten überhaupt Wirkung entfalten kann.[398] Die Rechtspositionen der anderen Miterfinder können daher grundsätzlich nicht mit dem Hinweis auf die negative Publikationsfreiheit einzelner Hochschulwissenschaftler beschränkt werden. Dies gilt umso mehr, als sowohl deren Erfinderrecht nach Art. 14 I GG wie auch ihr Erfinderpersönlichkeitsrecht nach Art. 1, 2 GG geschützt sind und sie sich ihrerseits – sofern sie wissenschaftliche Hochschulbeschäftigte sind – auf die positive Publikationsfreiheit berufen könnten.[399]
Darüber hinaus knüpft auch der Vergütungsanspruch der Miterfinder an die Offenbarung der Erfindung gegenüber ihrem Dienstherrn oder Arbeitgeber an. Ein Verzicht der Mehrzahl der Miterfinder auf die Offenbarung der Erfindung zugunsten eines einzelnen, auf sein negatives Publikationsrecht beharrenden Hochschulwissenschaftlers wäre auch aus diesem Grund nicht zu rechtfertigen.

Natürlich kann es Ausnahmefälle geben, in denen unter Würdigung aller Umstände des Einzelfalls eine andere Gewichtung der Interessen erforderlich werden kann. So zum Beispiel, wenn eine Offenbarung seitens des Hochschulwissenschaftlers aus gewichtigen Gründen nur für einen bestimmten, von vornherein absehbar begrenzten Zeitraum abgelehnt wird und die übrigen Miterfinder durch die Verzögerung keinen finanziellen Nachteil erleiden. Prinzipiell verbleibt es jedoch für die anderen Miterfinder bei ihrer Meldepflicht aus § 5 ArbnErfG.

---

[393] Bernhardt / Kraßler, Patentrecht, § 19 V b 4, S. 201; Hübner, Hochschulen und Patente, S. 22; Lüdecke, S. 161.
[394] Hübner, Hochschulen und Patente, S. 22.
[395] Krüger in: Flämig u.a., Handbuch des Wissenschaftsrechts, S. 286.
[396] So Hübner, Hochschulen und Patente, S. 22.
[397] Bartenbach / Volz, ArbnErfG, § 42 (n.F.) Rn. 108.
[398] Bartenbach / Volz, ArbnErfG, § 42 (n.F.) Rn. 108.
[399] Bartenbach / Volz, ArbnErfG, § 42 (n.F.) Rn. 108.

(3) Benutzungsrecht, § 42 Nr. 3 ArbnErfG n.F.

Gem. § 42 Nr. 3 ArbnErfG n.F. steht dem Hochschulwissenschaftler auch im Fall der unbeschränkten Inanspruchnahme ein nichtausschließliches Recht zur Benutzung der Diensterfindung im Rahmen seiner Lehr- und Forschungstätigkeit zu. Sowohl nach den Vorschriften der Bruchteilsgemeinschaft (§ 747 S. 2 BGB) als auch bei Vorliegen einer Gesellschaft bürgerlichen Rechts (§§ 709, 718, 719 BGB) können Nutzungsrechte jedoch nur gemeinschaftlich von allen Miterfindern vergeben werden. Konsequenz der Anwendung dieser Vorschriften wäre, dass in Fällen einer Erfindergemeinschaft ein solches privilegierendes Benutzungsrecht des Hochschulwissenschaftlers nicht ohne weiteres entstehen könnte.

Aus dem Gesetzeswortlaut des § 42 Nr. 3 ArbnErfG n.F., welcher besagt, dass dem Erfinder ein Nutzungsrecht „bleibt", lässt sich jedoch schließen, dass der Hochschulwissenschaftler dieses Nutzungsrecht bereits mit Fertigstellung der Erfindung[400] und damit zeitgleich mit dem Entstehen der Erfindergemeinschaft erwirbt. Einer nachträglichen Übertragung dieses Nutzungsrechts durch alle Miterfinder bedarf es demzufolge nicht.
Einem anderen Auslegungsverständnis, welches dem Hochschulwissenschaftler mit der Fertigstellung nur ein Nutzungsrecht als Miterfinder, d.h. kein eigenes Nutzungsrecht zugestehen will, steht die zu berücksichtigende grundgesetzlich verankerte Wissenschaftsfreiheit entgegen. In diesem Fall wäre die Bestimmung des § 42 Nr. 3 ArbnErfG n.F. als Ausfluss eben dieser Wissenschaftsfreiheit verfassungskonform dahingehend auszulegen, dass ein gesetzliches Benutzungsrecht auch im Falle einer Miterfinderschaft als alleiniges, ungeteiltes Recht des Hochschulwissenschaftlers entsteht.

Die zivilrechtlichen Vorschriften sind daher im Lichte der Wissenschaftsfreiheit dahingehend auszulegen, dass das gesetzliche Benutzungsrecht des Hochschulwissenschaftlers auch im Falle einer Miterfinderschaft besteht.[401]

e) Miterfinderschaft in internationalen Kooperationen

Die wissenschaftliche Öffentlichkeit lebt vom internationalen Austausch.[402] Parallel zum Zusammenwachsen der Welt und der Globalisierung der Märkte ist auch eine Internationalisierung der Wissenschaft zu verzeichnen. Bestimmte Projekte der Großforschung sind überhaupt nur durch eine überstaatliche Zusammenarbeit zu realisieren.[403]

Hinsichtlich der Behandlung von Gemeinschaftserfindungen bei internationalen Kooperationen ist festzustellen, dass das Internationale Privatrecht des Arbeitnehmererfindungsrechts noch nicht weit entwickelt ist. Für die Frage des anzuwendenden

---

[400] Bartenbach / Volz, GRUR 2002, 743, 754.
[401] So auch Bartenbach / Volz, ArbnErfG, § 42 (n.F.) Rn. 132.
[402] Schulze-Fielitz in: Handbuch des Verfassungsrechts, § 27 Rn. 19 (S. 1349).
[403] Schulze-Fielitz in: Handbuch des Verfassungsrechts, § 27 Rn. 19 (S. 1349).

Rechts wird an den Schwerpunkt des Arbeitsverhältnisses angeknüpft, wobei die Intensität der Eingliederung in den fremden Unternehmensbereich, insbesondere die Ausübung der Weisungsbefugnis von Bedeutung ist.[404] Da im Verhältnis der Miterfinder untereinander der Grundsatz der freien vertraglichen Gestaltung gilt, besteht auch die Möglichkeit der Wahl fremden Rechts.[405]

2) Kooperationsverträge

Wie auch die Gesetzesbegründung unterstreicht, gehört die Förderung des Wissenschafts- und Technologietransfers nach § 2 VII HRG zu den grundlegenden Aufgaben der Hochschulen, ebenso wie die Durchführung von Forschungsvorhaben mit Drittmitteln zu den dienstlichen Aufgaben der in der Forschung tätigen Hochschulmitglieder gehört.
Mit der Neufassung des § 42 ArbnErfG strebt der Gesetzgeber nunmehr an, die Menge der den Hochschulen zur Verfügung stehenden Erfindungen wesentlich zu erhöhen und über die Möglichkeit umfassender Inanspruchnahme aller an der Hochschule anfallenden Erfindungen im Hochschulbereich den Aufbau eines aus Verwertungserlösen finanzierten Patent- und Verwertungswesens durchzuführen. In Anbetracht dieses Ziels stellen sich nicht unerhebliche Probleme.

a) Forschungskooperation nach der alten Rechtslage

Dass das Hochschullehrerprivileg faktisch bereits überholt war, zeigt sich auch daran, dass fast jeder Hochschullehrer zur Realisierung seiner Forschungspläne Drittmittel nutzte und sich in diesem Rahmen „freiwillig" vertraglich verpflichtete, auf sein Privileg zu verzichten und die Nutzungsrechte an der Erfindung an Drittmittelgeber abzutreten.[406] Dies stellte keine unübliche Vorgehensweise dar.[407] Gem. § 25 I 2 HRG ist die Durchführung von Forschungsvorhaben mit Drittmitteln Teil der Hochschulforschung und unterliegt ebenso wie die Auftragsforschung des Hochschulwissenschaftlers dem Grundrechtsschutz des Art. 5 III 1 GG.

Die Möglichkeit zum Abschluss von Kooperationsverträgen sicherte § 42 I 2 ArbnErfG a.F., der die Anwendung der Unabdingbarkeitsregelung des § 22 ArbnErfG im Hinblick auf Erfindungen der Hochschulwissenschaftler ausschloss. Wissenschaftliche Mitarbeiter der Hochschule konnten daher bereits im Voraus Vereinbarungen über ihre Erfindungen schließen, auch wenn diese zu ihren Ungunsten von den Regelungen des ArbnErfG abwichen.[408] Eine Grenze, um den Forscher vor zu weit gehenden Rechtsverlusten zu schützen, bildeten hier nur die Unbilligkeitsregelung des § 23 ArbnErfG und die allgemeinen Vertragsschranken.

---

[404] Ranft, GRUR Int. 1980, 597, 601.
[405] Busse – Keukenschrijver, PatG, § 6 Rn. 36.
[406] Fleuchaus / Braitmayer, GRUR 2002, 654, 654.
[407] Vgl. Reimer / Schade / Schippel / Leuze, ArbnErfG, § 42 Rn. 13.
[408] Bartenbach / Volz, ArbnErfG, § 42 Rn. 26; Ballhaus, GRUR 1984, 1, 2; Marquardt, S. 177.

Somit konnte der beteiligte Hochschullehrer, soweit er selbst Erfinder war, Drittmittelgebern ohne weiteres die Rechte an seinen Erfindungen verschaffen. Dagegen konnte die Hochschule den Drittmittelgebern Rechte an Erfindungen nur insoweit versprechen und einräumen, als sie von Beschäftigten außerhalb des Anwendungsbereichs der Sonderregelung stammten.[409] Die Möglichkeit der Inanspruchnahme solcher Erfindungen nutzten viele Hochschulen nur, um Drittmittelgebern oder Kooperationspartnern Rechte verschaffen zu können, während sie es im Übrigen den Erfindern selbst überließen, sich um den Erfindungsschutz und deren Verwertung zu bemühen.[410]
Soweit Hochschulen den Drittmittelgebern oder Kooperationspartnern Rechte an Erfindungen von Hochschullehrern verschaffen wollten, waren sie auf eine vorherige vertragliche Abtretung dieser Rechte angewiesen.

b) Forschungskooperation nach der Novellierung

Mit Inkrafttreten der Novelle haben sich wichtige Rahmenbedingungen für Verträge zwischen Unternehmen und Hochschulen geändert. Verhandlungs- und Vertragspartner der Wirtschaft ist nach dem gesetzgeberischen Konzept nun nicht mehr der einzelne Hochschullehrer oder dessen Lehrstuhl, sondern die Hochschule selbst. Kooperationsverträge mit freien Unternehmen, welche die Verwertung, z.B. die Abtretung patentfähiger Erfindungen betreffen, können daher in Zukunft nicht mehr mit dem einzelnen Hochschullehrer als Erfinder, sondern nur noch mit der Hochschule geschlossen werden, da ihr bei Inanspruchnahme die Verwertungsbefugnis obliegt.

Gerade aus dieser Konstellation könnte sich im Hinblick auf die Gestaltung zukünftiger Forschungsaufträge und Kooperationsverträge allerdings eine besondere Problematik entwickeln.
Schließen in Zukunft Hochschule und Auftraggeber ohne eine Einbeziehung des Hochschulwissenschafters einen Vertrag, ist die dienstliche Einbeziehung des in Forschung und Lehre freien Hochschullehrers in das Projekt nicht gewährleistet. Ohne seine Einbindung kann eine Verwertung von Diensterfindungen nicht sichergestellt werden, da ihm grundsätzlich die Möglichkeit verbliebe, sich auf seine negative Publikationsfreiheit aus § 42 Nr. 2 ArbnErfG zu berufen. Diese Freiheit des Hochschulwissenschaftlers ist es auch, die Probleme im Falle einer Miterfinderschaft mit sich bringen kann, insbesondere dann, wenn den einzelnen Miterfindern unterschiedliche Rechte zustehen.
Hinzu kommt, dass bislang für solche Kooperationsverträge zwischen Industrieunternehmen und einem Lehrstuhl, sog. „Lehrstuhlverträge“, in der Regel sehr niedrige pauschale Entgelte gezahlt wurden, die dem Wert der tatsächlichen Erfindungen und der möglichen Verwertungschancen bei weitem nicht entsprachen.[411] In dem Maße, wie die Hochschule die Forschungsergebnisse als wirtschaftliche Werte begreift, dürfte sich das auch auf die Verträge auswirken: Die Nutzung von Hochschulfor-

---

[409] Kraßer, Forschung und Lehre 8/2002, 1, 5.
[410] Kraßer, Forschung und Lehre 8/2002, 1, 5.
[411] Begründung zum Änderungsvorschlag für § 42 ArbnErfG der Bund-Länder-Kommission für Bildungsplanung und Forschungsförderung (BLK), Sitzung vom 30.10.2000.

schungsergebnissen kann sich dann im Einzelfall stärker als bisher am wirtschaftlichen Wert des eingekauften Wissens orientieren, mit anderen Worten für das Unternehmen teurer werden.

aa) Spannungsfeld der Interessen zwischen Hochschule und Industriepartner

In der Ausgangssituation nach Inanspruchnahme befinden sich das erfinderische Material sowie die erfinderischen Informationen infolge der Novellierung des § 42 ArbnErfG in der Hand der Hochschule. Nach dem gesetzgeberischen Konzept soll sich ihr durch die Verwertung der Erfindung eine Chance auf Einnahmen eröffnen, auf der anderen Seite steht das Risiko einer möglichen Haftung und Gewährleistung bei einem Transfer der Erfindungsrechte an Dritte. Standardverträge hierzu sind momentan noch nicht vorhanden.[412] Eine Vertragsgestaltung im Technologietransfer zwischen Unternehmen und Hochschule müsste sich an den folgenden Interessenschwerpunkten orientieren:

Auf Seiten der Hochschule ist eine frühzeitige Definition der eigenen Position notwendig. In ihrem Interesse wird es liegen, Kosten und Aufwand zu minimieren, Risiken abzusichern, Einnahmen zu generieren und sich darüber hinaus einzelfallbezogen eventuell auch eigene Rechte an der Erfindung zu sichern und vorzubehalten.

Die Schwierigkeiten, auf die man bei der Gestaltung eines solchen Vertrages stößt, werden klar, wenn man sich die verschiedenen Fragestellungen vor Augen führt, die behandelt werden wollen. Regelungsbedürftig ist zum Beispiel die Frage, wer die Erfindung anmelden darf und wer Inhaber wird („Anmeldehülse" ohne Rechte?), wer die Anmeldekosten zu tragen hat, wer die Lizenzeinnahmen erhält, wie eine mögliche Haftung ausgestaltet sein soll, welche Regelungen bezüglich des Gerichtsstands und der Rechtswahl bei Vertragsabschlüssen mit ausländischen Unternehmen gelten, wie die Inhaberschaft an Stoffen geregelt wird, ob eine Beschränkung der Nutzung in personeller, zeitlicher oder zweckgebundener Weise (Forschung – gewerblich) erfolgen soll und wie ggf. Nutzungsrechte für die Hochschule sichergestellt werden können.
Erschwerend kommt hinzu, dass der Hochschule die Position des gewerblich Handelnden und Verhandelnden bislang fremd war. Erfolgreiche Vertragsabschlüsse aus Sicht der Hochschule werden daher nur zu erreichen sein, wenn mit mehreren Verhandlungspartnern Verhandlungen aufgenommen werden, um dann zu einem Vertragsschluss mit dem Industriepartner zu kommen, der die besten Konditionen gewährt.

Auch aus der Sicht eines Unternehmens eröffnen sich hinsichtlich der Neuregelung des Umgangs mit Hochschulerfindungen Probleme.
So steht die Erfindung nach einer Inanspruchnahme seitens der Hochschule in einem Spannungsfeld zwischen der Hochschule einerseits und dem jeweiligen Unternehmen bzw. Industriepartner andererseits. Ein gemeinsames Interesse beider Partner

[412] Zu den bislang ausgearbeiteten „Vertragsbausteinen" („Berliner-", „Münchener-" oder „Göttinger Vertrag") siehe unten.

besteht an der Erzielung von verwertbaren Ergebnissen, ein unterschiedliches jedoch schon bei der Bewertung der Forschungsergebnisse und Erfindungen. Hier ist ein angemessener Interessenausgleich erforderlich, wobei folgende Gesichtspunkte zu berücksichtigen sind:

Die Hochschulforschung bietet ein breit angelegtes Grundlagenwissen sowie Expertise und Technik, die Industrie verwertungsorientierte Fragestellungen, eine Ermöglichung von Forschungsprojekten durch Finanzierung und die Entwicklung umfassender Kooperationen. Das Interesse der Industrie geht ganz klar in Richtung einer Angebotspflicht der Hochschule gegenüber dem jeweiligen Industriepartner und hin zu einer umfassenden Übertragung der Rechte gegen Vergütung („angemessene Kompensation"). Die Überlegung einzelner Hochschulen, dem Industriepartner eine zeitlich befristete Exklusivlizenz an den vom Hochschulerfinder entwickelten Erfindungsrechten einzuräumen, wird in den meisten Fällen als unpraktikabel abgelehnt werden. Da sich Forschungsaufträge von Unternehmen nicht immer auf aktuelle Problemfälle beziehen, sondern oftmals auf zukünftige Produktgestaltung gerichtet sind, ist es für den Industriepartner ohne Interesse, lediglich eine zeitlich begrenzte Lizenz für einen Zeitraum zu erhalten, in dem er nach seiner Planung von diesen Entwicklungsergebnissen überhaupt noch nicht Gebrauch machen kann oder will.[413]
Als Problemschwerpunkt werden in diesem Zusammenhang auch die Publikationsrechte des Hochschulwissenschaftlers gesehen. Im Hinblick auf das Veröffentlichungsrecht des Hochschulwissenschaftlers stellt sich für die Industrie die Frage, inwieweit der Auftraggeber eine Sicherheit dahin erhalten kann, dass das von ihm für die Durchführung des Forschungsauftrages zur Verfügung gestellte Know-how geheim gehalten wird.[414]
Bei der Vergütungsregelung wird die Industrie klar Einmalzahlungen bevorzugen, z.B. für produktferne Erfindungen. Als eine Art Kompromiss könnten Meilensteinzahlungen im Hinblick auf ein Teilen von Chancen und Risiken vereinbart werden. Zu laufenden Zahlungen sollte es aus ihrer Sicht allenfalls bei vermarktungsrelevantem Produktschutz kommen.

Darüber hinaus werden die Wünsche der Industrie hin zu einer frühstmöglichen Information über eine Erfindung und der Vermeidung frühzeitiger Publikationen durch den Hochschulwissenschaftler gehen. Eine Anmeldung zum Patent soll möglichst nur in Absprache erfolgen. Eine Gefahr wird darin gesehen werden, dass die Erfindungen in der Praxis durch die Patent- und Verwertungsagenturen zu stark „verwaltet" werden könnten, was zu einer Zeitverzögerung in Bezug auf die Sicherung von Vergütung und Verwertung führen könnte.

Angesichts dieser Unsicherheiten ist seit Inkrafttreten der Neuregelung des § 42 ArbnErfG eine merkliche Zurückhaltung der Industrie bei dem Abschluss bisher üblicher Forschungs- und Entwicklungsverträge mit Hochschulen festzustellen.

---

[413] So Bartenbach, Stand der Reform zum Gesetz über Arbeitnehmererfindungen, S. 11.
[414] Bartenbach, Stand der Reform zum Gesetz über Arbeitnehmererfindungen, S. 15.

bb) Möglichkeiten einer Einschränkung des Benutzungsrechts

Probleme ergeben sich auch im Hinblick auf die Regelung von Benutzungsrechten seitens der Hochschule an einer fertig gestellten Erfindung.
Maßgebend ist zunächst, dass das Benutzungsrecht nach der gesetzlichen Konzeption des § 42 Nr. 2 ArbnErfG an die Person des Hochschulerfinders gebunden ist, nicht etwa an die Hochschule. Für den Auftraggeber in der Industrie bedeutet dieses Benutzungsrecht die nicht unerhebliche Gefahr eines Wissensabflusses im Rahmen von Folgeaufträgen. So eröffnet das Benutzungsrecht dem Hochschullehrer die Möglichkeit, die gewonnenen Erkenntnisse wiederum bei einem Folgeauftrag zum Beispiel eines seiner Wettbewerber einzusetzen. Eine Einschränkung dieser von Seiten des Auftraggebers unerwünschten Weitergabe von Forschungsergebnissen ließe sich allenfalls dadurch erreichen, dass dem Hochschullehrer die Nutzung vertraglich zwar für interne Forschungszwecke zugestanden wird, er sich im Übrigen jedoch einem – ggf. zeitlich befristeten – Wettbewerbsverbot unterwerfen würde.[415]
Ob hierzu eine Bereitschaft besteht und ob ggf. insoweit zusätzliche Entschädigungen zu zahlen sind, wird Sache der Verhandlungen im Einzelfall bleiben.

cc) Möglichkeiten einer Einschränkung der Publikationsfreiheit

In diesem Zusammenhang stellt sich insbesondere die Frage, was passiert, wenn die Hochschule einen Kooperationsvertrag mit einem Unternehmen abzuschließen gedenkt, der Hochschulwissenschaftler die Offenbarung seiner Erfindung jedoch gem. § 42 Nr. 2 S. 1 ArbnErfG zu verweigern droht.

Einerseits wiegt die verfassungsrechtlich verankerte negative Publikationsfreiheit des Hochschulwissenschaftlers so schwer, dass auch im Rahmen von Kooperationsverträgen keine Einschränkung dieses Rechts hinnehmbar sein könnte. Hierfür spricht auch der Unabdingbarkeitsgrundsatz aus § 22 S. 1 ArbnErfG. Pauschalvereinbarungen, die den Hochschullehrer im Voraus uneingeschränkt dazu verpflichten, Erfindungen der Hochschule, einem Drittmittelgeber oder Kooperationspartner zu offenbaren, könnten daher einschränkend dahingehend auszulegen sein, dass diese Pflicht entfällt, wenn dem Erfinder die Offenbarung mit Rücksicht auf seine wissenschaftliche Verantwortung und Reputation nicht zugemutet werden kann.[416] In diesen Fall müssten die Hochschulen vertragliche Verpflichtungen und Rechtseinräumungen in Bezug auf Erfindungen, die bei der Durchführung von Drittmittel- und Kooperationsverträgen entstehen, mit einem entsprechenden Vorbehalt versehen.[417]
Andererseits wäre die Verwertung der Erfindung in diesem Fall nicht sicherzustellen. Weil die Hochschule nicht sicher sein kann, dass ihr die Erfindung angeboten wird, kann sie einem Kooperationspartner auch nicht im Voraus deren Übertragung zusagen. Dies läuft den Zielen der Unternehmen – Alleinbesitz und Alleinverwertungsrecht – diametral entgegen: An „beliebigen" Erfindungen, die möglicherweise nur durch Zufall das Fachgebiet des betreffenden Unternehmens beträfen und dann noch

---

[415] So Bartenbach, Stand der Reform zum Gesetz über Arbeitnehmererfindungen, S. 14.
[416] Vgl. Kraßer, Forschung und Lehre 8/2002, 1, 17.
[417] Kraßer, Forschung und Lehre 8/2002, 1, 17.

unter dem Vorbehalt der Offenbarungsbereitschaft des Hochschulerfinders stünden, haben diese in der Regel kein Interesse.[418]
Hinzu kommt, dass typischer Inhalt eines Forschungs- und Entwicklungsvertrages grundsätzlich die Forderung des Auftraggebers ist, während der Dauer des Forschungsvertrages über die jeweiligen „Meilensteine", also die Zwischenergebnisse, informiert zu werden.[419] Wird aber das Recht der negativen Publikationsfreiheit ernst genommen, dürfte auch schon eine solche Information über Forschungsergebnisse, welche bereits eine fertige Erfindung enthalten können, nicht erfolgen, bevor feststeht, ob der Hochschulwissenschaftler mit deren Weitergabe, also im Ergebnis einer Veröffentlichung, einverstanden ist.[420]
Zudem muss das vertragsschließende Unternehmen das Recht auf sämtliche Erfindungen eines Projekts erhalten, eine Zerstückelung von Forschungsergebnissen ist aus wirtschaftlicher Sicht abzulehnen.[421]

Es ist daher unabdingbar, dass der Kontakt zwischen dem Unternehmen, der Hochschule oder Verwertungsstelle und dem forschenden Hochschullehrer bereits in einem frühen Stadium vor Beginn der eigentlichen Forschungstätigkeit des Hochschullehrers hergestellt wird. Fraglich ist, ob im Rahmen dieser frühen Verhandlungen ein Verzicht des Hochschulerfinders auf seine negative Publikationsfreiheit möglich ist.
Richtig ist, dass die Hochschule im Hinblick auf § 22 S. 1 ArbnErfG daran gehindert wäre, vor Meldung einer Diensterfindung mit dem Hochschullehrer zu vereinbaren, dass dieser auf die Ausübung seines Rechts zum Schweigen verzichtet. Das Verbot des § 22 S. 1 ArbnErfG greift jedoch nur im Verhältnis zwischen Dienstherrn und Arbeitnehmererfinder, nicht aber im Verhältnis des Arbeitnehmererfinders zu einem Dritten.[422] Ihm gegenüber kann der Hochschullehrer auch im Voraus wirksam auf die Geltendmachung seines negativen Publikationsrechtes aus § 42 Nr. 2 ArbnErfG verzichten.

Soweit demgegenüber teilweise vertreten wird, eben solche vertragliche Vereinbarungen zwischen dem Hochschullehrer und Dritten, in denen der Hochschullehrer auf Rechte aus dem ArbnErfG verzichtet, seien als Umgehungsgeschäft nach §§ 134, 138 BGB nichtig, wenn zwischen der Hochschule als Dienstherr und dem Dritten ein Rechtsverhältnis besteht, welches zumindest mittelbar durch Rechte des Hochschullehrers aus dem ArbnErfG beeinflusst wird,[423] kann dem nicht gefolgt werden.
Ein Umgehungsgeschäft liegt im rechtlichen Sinne nur dann vor, wenn durch Umgehung verbotener rechtlicher Gestaltungen ein vom Gesetz verbotener Erfolg herbeigeführt werden soll.[424] Einverständnis besteht darüber, dass jeweils von Inhalt und Zweck der maßgeblichen Verbotsnorm ausgegangen werden muss.[425] Will diese nur einen bestimmten Weg zur Erreichung eines an sich zulässigen Erfolgs verbieten, ist

---

[418] Vgl. Osterrieth / Holeweg, MPR 2002, 18, 20.
[419] Bartenbach, Stand der Reform zum Gesetz über Arbeitnehmererfindungen, S. 12.
[420] So auch Bartenbach, Stand der Reform zum Gesetz über Arbeitnehmererfindungen, S. 12.
[421] Osterrieth / Holeweg, MPR 2002, 18, 21.
[422] Bartenbach / Volz, ArbnErfG, § 22 Rn. 10; Bartenbach, VPP-Rundbrief Nr. 3/2002, 100, 102.
[423] So Beyerlein, Mitt. 2005, 152, 155.
[424] Beyerlein, Mitt. 2005, 152, 153 mit weiteren Nachweisen.
[425] Palandt – Heinrichs, § 134 Rn. 28.

das den gleichen Erfolg auf andere Weise herbeiführende Geschäft wirksam.[426] Dies ist hier der Fall.
Sinn und Zweck des § 22 ArbnErfG ist es, als Schutzvorschrift den Arbeitnehmer als sozial Schwächeren vor Benachteiligung durch übereilte, unüberlegte und in Sorge um seinen Arbeitsplatz gemachte Zugeständnisse und Rechtsverzichte zu schützen.[427] Die Schutzrichtung der Vorschrift zielt damit konkret darauf ab, das bestehende Ungleichverhältnis der Parteien eines Arbeitsverhältnisses und die damit im Regelfall zwangsläufig verbundene schwächere Verhandlungsposition des Arbeitnehmers zu kompensieren. Daraus ergibt sich auch, dass § 22 ArbnErfG nur den Weg einer direkten Vereinbarung zwischen Arbeitnehmer und Arbeitgeber im Blick hat, da sich nur in diesem Verhältnis das Ungleichverhältnis auszuwirken vermag. Hieraus folgt dann jedoch, dass sich das Verbot des § 22 ArbnErfG nicht auch automatisch auf anderweitige Gestaltungsmöglichkeiten erstreckt.
Im Ergebnis steht der Möglichkeit einer Einschränkung der Publikationsfreiheit die Regelung des § 22 ArbnErfG auch nicht unter dem Gesichtspunkt des Umgehungsgeschäftes entgegen.

dd) „Gezielte" Begründung von Mitinhaberschaften

Fraglich ist, ob ein Lösungsansatz der aufgezeigten Probleme darin gesehen werden kann, dass sich die Auftraggeber aus der Industrie zukünftig stärker darum bemühen, eigene Mitarbeiter in die Durchführung eines Forschungsauftrags an der Hochschule einzubeziehen, sozusagen in Projekte „einzuschleusen", um auf diesem Weg Miterfinderschaften zu begründen.[428]

Die Idee, welche dahinter steckt, ist, dass der Industriepartner bei einer Miterfinderschaft eigener Arbeitnehmer eine Mitinhaberschaft an den Forschungsergebnissen und damit auch an den auf diese erteilten Schutzrechtspositionen erhalten könnte. Damit wäre gesichert, dass der Industriepartner jedenfalls über Nutzungs- und Verwertungsrechte an der gemeinsamen Rechtsposition nach den oben dargestellten Grundsätzen der BGB-Gesellschaft bzw. der Bruchteilsgesellschaft mitbestimmen könnte.
Wie dann diese Rechtspositionen vor einer Geltendmachung von Rechten seitens der wissenschaftlichen Miterfinder einerseits geschützt und andererseits verwertet werden könnten, bliebe jedoch auch bei einer solchen künstlichen Konstruktion von Mitinhaberschaften nach wie vor unklar und damit regelungsbedürftig, so dass dieser Ansatz bei genauer Betrachtungsweise keine Lösungsmöglichkeit bietet.

Im Ergebnis bedeutet dies, dass nur eine vertragliche Regelung unter Einbeziehung aller drei Beteiligten, also der Industrie, der Hochschule und des Hochschulwissenschaftlers bereits im Vorfeld eines Kooperationsvertrages zielführend in dem Sinne sein wird, die Zuordnung von Erfindungs- und Nutzungsrechten an Industrieunter-

---

[426] Palandt – Heinrichs, § 134 Rn. 28.
[427] Bartenbach / Volz, ArbnErfG, § 22 Rn. 1; Beyerlein, Mitt. 2005, 152, 153.
[428] Bartenbach, Stand der Reform zum Gesetz über Arbeitnehmererfindungen, S. 16: So ein Ansatz der industriellen Praxis.

nehmen abzusichern.[429] Dies wird sich mangels Kenntnis der zukünftigen Entwicklungsergebnisse, insbesondere hinsichtlich der Konkretisierung einer angemessenen Gegenleistung als nicht unproblematisch darstellen.

Fraglich ist, wie eine solche Vereinbarung in der Praxis aussehen könnte.

ee) Vertragsgestaltung – „Berliner Vertrag"

Ein Schritt hin zur Auflösung der sich aus dieser Interessenlage ergebenden Konflikte wurde mit dem Entwurf des sog. „Berliner Vertrages"[430] getan.

Auf Anregung und unter maßgeblicher Beteiligung der ipal GmbH – einem in Berlin ansässigen, im Oktober 2001 gegründeten Unternehmen zur Vermarktung von Erfindungen und Know-how, insbesondere aus Berliner Hochschulen – hat die Mehrzahl der Berliner Hochschulen im Winter 2002 / Frühjahr 2003 gemeinsam mit Vertretern großer deutscher Industrieunternehmen in einem Arbeitskreis über die Behandlung von Hochschulerfindungen in Verträgen zur Drittmittelforschung gesprochen. Mit den als „Berliner Vertrag" bezeichneten Vertragsbausteinen als einer hochschulübergreifend abgestimmten Verhandlungsposition mit der Industrie konnte ein Kompromiss erarbeitet werden, der die Handhabung der durch den Wegfall des Hochschullehrerprivilegs entstandenen Rechtslage in der Praxis erleichtern sowie den oben dargestellten, wesentlichen Interessen beider Seiten gleichermaßen gerecht werden und damit Modellcharakter für den Technologietransfer in ganz Deutschland haben soll. Ebenso existiert bereits ein „Münchener-", ein „Marburger-", ein "NRW-" und ein „Göttinger Vertrag" sowie ein „Mustervertrag Max-Planck". Die Untersuchung soll sich hier jedoch auf den in der Praxis wohl bislang bedeutsameren „Berliner Vertrag" beschränken.
Die dort erarbeiteten Vertragsbausteine, aus denen nach Ansicht der Teilnehmer des Arbeitskreises je nach Lage des Einzelfalles eine zweckentsprechende Auswahl und Anpassung durch die jeweiligen Vertragspartner zu treffen ist, sollen in der Regel geeignet sein, Vertragsverhältnisse zwischen Forschern, Hochschule und Industriepartnern sowohl im Fall der Auftragsforschung als auch bei Kooperationen angemessen zu gestalten.

So umfasst der „Berliner Vertrag" zunächst einen Indizienkatalog zur Unterscheidung zwischen zwei Vertragstypen, der Auftragsforschung und der Forschungskooperation. Unter den Begriff der Auftragsforschung fällt demnach die Forschung, welche sich insbesondere durch einen definierten Zweck der Untersuchung und einen konkreten Weg der Umsetzung sowie durch das Interesse des Auftraggebers an einem kurzfristigen oder terminplantreuen Ergebnis auszeichnet. Der Begriff der Forschungskooperation soll demgegenüber eine zieloffenere Zusammenarbeit erfassen, bei der die Umsetzung noch nicht im Detail definiert und auch der Anwendungszweck nicht im Detail bekannt oder festgeschrieben ist. Das Interesse des Auftraggebers bei einer Forschungskooperation ist im Gegensatz zur Auftragsforschung mittel- bis lang-

[429] So auch Bartenbach / Volz, GRUR 2002, 743, 758.
[430] Zum Text des „Berliner Vertrages" sowie zu Einzelheiten vgl. Winzer, Seite 203 ff; www.ipal.de.

fristig angelegt. Für beide Vertragstypen bietet der Vertrag ein „Bausteinset" zur individuellen Vertragsgestaltung.
Darüber hinaus enthält er Regeln zur Anmeldung, Inhaberschaft und Nutzung von Schutzrechten sowie zur Aufteilung von Kosten und Erlösen und einen branchenabhängigen Rahmenkatalog für Lizenzvergütungen.

Vereinfacht lässt sich der Regelungsgehalt dahingehend zusammenfassen, dass bei Erfindungen aus einer Auftragsforschung dem Interesse des Industriepartners an einer umfassenden Nutzung dadurch Rechnung getragen wird, dass sämtliche materiellen Rechte an derartigen Forschungsergebnissen ausschließlich dem Industriepartner zustehen. Korrespondierend zu diesen Rechten erfolgt die Vergütung der Hochschulerfinder seitens des Industriepartners über ein Pauschalmodell. Hierbei ist zunächst eine Vorabzahlung zu leisten und sodann, bei einer kommerziellen Nutzung der der Erstanmeldung zugrunde liegenden Erfindung, eine Zusatzvergütung nach drei alternativen Modellen (weitere Pauschalzahlung, Zahlungsstaffel oder später zu vereinbarende angemessene Vergütung).
Handelt es sich dagegen um Erfindungen im Rahmen einer Forschungskooperation, die mehrheitlich von Hochschulmitarbeitern erarbeitet wurden, differenzieren die Vertragsbausteine gemessen an dem Erfindungsanteil der Hochschule zwischen „Industriepartner-Ergebnissen", „Gemeinschaftsergebnissen" und „Hochschul-Ergebnissen". Im zuletzt genannten Fall ist die Hochschule alleinige Inhaberin der Rechte und meldet die Erfindung zum Patent an. Dem beteiligten Industriepartner wird dabei eine Option für eine ausschließliche Lizenz gewährt. Auch die Vergütungsregelungen unterscheiden sich gemessen an den Erfindungsanteilen.

Im Rahmen der Regeln zur technischen Abwicklung von Schutzrechtsanmeldungen wird ebenfalls zwischen Auftragsforschung und Forschungskooperation unterschieden. Zur Gewährleistung einer gesteigerten Sichtbarkeit in der und damit Anerkennung durch die Öffentlichkeit für die Hochschulen ist sowohl bei der Auftragsforschung als auch bei Vorliegen von Gemeinschafts- und Hochschulergebnissen im Rahmen der Forschungskooperation formal die Hochschule bzw. die Hochschule und der Industriepartner gemeinsam Anmelder der prioritätsbegründenden Erstanmeldung.

Der Vertrag selbst ist auch bei Vorliegen eines Forschungsprojekts mit mehreren beteiligten Hochschulbeschäftigten nur von der Hochschule, dem Industriepartner und dem jeweiligen Projektleiter zu unterzeichnen. Die übrigen Beteiligten werden mittels einer Einbeziehungsklausel und Beitrittserklärungen an den Vertrag gebunden. Dem Interesse der Industrieunternehmen an einer sicheren Verwertbarkeit der aus Forschungskooperation oder Auftragsforschung entstehenden Neuschutzrechten soll durch einen Verzicht des Projektleiters gegenüber dem Industriepartner auf sein negatives Publikationsrecht aus § 42 Nr. 2 ArbnErfG Rechnung getragen werden. Sichergestellt ist jedoch, dass keine Beschränkung der Hochschule und des Projektleiters hinsichtlich einer Nutzung der Forschungsergebnisse für die Forschungs- und Lehrtätigkeit vorliegt, soweit die Geheimhaltungsregeln nichts anderes regeln. Eine Ausnahme wird lediglich hinsichtlich einer Forschung der Hochschule für oder mit Dritten gemacht, die der schriftlichen Zustimmung des Industriepartners bedarf. Darüber hinaus enthalten beide Vertragsbautypen detaillierte Regeln zur Veröffentlichung von Forschungsergebnissen.

Es ist zu erwarten, dass erste Erfahrungen und Rückmeldungen aus der Praxis zeigen werden, dass der „Berliner Vertrag" im Ganzen für Unternehmen oftmals nicht akzeptabel ist. Zwar sind einzelne Textblöcke sehr gut nutzbar, Verhandlungen im Einzelfall bleiben aber notwendig. Es war jedoch voraussehbar und auch durchaus so beabsichtigt, dass die Benutzung der Bausätze durch die Verhandlungspartner diese nicht von der Notwendigkeit entbindet, sich nach eigenem Rechtsverständnis und unter eigenverantwortlich gegebenenfalls heranzuziehender Rechtsberatung je nach den Umständen des Einzelfalles für konkrete Vertragsformen zu entscheiden.

Derzeit überschatten oftmals noch lange sowie komplizierte und schwierige Verhandlungsphasen die Zusammenarbeit. Die Industrie wird sich darauf einzustellen haben, auch weiterhin mit drei Verhandlungspartnern, nämlich der Hochschule, dem Hochschulerfinder und Vertretern des eigenen Unternehmens an einem Tisch zu verhandeln. Eine Miteinbeziehung des Hochschullehrers im Einzelfall ist durchaus sinnvoll, um eine umfassende Regelung unter Beachtung der Interessen aller Beteiligten zu gewährleisten. Dies sollte jedoch in einer gesonderten Vereinbarung neben und nicht in dem zwischen der Hochschule und dem Industriepartner geschlossenen Forschungs- und Entwicklungsvertrag selbst geschehen, da der Hochschullehrer hierdurch mit zu vielen Rechten und Pflichten belastet werden könnte, die so nicht gewollt sind. So birgt eine Einbeziehung des Hochschullehrers in den Hauptvertrag die Gefahr, dass trotz Zusatz im Vertragstext, der Hochschullehrer verzichte gegenüber dem Industriepartner auf die Geltendmachung seiner negativen Publikationsfreiheit, wegen der Einbeziehung der Hochschule darin letztlich ein versteckter Verzicht gegenüber der Hochschule gesehen werden könnte.[431] Ein solcher ist jedoch wie bereits oben ausgeführt gem. § 22 S. 1 ArbnErfG unwirksam.

Auch wenn mit dem „Berliner Vertrag" nunmehr eine Richtschnur existiert, werden in der Anfangsphase Grundsatzverhandlungen durchaus die Regel sein. Als Preis für die seitens der Hochschulen angestrebte Rechtssicherheit wird die Industrie weiterhin mehr Kreativität, Flexibilität und vor allem Kompromissbereitschaft hinsichtlich der Ausgestaltung der Regelungen fordern, die auf den jeweiligen Einzelfall zugeschnitten werden müssen. Vertragsverhandlungen werden daher auch durch Vertragsbausteine wie den „Berliner Vertrag" nicht obsolet, sondern allenfalls erleichtert.
Da andere Vertragsmuster sich jedoch eher auf die Auftragsforschung beziehen und der „Berliner Vertrag" sich im Vergleich mit anderen existierenden Vertragsmustern der größten Akzeptanz in der Wirtschaft erfreut, ist davon auszugehen, dass sich dieser auch bundesweit durchsetzen wird.[432]

---

[431] So auch Bartenbach bei Peter / Runge, Leitfaden zur Gestaltung von Drittmittelverträgen zwischen Hochschule und der Industrie, http://www.gewrs.de/files/leitfaden_duesseldorfer_vertragswerkstatt.pdf, S. 29.
[432] So auch Peter / Runge, Leitfaden zur Gestaltung von Drittmittelverträgen zwischen Hochschule und der Industrie, http://www.gewrs.de/files/leitfaden_duesseldorfer_vertragswerkstatt.pdf, S. 11, 12.

c) Übergangsregelung

Kooperationsverträgen, die vor dem 18. Juli 2001[433] geschlossen wurden und die eine Übertragung von Rechten an Erfindungen gegenüber Dritten regeln, trägt die Übergangsvorschrift des § 43 I 2 ArbnErfG Rechnung.
Ein Jahr lang, also bis zum 07. Februar 2003, galt für diese Forschungsaufträge, Kooperationen, Lehrstuhlverträge etc. noch das ArbnErfG in seiner bis zum 06. Februar 2002 gültigen Fassung. Allerdings müssen die Verträge bis zu diesem Zeitpunkt an die Neuregelungen des ArbnErfG angepasst werden. Das gibt den Vertragsparteien ausreichend Zeit, ihre Vereinbarungen unter Beteiligung der Hochschule neu zu verhandeln und dabei entweder abzuwickeln, dem neuen Recht anzupassen oder unter Zugrundelegung des neuen Rechts eine bindende Vereinbarung über die Besitzverhältnisse zukünftiger Erfindungen auszuhandeln.[434] Die Regelung des § 43 I 2 ArbnErfG geht daher von dem neuen Verständnis aus, dass grundsätzlich alle an den Hochschulen gemachten Erfindungen Diensterfindungen und keine freien Erfindungen mehr darstellen.[435] Privilegiert werden sollen nur solche Verträge, bei denen die Vertragspartner noch mit einer unveränderten Rechtslage rechnen konnten, Stichtag ist daher der Tag des Kabinettsbeschlusses.[436]
Voraussetzung für die Anwendbarkeit der Ausnahmeregelung des § 43 I 2 ArbnErfG n.F. ist somit, dass der Hochschulwissenschaftler unter den Anwendungsbereich des § 42 ArbnErfG a.F. fällt, im Zeitraum zwischen dem 07. Februar 2002 und dem 07. Februar 2003 eine Erfindung fertig gestellt und vor dem 18. Juli 2001 einen im Zeitpunkt der Erfüllung noch wirksamen Vertrag auf Übertragung der Rechte an der Erfindung mit einem Dritten geschlossen hat.[437]

In diesem Zusammenhang gilt es zu beachten, dass gem. § 22 S. 1 ArbnErfG keine allgemeinen Vereinbarungen zugunsten der Hochschule und gleichzeitig zuungunsten des Erfinders zulässig sind, sondern dass es gem. § 22 S. 2 ArbnErfG vielmehr Individualabreden nach Meldung der Erfindung bedarf.[438]
Sollten Hochschulerfinder und Industrie als Parteien des Kooperationsvertrages bis zu diesem Stichtag keine Anpassung vornehmen, so sind alle Verfügungen des Hochschulerfinders über die ab dem 07. Februar 2003 fertig gestellten Diensterfindungen der Hochschule als Dienstherrn gegenüber gem. § 7 III ArbnErfG unwirksam, soweit hierdurch deren Rechte beeinträchtigt würden.[439] Als Folge einer solchen relativen Unwirksamkeit der Verfügung würde sich der Erfinder gegenüber seinem Vertragspartner gem. §§ 311a II, 275 I BGB schadensersatzpflichtig machen.[440]

---

[433] Datum des Kabinettsbeschlusses über den Änderungsentwurf.
[434] Begründung zum Gesetzesentwurf eines Gesetzes zur Änderung des Gesetzes über Arbeitnehmererfindungen (ArbnErfGÄndG) vom 09.05.2001, BT-Dr 14/5975, S. 8.
[435] Bartenbach / Volz, ArbnErfG, § 43 Rn. 9.
[436] Entwurf eines Gesetzes zur Änderung des Gesetzes über Arbeitnehmererfindungen, BT-Dr 14 / 5975, S. 8 (Zu § 43 I).
[437] Nach Bartenbach / Volz, ArbnErfG, § 43 Rn. 10.
[438] Fleuchaus / Braitmayer, GRUR 2002, 653, 656; zu möglichen Ausnahmen siehe oben Ausführungen zur Unabdingbarkeit der Neuregelung.
[439] Beyerlein, NZA 2002, 1020, 1023.
[440] Beyerlein, NZA 2002, 1020, 1023.

VI) Verfassungsmäßigkeit der Neuregelung

Den Schwerpunkt der Untersuchung stellt in diesem Zusammenhang insbesondere die Verfassungsmäßigkeit der gesetzlichen Neuregelung in Hinblick auf die Gesetzgebungskompetenz des Bundes und die Forschungsfreiheit des einzelnen Hochschulwissenschaftlers aus Art. 5 III 1 GG dar. Eine Besonderheit des Arbeitnehmererfindungsrechts im Hochschulbereich ist die unmittelbare Geltung der Grundrechte im Verhältnis zwischen Hochschulangehörigen und Dienstherrn.[441] Speziell auch vor diesem Hintergrund ergibt sich die Frage der verfassungsrechtlichen Zulässigkeit der Abschaffung des Hochschullehrerprivilegs aus § 42 ArbnErfG a.F.

Ebenso gilt es die Wahrung des Gleichheitsgebots aus Art. 3 I GG im Hinblick auf die sich aus der Neuregelung des § 42 ArbnErfG ergebende vergütungsrechtliche Ungleichbehandlung von Hochschulangestellten und anderen Angestellten im öffentlichen Dienst zu prüfen.

Untersuchungsgegenstand ist hierbei abstrakt das Gesetz, d.h. die Vorschrift des § 42 ArbnErfG n.F. selbst.

1) Formelle Verfassungsmäßigkeit

Die ausschließliche Gesetzgebungskompetenz des Bundes für den Bereich des gewerblichen Rechtsschutzes ergibt sich aus Art. 73 Nr. 9 GG. Zu diesem Rechtsgebiet gehören alle Rechtssätze, die dem Schutz des geistigen Schaffens auf gewerblichem Gebiet dienen. Hierzu zählen u. a. Regelungen, die das Recht der Patentierung und der wirtschaftlichen Verwertung von Erfindungen betreffen.
Zwar berührt das Recht der Arbeitnehmererfindungen letztlich auch das Arbeits- bzw. Dienstrecht i.S.v. Art. 74 I Nr. 12 GG. Bei dem Hochschullehrerprivileg handelt es sich jedoch nicht um eine speziell hochschul- oder dienstrechtliche Norm, sondern um eine Teilregelung auf dem Gebiet des gewerblichen Rechtsschutzes, die systemgerecht einen Teil des Gesetzes über Arbeitnehmererfindungen bildet.[442]

Im Rahmen der Novellierung des § 42 ArbnErfG ist daher Art. 73 Nr. 9 GG insoweit als der speziellere und damit vorrangige Kompetenztitel anzusehen. Die Gesetzgebungskompetenz für die im ArbnErfG geregelte Materie liegt daher beim Bund. Die Länder können in diesem Bereich keine Vorschriften erlassen.

Hinsichtlich der Einhaltung des ordnungsgemäßen Gesetzgebungsverfahrens sowie der einschlägigen Formvorschriften ergeben sich keine Bedenken.

---

[441] Böhringer, NJW 2002, 952, 953.
[442] Begründung zum Entwurf eines Gesetzes zur Änderung des Gesetzes über Arbeitnehmererfindungen, BT-Dr 14 / 5975, S. 8; Bartenbach / Volz, ArbnErfG, Einleitung vor §§ 40-42 Rn. 3.

2) Materielle Verfassungsmäßigkeit

Des Weiteren müsste das Gesetz auch in materieller Hinsicht verfassungsgemäß sein. Möglich scheint hier ein Konflikt der Neuregelung mit der Wissenschaftsfreiheit aus Art. 5 III 1 GG sowie mit dem Gleichheitsgebot des Art. 3 I GG.

a) Konflikt des Gesetzes mit der Wissenschaftsfreiheit, insbes. der Publikationsfreiheit gem. Art. 5 III 1 GG:

Im Folgenden gilt es zu untersuchen, ob die infolge der Novellierung nun auch den Hochschulwissenschaftler und damit auch Hochschullehrer treffende Meldepflicht i.S.v. § 5 ArbnErfG, die Anzeigepflicht des § 42 Nr. 1 S. 1 ArbnErfG n.F bei Offenbarungsabsicht sowie das Recht der Hochschule zur unbeschränkten und beschränkten Inanspruchnahme der Diensterfindung gem. §§ 6, 7 ArbnErfG den einzelnen Hochschulwissenschaftler ungerechtfertigt in seiner verfassungsrechtlich garantierten Freiheit aus Art. 5 III 1 GG verletzen bzw. ob in den einzelnen Pflichten in Zukunft ein Eingriff in den Schutzbereich gesehen werden kann und dieser gegebenenfalls gerechtfertigt ist.

aa) Wissenschaftsfreiheit des Art. 5 III 1 GG

Zunächst ist auf das hier im Mittelpunkt der Untersuchung stehende Grundrecht der Wissenschaftsfreiheit aus Art. 5 III 1 GG einzugehen.

(1) Schutzbereich

Vorab soll der Schutzbereich der Wissenschaftsfreiheit in sachlicher und persönlicher Hinsicht bestimmt werden.

(a) Sachlicher Schutzbereich

Die Wissenschaftsfreiheit gehört – wie ihr Standort in Art. 5 GG ausweist – in den Zusammenhang der Grundrechte des freien Denkens und der freien Meinungsäußerung.
Der Schutzbereich der Wissenschaftsfreiheit wird durch die Begriffe Wissenschaft, Forschung und Lehre bestimmt, da Art. 5 III 1 GG neben der Freiheit der Wissenschaft diejenige von Forschung und Lehre nennt. Damit soll der Schutzbereich des Grundrechts jedoch nicht erweitert, sondern lediglich der Begriff der Wissenschaft erläutert werden. Es handelt sich daher nicht um ein Nebeneinander dreier Grundrechte, vielmehr bildet der Begriff der Wissenschaft den Oberbegriff.[443] Da die For-

---

[443] BVerfG v. 29.05.1973, BVerfGE 35, 79, 113; v.Münch / Kunig – Wendt, Art. 5 Rn. 100; Maunz / Dürig – Scholz, Art. 5 Rn. 85; abweichend Blankenagel, AöR 105 (1980) 35, 70, der den Begriff der

schung schon materiell elementarer Bestandteil der Wissenschaftsfreiheit ist, hat die selbständige Nennung der Freiheit der Forschung in Art. 5 III 1 GG nur klarstellenden bzw. deklaratorischen Charakter.[444]

Nach der Rechtsprechung des BVerfG ist wissenschaftliche Forschung jede Tätigkeit, die nach Inhalt und Form als ernsthafter planmäßiger Versuch zur Ermittlung der Wahrheit anzusehen ist.[445] In der Literatur wird teilweise zusätzlich ein gewisser Kenntnisstand sowie ein methodisches Vorgehen verlangt.[446] Die Freiheit der Forschung umfasst insbesondere die Fragestellung, die Grundsätze der Methodik sowie die Bewertung des Forschungsergebnisses und seine Verbreitung.[447] Demgemäß garantiert Art. 5 III 1 GG die Freiheit, im wissenschaftlichen Erkenntnisprozess von staatlichen Zwängen unbehelligt zu bleiben[448] und bietet einen durchgreifenden Schutz auch vor verhältnismäßig geringfügigen Beeinträchtigungen.[449]
In § 4 II 1 HRG hat der Gesetzgeber die Definition der Freiheit der Forschung i.S.d. Art. 5 III 1 GG aus dem Hochschulurteil des Bundesverfassungsgerichts von 1973[450] übernommen, indem er festsetzte, die Freiheit der Forschung umfasse die Fragestellung, die Grundsätze der Methodik sowie der Bewertung des Forschungsergebnisses und seine Verbreitung.

Der spezifische Charakter wissenschaftlicher Betätigung wird darin gesehen, dass es der Wissenschaft stets um einen ernsthaften, auf einen gewissen Kenntnisstand aufbauenden Versuch der Wahrheitsfindung geht, der sich durch methodisch geordnetes und kritisch reflektierendes Denken auszeichnet.[451] Verfassungsrechtlich geschützt werden somit die auf wissenschaftlicher Eigengesetzlichkeit beruhenden Prozesse, Verhaltensweisen und Entscheidungen beim Auffinden von Erkenntnissen, ihrer Deutung und Weitergabe.[452] Damit schützt das Grundrecht der Wissenschaftsfreiheit in der Person des Wissenschaftlers drei Tätigkeitsbereiche: Den Prozess wissenschaftlicher Betätigung in Forschung und Lehre, die wissenschaftliche Erkenntnis als „Objektivation" von Forschungs- und Lehrfreiheit, d.h. das objektivierende Ergebnis und den objektivierten Zustand der Grundrechtsausübung[453] sowie die Verbreitung, Publikation und sonstige Vermittlung wissenschaftlicher Erkenntnisse,[454] kurz den gesamten Forschungskreislauf[455].

Wissenschaft auf außeruniversitäre Forschung beschränken und nur die Begriffe Forschung und Lehre der Universität zuordnen will.
[444] Maunz / Dürig – Scholz, Art. 5 III Rn. 9.
[445] BVerfG v. 29.05.1973, BVerGE 35, 79, 113.
[446] AK-GG, Art. 5 III Rn. 14; Dreier - Pernice, GG, Art. 5 III (Wissenschaft) Rn. 23; Maunz / Dürig – Scholz, Art. 5 III Rn. 91.
[447] Kraßer / Stricker, S. 35/36.
[448] BVerfG v. 01.03.1078, BVerfGE 47, 327, 378.
[449] Kraßer / Stricker, S. 36.
[450] BVerfG v. 29.05.1973, BVerfGE 35, 79, 113.
[451] BVerfG v. 29.05.1973, BVerfGE 35, 79, 113; Sachs, S. 318 Rn. 107; v.Brünneck, JA 1989, 165, 167.
[452] BVerfG v. 01.03.1978, BVerfGE 47, 327, 367.
[453] Maunz / Dürig – Scholz, Art. 5 III Rn. 3.
[454] Maunz / Dürig – Scholz, Art. 5 III Rn. 83.
[455] Begriff nach Krüger in: Handbuch des Wissenschaftsrechts (1996), S. 261, 276.

(b) Persönlicher Schutzbereich

Die Grundrechtsträgerschaft des Art. 5 III 1 GG ist mit dem Tatbestand der wissenschaftlichen Betätigung qualifikationsmäßig verbunden: Nur derjenige ist legitimierter Grundrechtsträger, welcher tatsächlich Wissenschaft, d.h. Forschung und Lehre im verfassungsmäßigen Sinne, ausübt oder ausüben will.[456] Den Hochschullehrern steht das Grundrecht der Wissenschaftsfreiheit nach Art. 5 III 1 GG daher in umfassendem Umfang zu.[457] Man könnte sie sogar als geborene Rechtssubjekte der Wissenschaftsfreiheit bezeichnen,[458] da sie unmittelbar kraft ihres Amtes an der Grundrechtsgarantie teilhaben.[459] Folglich ist auch nach der engen Auffassung der Literatur zum sachlichen Schutzbereich derselbe eröffnet, da die Tätigkeit des Hochschullehrers den erforderlichen Kenntnisstand sowie methodisches Vorgehen mit sich bringt. Zudem gehört wissenschaftliche Betätigung gem. § 43 I 1 HRG zur dienstlichen Aufgabe der Hochschullehrer. Die Grundrechtsausübung verwirklicht sich damit als Dienstaufgabe im Rahmen eines Dienstverhältnisses im öffentlichen Dienst. In diesem Sinne konkretisiert das auf Art. 75 Nr. 1a GG beruhende Hochschulrahmengesetz die Freiheit der Wissenschaft und Forschung des Art. 5 III 1 GG.

(2) Grundrechtsverpflichteter

Gesetzgebung, Verwaltung und Rechtsprechung sind gemäß der Bestimmung des Art. 1 III GG unmittelbar an die Grundrechte gebunden, was ohne Einschränkung auch für den Bereich des geistigen Eigentums gilt.[460]
Indem das Grundrecht aus Art. 5 III 1 GG die wissenschaftliche Betätigung gegen staatliche Eingriffe schützt und dieser Schutz jedem zusteht, der wissenschaftlich tätig ist oder tätig werden will,[461] ist es zunächst ein Abwehrrecht des Einzelnen gegen den Staat. Prinzipiell richtet sich der Grundrechtsschutz daher gegen die öffentliche Gewalt i.S.v. Art. 1 III GG. Auch die Universität kann als öffentliche Verwaltung Adressatin der individuellen Wissenschaftsfreiheit sein.[462] Ihr Schutzbereich gegenüber dem Staat ändert nichts daran, dass sie in der Relation zu anderen individuellen Rechtsträgern grundrechtsverpflichtet ist.[463]
Als Körperschaft des öffentlichen Rechts ist damit auch die Hochschule grundrechtsverpflichtet.[464]

---

456 BVerfG v. 16.01.1963, BVerfGE 15, 256, 263; BVerfG v. 29.05.1973, BVerfGE 35, 79, 112.; Maunz / Dürig – Scholz, Art. 5 III Rn. 119; Krüger in: Handbuch des Wissenschaftsrechts (1996), S. 261, 278.
457 Maunz / Dürig – Scholz, Art. 5 III Rn. 121.
458 Vgl. Maunz / Dürig – Scholz, GG, Art. 5 III Rn. 121; Sachs – Bethge, GG, Art. 5 Rn. 207.
459 Sachs – Bethge, GG, Art. 5 Rn. 207.
460 Fechner, S. 187.
461 BVerfG v. 29.05.1973, BVerfGE 35, 79, 112.
462 Sachs – Bethge, GG, Art. 5 Rn. 219.
463 Sachs – Bethge, GG, Art. 5 Rn. 219.
464 OVG Berlin, JZ 1973, 209, 210; v. Münch / Kunig – Wendt, Art. 5 Rn. 104; Krüger in: Handbuch des Wissenschaftsrechts, Bnd. 1, S. 279; Laubinger in: Handbuch des Wissenschaftsrechts, Bnd.1, S. 409.

Ergänzend ergibt sich aus § 4 I HRG die Verpflichtung von Land und Hochschule, sicherzustellen, dass die Mitglieder der Hochschule die durch Art. 5 III 1 GG verbürgten Grundrechte wahrnehmen können.[465] Das einzelne Hochschulmitglied wird damit für seine Grundrechtsverwirklichung nicht nur unter den Schutz des Landes gestellt, vielmehr erscheint auch die Hochschule als Garant des Grundrechts.[466]

Staat und Hochschule sind allerdings nur insoweit zum Schutz verpflichtet, wie einem Hochschulmitglied die Grundrechte aus Art. 5 III 1 GG auch zustehen.[467] Dies gilt es im Folgenden bezogen auf die Meldepflicht gem. § 5 ArbnErfG, die Anzeigepflicht des § 42 Nr. 1 S. 1 ArbnErfG n.F. bei Offenbarungsabsicht sowie die unbeschränkte Inanspruchnahme gem. §§ 6, 7 ArbnErfG zu untersuchen.

bb) Meldepflicht, § 5 ArbnErfG

Nach dem Wegfall der Privilegierung des Hochschullehrers trifft nunmehr auch ihn nach § 5 ArbnErfG die Pflicht, der Hochschule jede schutzfähige Diensterfindung unverzüglich zu melden. Fraglich ist, ob allein diese Meldepflicht in den Schutzbereich des Art. 5 III 1 GG eingreift.

Auch bei Bestehen einer Meldepflicht hinsichtlich der fertig gestellten Diensterfindung bleibt das Recht des Hochschullehrers, über Gegenstände, Ziele und Methoden seiner wissenschaftlichen Arbeit frei zu entscheiden, unangetastet. Die Mitteilungspflicht des § 5 ArbnErfG stellt lediglich eine zusätzliche Pflicht aus dem Dienstverhältnis dar, welche den Hochschullehrer nicht in seiner Tätigkeit als Wissenschaftler tangiert. Vor dem Hintergrund des grundgesetzlich garantierten Inhalts der Wissenschaftsfreiheit, welche den gesamten Forschungskreislauf von den einzelnen Vorbereitungshandlungen bis hin zur Fertigstellung und Verwertung der Erfindung schützt, greift die Pflicht zur unverzüglichen Meldung von Erfindungen daher weder in den durch Art. 5 III 1 GG geschützten Bereich der Forschung noch in den der Lehre ein. Denn durch die bloße Pflicht zur Meldung einer fertig gestellten Erfindung wird der Prozess der Gewinnung und Vermittlung wissenschaftlicher Erkenntnisse nicht beeinflusst.

Auch die von der Wissenschaftsfreiheit des Art. 5 III 1 GG mitumfasste negative Publikationsfreiheit, d.h. das Recht, eine Erfindung nicht zu offenbaren und daher auch nicht zu melden, ist durch die Neuregelung der Behandlung von Hochschulerfindungen nicht tangiert. Da dem Hochschulwissenschaftler gem. § 42 Nr. 2 ArbnErfG n.F. die Möglichkeit verbleibt, eine Offenbarung der Erfindung aufgrund seiner Lehr- und Forschungsfreiheit abzulehnen und die Geltendmachung dieses Rechts wie bereits dargestellt ein Ruhen der Meldepflicht zur Folge hat, ist auch insoweit kein Eingriff in die Wissenschaftsfreiheit des Art. 5 III 1 GG ersichtlich.

---

[465] Reich, HRG, § 4 Rn. 1.
[466] Reich, HRG, § 4 Rn. 1.
[467] Reich, HRG, § 4 Rn. 1.

Die Meldepflicht des § 5 ArbnErfG stellt daher keinen Eingriff in den Schutzbereich des Art. 5 III 1 GG dar.

cc) Anzeigepflicht des § 42 Nr. 1 S. 1 ArbnErfG n.F. bei Offenbarungsabsicht

Gem. § 42 Nr. 1 ArbnErfG n.F. ist der Erfinder berechtigt, die Diensterfindung im Rahmen seiner Lehr- und Forschungstätigkeit zu offenbaren, wenn er dies dem Dienstherrn rechtzeitig, in der Regel zwei Monate zuvor, angezeigt hat. Es stellt sich daher auch in diesem Zusammenhang die Frage, ob diese Anzeigepflicht bei Offenbarungsabsicht in den Schutzbereich des Art. 5 III GG eingreift.

Dem Landgericht Braunschweig lag in diesem Zusammenhang im September 2003 ein Fall zur Entscheidung vor, in dem der Kläger, ein Hochschullehrer und Direktor der kieferorthopädischen Abteilung einer Universitätsklinik, auf Feststellung klagte, dass er nicht verpflichtet sei, seinem Dienstherrn die geplante Offenbarung einer von ihm getätigten Erfindung anzuzeigen oder zu melden.[468]
Im Vorfeld hatte sich der Kläger geweigert, die Erfindung vor Offenbarung anzuzeigen oder zu melden. Durch die seitens der Hochschule angedrohten dienstrechtlichen Konsequenzen und Schadensersatzansprüche sah er sich jedoch gehindert, seine Studenten über den neusten Wissensstand zu unterrichten. Der Kläger hielt die Neuregelung des § 42 ArbnErfG für unvereinbar mit seiner Wissenschaftsfreiheit aus Art. 5 III GG und wollte die Erfindung wie bisher selbst patentieren.
Mit Beschluss vom 17. September 2003 setzte das Landgericht Braunschweig das Verfahren gem. Art. 100 I GG aus und legte den Fall dem Bundesverfassungsgericht zur Entscheidung vor, da es davon überzeugt war, dass § 42 Nr. 1 S. 1 ArbnErfG n.F. gegen die Freiheit der Wissenschaft und Lehre aus Art. 5 III GG verstoße und damit verfassungswidrig sei.[469]

Nach Auffassung des Landgerichts[470] war der Feststellungsantrag des Klägers im Ausgangsverfahren so zu verstehen, dass dieser sich nicht nur gegen die Anzeigepflicht als solche wandte, sondern auch gegen die Pflicht, mit Offenbarungen der Erfindung bis zu deren Freigabe durch den Dienstherrn zu warten. Die vorgelegte Norm enthalte eine solche Pflicht. Durch das Verbot der Offenbarung während der Prüfungsfrist greife die Vorschrift in die in Art. 5 III GG geschützte Publikationsfreiheit des Klägers ein. Der Eingriff könne auch nicht durch kollidierendes Verfassungsrecht gerechtfertigt werden. Art. 14 I GG scheide zu diesem Zweck aus, da die Hochschule nicht Trägerin des Grundrechts sei. Auf die Wissenschaftsfreiheit könne sich zwar auch die Hochschule berufen, das Grundrecht umfasse jedoch nicht das Recht zur kommerziellen Verwertung wissenschaftlicher Erkenntnisse.

Das Bundesverfassungsgericht hat mit Beschluss vom 12. März 2004 gem. § 81 a BVerfGG die Unzulässigkeit dieser Vorlage festgestellt.[471]

---

[468] Landgericht Braunschweig, Mitt. 2004, 74, 74 (selbststabilisierendes Knie).
[469] LG Braunschweig, Mitt. 2004, 74, 74 (selbststabilisierendes Knie).
[470] Vgl. im Folgenden: LG Braunschweig, Mitt. 2004, 74, 74f. (selbststabilisierendes Knie).
[471] BVerfG, 1 BvL 7/03 vom 12.03.2004.

Es begründete seine Feststellung damit, dass vor Anrufung des Bundesverfassungsgerichts auch zu prüfen ist, ob ein verfassungswidriges Ergebnis durch verfassungskonforme Auslegung der in Frage stehenden Vorschrift vermieden werden kann. Lassen der Wortlaut, die Entstehungsgeschichte, der Gesamtzusammenhang der einschlägigen Regelung und deren Sinn und Zweck mehrere Deutungen zu, von denen eine zu einem auch nach Auffassung des vorlegenden Gerichts verfassungsgemäßen Ergebnis führt, so ist diese nach ständiger Rechtsprechung des Bundesverfassungsgerichts geboten.[472]
Diesen Anforderungen genügte die Vorlage nach Ansicht der Richter am Bundesverfassungsgericht nicht. Vielmehr habe das Landgericht Braunschweig sich nicht ausreichend mit der Möglichkeit einer verfassungskonformen Auslegung befasst, sondern der Bestimmung des § 42 Nr. 1 S. 1 ArbnErfG n.F. im Gegenteil einen besonders restriktiven Sinn gegeben.[473]

Nach Auffassung des Landgerichts Braunschweig ist es nicht die Anzeigepflicht aus § 42 Nr. 1 S. 1 ArbnErfG n.F. als solche, die den Kläger des Ausgangsverfahrens in seiner Wissenschaftsfreiheit beeinträchtigt. Vielmehr ist es die vom Landgericht Braunschweig als weiterer Inhalt der vorgelegten Norm angenommene Pflicht des Hochschullehrers, lehr- und forschungsassoziierte Offenbarungsvorhaben während einer Prüfungsfrist oder gar bis zur Freigabe der Erfindung durch den Dienstherrn zurückzustellen.[474]
Damit wird der Bestimmung jedoch ein restriktiverer Sinn gegeben, als ihr nach ihrem Wortlaut zukommt, denn von dem Erfordernis einer Freigabe und einer etwa erforderlich werdenden Verlängerung der Zwei-Monats-Frist enthält der Wortlaut des Gesetzes nichts. Im Gegenteil ist die Zwei-Monats-Frist nur eine Regelfrist, die verkürzt werden kann. Im Regelfall wird diese Frist auch reichen, da weder in der Forschung noch in der Lehre die Offenbarung neuheitsschädlicher Publikationen ohne jeden Vorlauf erfolgt.[475] Das Landgericht Braunschweig hätte jedenfalls prüfen müssen, ob verbleibende Fälle, in denen lehr- und forschungsassoziierte Offenbarungsabsichten aus Gründen der Lehr- und Forschungsfreiheit auch diesen Aufschub nicht dulden, nicht mit Hilfe des Merkmals der „rechtzeitigen" Anzeige verfassungskonform bewältigt werden können.[476] Dies ist im Ergebnis zu bejahen.
Der Begriff „rechtzeitig" bezieht sich auf die Möglichkeit des Dienstherrn, innerhalb dieses Zeitraums vor Offenbarung eine Schutzrechtsanmeldung im Inland bzw. eine prioritätswahrende Auslandsanmeldung gem. § 13 ArbnErfG durchzuführen.[477] Er erstreckt sich also auf den Zeitraum zwischen Anzeige und Offenbarung, kennzeichnet somit die dem Erfinder zumutbare Wartezeit.[478] Den Beginn dieser Wartezeit kann der Hochschulwissenschaftler jedoch mit einer möglichst frühzeitigen Meldung selbst steuern. Darüber hinaus ist nicht ausgeschlossen, dass unter Würdigung der

---

[472] BVerfG v. 01.03.1978, BVerfGE 48, 40, 45f.; BVerfG v. 18.12.1984, BVerfGE 68, 337, 344; BVerfG v. 09.01.1991, BVerfGE 83, 201, 214f.; BVerfG v. 12.05.1992, BVerfGE 86, 71, 77; BVerfG v. 30.03.1993, BVerfGE 88, 145, 166; BVerfG, 1 BvL 7/03 vom 12.03.2004.
[473] BVerfG, 1 BvL 7/03 vom 12.03.2004.
[474] Vgl. LG Braunschweig, Mitt. 2004, 74, 74 (selbststabilisierendes Knie).
[475] BVerfG, 1 BvL 7/03 vom 12.03.2004.
[476] BVerfG, 1 BvL 7/03 vom 12.03.2004.
[477] Bartenbach / Volz, ArbnErfG, § 42 (n.F.) Rn. 85.
[478] Bartenbach / Volz, ArbnErfG, § 42 (n.F.) Rn. 85.

wissenschaftlichen Interessen des Erfinders besondere Umstände im Einzelfall zu einer Verkürzung der Frist führen können.[479] So wurde die Frist bewusst nicht als starre Frist ausgestaltet, sondern als eine Art Regelfrist, die Ausnahmen zulässt und daher flexibel genug ist, um den beiderseitigen Interessen von Hochschule und Hochschulwissenschaftler in Sonderfällen Rechnung zu tragen.[480] Das den Hochschulwissenschaftlern auferlegte Zuwarten dürfte daher überschaubar und damit zumutbar sein und im Ergebnis zu einer Verhaltensanpassung der Wissenschaftler führen.[481]

Mit der verfassungskonformen Auslegung des § 42 Nr. 1 S. 1 ArbnErfG ist daher bereits das Vorliegen eines Eingriffs in den Schutzbereich des Art. 5 III GG durch die Anzeigepflicht bei Offenbarungsabsicht zu verneinen.

dd) Unbeschränkte Inanspruchnahme gem. §§ 6, 7 ArbnErfG

Nach der Neuregelung des § 42 ArbnErfG gelten für Hochschullehrer im Erfindungsfall nunmehr die normalen Regeln der §§ 6, 7 ArbnErfG. Dies gibt der Hochschule das Recht, die Diensterfindungen ihrer Hochschullehrer beschränkt oder unbeschränkt mit der Folge in Anspruch zu nehmen, dass alle vermögenswerten Rechte an der Erfindung auf sie übergehen.

Zu untersuchen ist in diesem Zusammenhang, ob der damit verbundene Verlust des Anspruchs auf vollen wirtschaftlichen Verwertungserlös einerseits sowie andererseits der Verlust der Verwertungsbefugnis an sich Eingriffe in den Schutzbereich des Art. 5 III 1 GG darstellen und ob diese gegebenenfalls gerechtfertigt sind.

(1) Dogmatischer Hintergrund

Das Recht des Arbeitgebers aus §§ 6, 7 ArbnErfG auf Inanspruchnahme der Diensterfindungen seiner Arbeitnehmer leitet sich grundsätzlich aus dem Schutz der arbeitsteiligen Unternehmensorganisation ab, den Art. 2, 12 GG gewährleistet. Ausgangspunkt für die Regelung der §§ 6, 7 ArbnErfG bildet die Idee, dass der Arbeitgeber als im Wettbewerb stehendes Unternehmen die Erfindung aus eigenem Interesse bestmöglich gewerblich ausnutzen und schützen wird.[482]

Dieser Rechtsgedanke ist für die Hochschullehrer nicht zutreffend, da die Hochschule kein Unternehmen, sondern eine Bildungseinrichtung ist. Eine bestmögliche gewerbliche Nutzung der Erfindung durch die Hochschule selbst ist zum jetzigen Zeitpunkt noch nicht in der erforderlichen Weise gewährleistet; sie kann allenfalls die Patentierung und die anderweitige Verwertung der Erfindung abwickeln. Daraus ergibt

---

[479] So auch Bartenbach / Volz, ArbnErfG, § 42 (n.F.) Rn. 85.
[480] Vgl. auch Beyerlein, Anmerkung zu LG Braunschweig (selbststabilisierendes Knie), Mitt. 2004, 75, 75.
[481] Godt, WissR 2003, 24, 32f.
[482] Bartenbach / Volz, ArbnErfG, § 9 Rn. 89; Reimer / Schade / Schippel, ArbnErfG, § 9 Rn. 37.

sich, dass ein Inanspruchnahmerecht schon vom Grundsatz her nur dann gerechtfertigt sein kann, wenn die Schutzrechtsverwertung und -verteidigung seitens der Hochschule gewährleistet ist.

Weiterhin ist das Inanspruchnahmerecht von dem Gedanken getragen, dass der Arbeitnehmer seine Arbeit weisungsabhängig verrichtet, was auf Hochschullehrer nicht zutrifft. Diesen kommt, da die Hochschule gem. § 58 I 1 HRG zugleich Körperschaft des öffentlichen Rechts und staatliche Einrichtung ist, ein Doppelstatus zu: Sie sind sowohl Angehörige des öffentlichen Dienstes als auch staatsfreie Grundrechtsträger.[483] Ihre Dienstaufgabe ist es, sich frei und eigenverantwortlich um Erkenntnisse im Interesse der Allgemeinheit zu bemühen und dieser zur Verfügung zu stellen.[484] Auch auf Art. 5 III 1 GG ist es zurückzuführen, dass für die Professoren bei der Erfüllung ihrer wissenschaftlichen Aufgaben der Grundsatz der Weisungsfreiheit gilt. Diese Freistellung von Weisungen bei der Wahrnehmung ihrer Dienstaufgaben hat für die Stellung der Hochschullehrer zur Folge, dass sie, entgegen allen anderen Beamten, keinen Vorgesetzten im ursprünglichen Sinne haben, der sie bei ihrer Aufgabenerledigung überwachen und ihnen Weisungen erteilen könnte.[485] Art. 5 III 1 GG verleiht den deutschen Hochschullehrern damit über die allgemeine beamtenrechtliche Regelung hinaus eine weitgehende Unabhängigkeit bei der Ausübung ihres Berufs.[486]
Der Hochschullehrer ist damit zur Wahrung der Unabhängigkeits- und Selbständigkeitsvoraussetzungen seines Amtes ebenso verpflichtet, wie die Hochschule ihm diese sichern muss.[487] Daraus ergibt sich, dass seine hochschulrechtliche Stellung durch Selbständigkeit der Zweckbestimmung und Weisungsfreiheit gekennzeichnet ist. Er soll gerade nicht in eine arbeitsteilige, fremdbestimmte Organisation eingegliedert werden, sondern seine Arbeitsorganisation im Rahmen seiner Tätigkeit an der Hochschule selbst bestimmen.

Aus dem oben Ausgeführten ergibt sich, dass sich die Beziehung des Hochschullehrers zur Hochschule kontrovers zur Beziehung des Arbeitnehmererfinders zu seinem Arbeitgeber verhält. Im Ergebnis steht der selbständige Hochschullehrer demnach zwar in der Form, nicht aber in der Funktion einem Arbeitnehmererfinder gleich. Die Beweggründe und Leitgedanken, die hinter dem Recht zur Inanspruchnahme einer Diensterfindung stehen, lassen sich daher nicht ohne weiteres auf die Situation der Hochschullehrer nach der Novellierung des § 42 ArbnErfG übertragen.

(2) Verlust der Verwertungsbefugnis

Eine unbeschränkte Inanspruchnahme der Erfindung seitens der Hochschule hat nicht nur den offenkundig fühlbaren Verlust des Rechts auf Erhalt des vollen Verwertungserlöses für den Hochschullehrer zur Folge. Da gem. § 7 I ArbnErfG mit der un-

---

483 Maunz / Dürig – Scholz, Art. 5 Rn. 141 und 172; Oppermann, HdbStR VI, § 145 Rn. 34 (S. 829).
484 BGH v. 27.09.1990, NJW 1991, 1480, 1482 - Grabungsmaterialien.
485 Scheven in: Handbuch des Wissenschaftsrechts, Bnd. 1, S. 361.
486 BVerfG v. 17.12.1953, BVerfGE 3, 58, 151; BVerwG v. 22.04.1977, BVerwGE 52, 313, 331.
487 Hailbronner, S. 73 ff.; 101 f.; 259, 260.

beschränkten Inanspruchnahme alle vermögenswerten Rechte an der Erfindung automatisch auf die Hochschule übergehen, verliert er infolge der unbeschränkten Inanspruchnahme auch die Verwertungsbefugnis an sich.

Dieser Verlust der Verwertungsbefugnis könnte einen Eingriff in den Schutzbereich der Wissenschaftsfreiheit aus Art. 5 III 1 GG darstellen. Geschützt wird durch dieses Grundrecht insbesondere auch die Weitergabe und Verbreitung von Forschungsergebnissen.[488] Unter Verbreitung und Weitergabe könnte im weitesten Sinne auch die Verwertung subsumiert werden. Da die Verwertung der Forschungsergebnisse jedoch am Ende des Forschungsprozesses steht bzw. diesem nachgeschaltet ist, ist fraglich, inwiefern sie noch unter Art. 5 III 1 GG fällt.

(a) Schutzbereichseröffnung

Zunächst müsste der Schutzbereich der Wissenschaftsfreiheit eröffnet sein. Die Frage, ob die Verwertungsfreiheit überhaupt durch Art. 5 III 1 GG geschützt ist, wird hierbei kontrovers behandelt.

(aa) Art. 12, 14 GG

Teilweise wird eine Eröffnung des Schutzbereichs der Wissenschaftsfreiheit mit der Begründung verneint, die Erfindungsverwertung habe keinen Einfluss auf den wissenschaftlichen Erkenntnisprozess, welcher von Art. 5 III 1 GG geschützt ist. Die Verwertung der Forschungsergebnisse stehe vielmehr am Ende des Forschungsprozesses bzw. sei diesem nachgeschaltet.
Als Wissenschaft werde jede Tätigkeit bezeichnet, die nach Inhalt und Form als ernsthafter planmäßiger Versuch zur Ermittlung der Wahrheit angesehen werden kann.[489] Daher genieße nur die Forschungstätigkeit an sich den Schutz des Art. 5 III 1 GG, das Ergebnis der Tätigkeit sei nicht von Relevanz.[490]
Zwar habe die Wissenschaftsfreiheit grundsätzlich Vorrang vor der Eigentumsfreiheit, was sich aus dem stärkeren grundrechtlichen Schutz der Forschungsfreiheit ergebe.[491] Für die weitere wirtschaftliche Verwertung wissenschaftlicher Ergebnisse seien aber nur die wirtschaftsbezogenen Grundrechte des Art. 12 I und 14 GG maßgeblich.[492]

Bei der wirtschaftlichen Verwertung der Erkenntnisse oder Forschungsergebnisse trete Art. 5 III GG daher hinter Art. 12 I, 14 I GG zurück.[493] Soweit Art. 5 III 1 GG auch die wissenschaftliche Forschung vor Verwertungseingriffen schütze, werde das Ver-

---

[488] Frieling, GRUR 1987, 407, 408.
[489] BVerfG v. 29.05.1973, BVerfGE 35, 79, 115; BVerfG v. 01.03.1978, BVerfGE 47, 327, 367.
[490] Fechner, S. 330.
[491] Fechner, S. 330.
[492] Sachs, S. 319 Rn.109; Oppermann, HdbStR VI, § 145 Rn. 17 (S. 818); Für Art. 12 GG: Jarass / Pieroth – Jarass, Art. 5 Rn. 122.
[493] Maunz / Dürig – Scholz, Art. 5 III Rn. 84; Oppermann, HdbStR VI, § 145 Rn. 17 (S. 818); Schmaltz, Mitt. 2004, 504.

wertungsrecht und die Verwertungstätigkeit selbst durch die Art. 2, 12, 14 GG geschützt.[494]

(bb) Art. 5 III 1 GG

Ebenso lässt sich jedoch die Ansicht vertreten, die Wissenschaftsfreiheit des Art. 5 III 1 GG sichere ebenfalls das Recht auf Verwertung.
Zwar umfasst die Wissenschaftsfreiheit an sich nicht das Recht zur kommerziellen Nutzung von Forschungsergebnissen,[495] jedoch könnte die Verwertung einer Erfindung als Teil der von der Forschungsfreiheit mitumfassten Publikationsfreiheit geschützt sein.

Unter Publikationsfreiheit versteht man das Recht des Wissenschaftlers zu entscheiden, wie, wann und unter welchen Umständen seine Forschungsergebnisse in der Öffentlichkeit verbreitet werden.[496] Die Forschungsfreiheit umfasst nicht nur die eigentliche Forschung, also die schöpferische Gedankenarbeit, sondern auch die zu ihrer Vorbereitung und Nachbereitung notwendigen und typischerweise als wissenschaftlich bezeichneten Arbeiten.[497] Dazu gehört auch die Weitergabe und Verbreitung der Forschungsergebnisse.[498] Ebenfalls gesichert ist somit das Recht auf Veröffentlichung von Forschungsergebnissen.[499] Da die Verbreitung von Forschungsergebnissen auch mit ihrer wirtschaftlichen Verwertung einhergehen kann,[500] erscheint es möglich, den Standpunkt zu vertreten, die Verbreitungsfreiheit müsse im Ergebnis notwendigerweise auch die Verwertungsfreiheit umfassen.[501]

(cc) Stellungnahme

Art. 5 III 1 GG schützt sämtliche Erscheinungsformen wissenschaftlicher Tätigkeit in Forschung und Lehre, die sich in persönlicher und autonomer Verantwortung des einzelnen Wissenschaftlers vollziehen.[502]
Zu trennen ist hier zunächst zwischen dem geistigen Eigentum an einer gemachten Erfindung einerseits und dem Recht des Erfinders auf kommerzielle Verwertung der Erfindung andererseits.

---

494 Volz, Das Recht der Arbeitnehmererfindung im öffentlichen Recht, S. 144; Fechner, S. 186; Frieling, GRUR 1987, 407, 408.
495 Maunz / Dürig – Scholz, Art. 5 III Rn. 84; Entwurf eines Gesetzes zur Änderung des Gesetzes über Arbeitnehmererfindungen, BT-Dr 14 / 5975, S. 5.
496 v.Mangoldt / Klein – Stark, Art. 5 Rn. 331; v.Münch / Kunig – Wendt, Art. 5 Rn. 102; Jarass / Pieroth – Jarass, Art. 5 Rn. 122.
497 Frieling, GRUR 1987, 407, 408.
498 v.Mangoldt / Klein – Starck, Art. 5 III, Rn. 331; Frieling, GRUR 1987, 407, 408.
499 BVerfG v. 29.05.1973, BVerfGE 35, 79, 113; BVerfG v. 01.03.1978, BVerfGE 47, 327, 367; BVerfG v. 11.01.1994, BVerfGE 90, 1, 11 / 12 (Jugendgefährdende Schriften III); BVerfG v. 22.11.2000, BVerGE 102, 254, 307; Jarras / Pieroth – Jarass, Art. 5 Rn. 122; Frieling, GRUR 1987, 407, 408.
500 Frieling, GRUR 1987, 407, 408.
501 So Frieling, GRUR 1987, 407, 408.
502 BVerfG v. 29.05.1973, BVerfGE 35, 79, 113.

Vollen Schutz genießt hierbei das geistige Eigentum des Hochschullehrers an seiner Erfindung, denn auch die Möglichkeit der Inanspruchnahme einer Erfindung durch die Hochschule ändert nichts daran, dass das Recht an der Erfindung zunächst in der Person des Hochschullehrers entsteht, diesem also gehört.[503]

Im Gegensatz dazu könnten im Zusammenhang mit dem Verwertungsrecht eines Erfinders an seiner Erfindung Regelungen, die lediglich die wirtschaftliche Verwertung der Ergebnisse wissenschaftlicher Tätigkeit beschränken, grundsätzlich nicht als Beeinträchtigung des Grundrechts nach Art. 5 III 1 GG in Betracht kommen.[504]
Nach Auffassung des Gesetzgebers gebietet das Grundrecht des Art. 5 III 1 GG nicht die Rechtsinhaberschaft des Hochschullehrers an seinen Forschungsergebnissen, zu der auch das Verwertungsrecht gehört, da die Forschungsfreiheit nicht auch automatisch das Recht auf kommerzielle Nutzung von Wissenschaftserfindungen umfasse.[505] Dieses gewährleiste nur die kommunikative, nicht aber auch die wirtschaftliche Vermittlung.[506]
Schwierig erscheint bei diesem Ansatz jedoch bereits eine klare Definition der Begrifflichkeit „kommerzielle Verwertung". In Abgrenzung zur universitären Lehr- und Forschungsaktivität kann unter kommerzieller Verwertung oder Nutzung jeder Einsatz der Erfindung zu verstehen sein, der nicht nur eine Verwendung als Versuchsgegenstand oder eine Nutzung als Arbeitsmittel im Rahmen des Lehr- und Forschungsbetriebes des Erfinders darstellt. Vom Begriff der kommerziellen Verwertung erfasst wäre damit eine Verwertung im Rahmen entgeltlicher außeruniversitärer Auftragsforschung oder Gutachtentätigkeit, nicht jedoch schon das einzelne Honorar für die Veröffentlichung in einer Fachzeitschrift. Allerdings bleiben auch hier Fälle denkbar, in denen eine Abgrenzung schwierig und nicht eindeutig möglich ist, so dass dieser Ansatz des Ausschlusses kommerzieller Verwertung aus dem Schutzbereich des Art. 5 III 1 GG im Ergebnis nicht überzeugt.
Vielmehr kann eine umfängliche Gewährleistung der durch Art. 5 III GG grundrechtsgeschützten wissenschaftlichen Aktivitäten im Einzelfall auch einen Schutz der wirtschaftlichen Verwertung von Erfindungen bedingen, welche aus wissenschaftlicher Tätigkeit entstehen.
Die Freiheit der Forschung umfasst sämtliche Schritte im Rahmen des Forschungsvorhabens. Da zum Begriff der Wissenschaft auch die spezifisch wissenschaftliche Eigenverantwortung gehört, bedingt wissenschaftliche Betätigung wesensgemäß die Unabhängigkeit und Selbständigkeit des Wissenschaftlers.[507] Der Hochschullehrer muss allein entscheiden dürfen, wann, wie, wo und in welchem Umfang er seine Arbeitsergebnisse der Hochschule oder Dritten zur Verfügung stellt und welche Gegenleistung er hierfür fordert. Die Wissenschaftsfreiheit umfasst somit neben dem Vorgang des wissenschaftlichen Forschens selbst auch die wirtschaftliche Verwertung der aus dieser Forschung hervorgegangenen Erfindung. Dass ein Wissenschaftler seine Erfindung im Normalfall auch verwerten will, liegt bereits im Begriff der Wissen-

---

[503] Vgl. Peter / Runge, Leitfaden zur Gestaltung von Drittmittelverträgen zwischen Hochschule und der Industrie, http://www.gewrs.de/files/leitfaden_duesseldorfer_vertragswerkstatt.pdf, S. 7.
[504] So Maunz / Dürig – Scholz, Art. 5 III Rn. 84; Kraßer / Stricker, S. 36.
[505] Vgl. Amtliche Begründung zum Entwurf eines Gesetzes zur Änderung des Gesetzes über Arbeitnehmererfindungen, BT-Dr 14/5975, S. 5.
[506] So Maunz / Dürig – Scholz, Art. 5 III Rn. 84.
[507] Maunz / Dürig – Scholz, Art. 5 III Rn. 99.

schaftsfreiheit begründet. Das Innehaben der ausschließlichen Verwertungsbefugnis gibt dem Hochschullehrer die Entscheidungsbefugnis über das Schicksal seiner Erfindung und dient somit der Gewährleistung der Unabhängigkeit und Selbständigkeit seiner Forschung und der Pflege selbständiger Wissenschaft. Darüber hinaus ermöglicht die freie Verfügungs- und Verwertungsbefugnis dem Hochschullehrer, die Entwicklung seiner Forschungsarbeit zu steuern und voranzutreiben, seine Forschungsergebnisse in andere Forschungsvorhaben einzubringen sowie Forschungsmittel und -projekte zu akquirieren.
Die Wissenschaftsfreiheit wird daher auch hinsichtlich der vermögensrechtlichen Elemente nicht von der Eigentumsgarantie verdrängt.

Zudem umfasst der Schutzbereich der Wissenschaftsfreiheit auch die Möglichkeit des Hochschulwissenschaftlers, die Entwicklung seiner Forschungsarbeit dadurch zu fördern, dass er zur Finanzierung seiner Tätigkeit Drittmittel aus der freien Wirtschaft und Industrie einwirbt. In aller Regel reicht der Hochschuletat heute nicht mehr zur Finanzierung der Forschung an den Hochschulen aus, so dass sowohl Hochschulen als auch Hochschulwissenschaftler auf eine ergänzende Finanzierung durch Dritte angewiesen sind.[508] So erlangte Drittmittel dienen daher der Gewährleistung der Unabhängigkeit und Selbständigkeit der Forschung des einzelnen Hochschulwissenschaftlers und der Pflege selbständiger Wissenschaft.
Die Zweigleisigkeit der Finanzierung, einmal über die Grundausstattung der Hochschule, zum anderen durch eine gezielte Einwerbung zusätzlicher Drittmittel für einzelne Forscher, ist heute integraler Bestandteil des Systems der Forschungsfinanzierung in der Bundesrepublik Deutschland.[509]
Aus Drittmitteln finanzierte Hochschulforschung kann, wie der Gesetzgeber in § 25 I HRG erkannt hat, in den Rahmen der dienstlichen Aufgaben des Hochschulwissenschaftlers fallen und genießt den vollen Schutz des Art. 5 III 1 GG.[510] Drittmittelforschung trägt der verfassungsrechtlich garantierten Freiheit und Selbstbestimmung des Forschers ebenso Rechnung wie einer sachgerechten Verteilung der Förderungsmittel im Sinne der Wahrung wissenschaftlicher Standards und der Berücksichtigung der gesellschaftlichen Relevanz der Forschungsthemen.[511]

Die mit Neuregelung der Verwertung von Hochschulerfindungen berührten Rechte des Hochschulwissenschaftlers sind somit vom Schutzbereich des Art. 5 III 1 GG mitumfasste Aktivitäten.

Folglich ist der Schutzbereich des Art. 5 III 1 GG eröffnet.

---

[508] Oppermann, HdbStR IV, § 145 Rn. 45 (S. 835).
[509] Oppermann, HdbStR IV, § 145 Rn. 46 (S. 835).
[510] AK-GG – Denninger, § 5 III 1 Rn. 24.
[511] Oppermann, HdbStR IV, § 145 Rn. 46 (S. 835).

(b) Eingriff in den Schutzbereich

Die Neuregelung könnte einen Eingriff in die Wissenschaftsfreiheit des Hochschullehrers bedeuten.
Nach dem klassischen Eingriffsbegriff liegt ein Eingriff immer dann vor, wenn ein Rechtsakt final und unmittelbar freiheitsverkürzend in die Rechtssphäre des Bürgers eingreift, sog. enger Eingriffsbegriff.[512] Da die Begrenzung des Eingriffs auf imperative Maßnahmen dem modernen Eingriffsverständnis nicht mehr gerecht wird, können auch faktisch-mittelbare Maßnahmen einen Eingriff darstellen, vorausgesetzt, dass eine Zurechenbarkeit gegeben ist, sog. weiter Eingriffsbegriff.[513]

Wie andere Freiheitsrechte kann die Wissenschaftsfreiheit in erster Linie durch Ge- oder Verbote berührt werden, die bestimmte wissenschaftliche Forschungen oder Methoden vorschreiben bzw. verbieten oder auf andere geschützte Elemente der Wissenschaftsfreiheit übergreifen, etwa ein Publikationsverbot oder -gebot aufstellen.[514] Soweit Hochschullehrer nach § 43 HRG selbständig die Aufgaben der Hochschule wahrnehmen, zu denen gem. § 22 S. 2 HRG auch die angewandte Forschung und die Forschungskooperation mit der Wirtschaft zählen, wird mit § 43 HRG gleichzeitig eine entsprechende Zuständigkeit für die Verwertung begründet.[515]

Ein Verlust der Verwertungsbefugnis kann sich insbesondere im Hinblick auf die Einwerbung von Drittmitteln und neue Forschungsaufträge beschränkend auswirken. Gerade Industrie und freie Wirtschaft wussten in der Vergangenheit die freie Dispositionsmöglichkeit der Hochschullehrer über ihre Erfindungen ohne Involvierung des Verwaltungsapparats der Hochschule zu schätzen. Der Verlust eben dieser Verwertungsbefugnis könnte bewirken, dass der Hochschullehrer avisierte Forschungsmittel oder -aufträge aus Industrie und freier Wirtschaft nicht mehr erhält und so in der von Art. 5 III 1 GG geschützten Wahl, Planung und Gestaltung seiner wissenschaftlichen Vorhaben eingeschränkt ist.

Auch wenn bereits bei Bestand des § 42 ArbnErfG a.F. keine völlig uneingeschränkte Verwertungsfreiheit bestand – die Freiheitsrechte des einzelnen Hochschullehrers mussten auch unter der Geltung des Hochschullehrerprivilegs durch die Einbindung des Einzelnen in das Hochschulgefüge und zur Wahrung der Interessen von Kollegen Einschränkungen erfahren –, hat sich die Rechtsstellung des Hochschullehrers nach der Novellierung des § 42 ArbnErfG im Hinblick auf die Verwertungsbefugnis erheblich verschlechtert.

Der sich aus den §§ 6, 7 ArbnErfG ergebende Verlust der Verwertungsbefugnis ist daher geeignet, den Hochschullehrer zumindest indirekt in der Wahl und Gestaltung seiner Forschungsarbeit zu beschränken und kann somit ein faktisches Verwer-

---

[512] Vgl. Entscheidungen des BVerfG in: NJW 2002, 2121ff. und 2626ff.; v.Münch / Kunig – v.Münch, Vorb. Art. 1-19, Rn. 51a; Pieroth / Schlink, § 6 Rn. 238; Sachs, S. 101 Rn. 6; Schmidt, S. 68.
[513] BVerfG v. 12.05.1987, BVerfGE 76, 1, 42ff. (Ehegattennachzug); BVerfG v. 23.05.1989, BVerfGE 82, 76ff. (Warnung vor Jugendsekten); BVerfG v. 13.10.1990, BVerfGE 87, 37ff. (Glykolwein); v.Münch / Kunig – v.Münch, Vorb. Art. 1-19, Rn. 51a; Schmidt, S. 69.
[514] Sachs, S. 320 Rn. 117.
[515] Frieling, GRUR 1987, 407, 408.

tungsverbot darstellen. Da im Rahmen des Art. 5 III 1 GG nach dem sog. weiten Eingriffsbegriff[516] jeder, d.h. auch bloß mittelbarer Zwang sowie jede Behinderung im Rahmen wissenschaftlicher Kommunikation und Kooperation vermieden werden muss und vor dem Hintergrund, dass das in Art. 5 III 1 GG garantierte Freiheitsrecht einen durchgreifenden Schutz auch vor verhältnismäßig geringfügigen Beeinträchtigungen bietet, kann ein Eingriff in den Schutzbereich von Art. 5 III 1 GG bejaht werden.

(c) Verfassungsrechtliche Rechtfertigung

Zu prüfen ist nun, ob dieser Eingriff in Art. 5 III 1 GG verfassungsrechtlich zu rechtfertigen ist.

Die Wissenschaftsfreiheit des Art. 5 III 1 GG ist ein schrankenlos gewährtes Grundrecht. Eine Einschränkung durch oder aufgrund eines Gesetzes sieht die Verfassung aufgrund der besonderen Bedeutung freier und staatlich unbeeinflusster Wissenschaft nicht vor.[517] Insbesondere Art. 5 III 2 GG wird in diesem Zusammenhang lediglich eine klarstellende Bedeutung für die Reichweite des grundrechtlichen Schutzgegenstandes zuerkannt.[518]

Der verfassungsrechtlichen Garantie der Wissenschaftsfreiheit liegt jedoch – ebenso wie den anderen grundgesetzlich gewährten Freiheiten – ein Menschenbild zugrunde, welches von Individuen ausgeht, die sich innerhalb einer sozialen Gemeinschaft frei entfalten.[519] Diese Gemeinschaftsbezogen- und -gebundenheit des Einzelnen korrespondiert mit einer „gemeinschaftsbezogenen" Auslegung auch schrankenlos gewährleisteter Grundrechte.[520]
Weil der Einzelne vom Grundgesetz als sozial eingebundenes Wesen gesehen wird, müssen auch die Freiheitsrechte des Einzelnen da ihre Grenzen finden, wo Rechte anderer aus Gründen des Gemeinwohls Berücksichtigung zu finden haben, vorausgesetzt diese genießen ebenfalls Verfassungsrang. Diese Rechtsprechung beruht auf der Überzeugung, dass das Grundgesetz eine innere Einheit darstellt.[521] Dies hat zur Folge, dass kein einziges Grundrecht ohne Rücksicht auf die übrigen Grundrechte und Wertentscheidungen des Grundgesetzes interpretiert und angewendet werden darf.[522]

---

[516] Hierzu BVerfG v. 12.05.1987, BVerfGE 76, 1, 42ff; BVerwG v. 23.05.1989, BVerwGE 82, 76, ff.; BVerwG v. 13.10.1990, BVerwGE 87, 37ff.
[517] Sachs, S. 321 Rn. 120 und 121.
[518] Sachs, S. 321 Rn. 120 und 121.
[519] BVerfG v. 20.07.1954, BVerfGE 4, 7, 15f.; BVerfG v. 24.02.1971, BVerfGE 30, 173, 193; BVerfG v. 01.03.1978, BVerfGE 47, 327, 369.
[520] Bamberger, S. 19 und 20 mit Nachweisen zur Rechtsprechung des BVerfGs.
[521] BVerfG v. 12.10.1951, BVerfGE 1, 13, 32.
[522] Kimminich in: Handbuch des Wissenschaftsrechts, S. 121, 122.

Das Grundrecht aus Art. 5 III 1 GG ist daher zwar vorbehaltlos, gleichwohl aber nicht schrankenlos gewährleistet.[523] Der fehlende Gesetzesvorbehalt verhindert keine Grundrechtsbeschränkungen, sondern fordert für sie vielmehr gewichtige, offenkundig zwingende Gründe.[524] Beschränkungen können sich aus kollidierenden Grundrechten oder anderen Verfassungswerten ergeben, die entsprechend zwingende verfassungsrelevante Schutzgebote gegenläufig aussenden.[525] Legitimationsgrundlage für diese Schranken bilden sonstige von der Verfassung geschützte oder ihr zumindest nicht widersprechende Rechtsgüter.[526] Die Konflikte und Spannungen zwischen der Gewährleistung der Wissenschaftsfreiheit einerseits und dem Schutz anderer verfassungsrechtlich garantierter Rechtsgüter andererseits sind daher nach Maßgabe der grundgesetzlichen Wertordnung und unter Berücksichtigung der Einheit dieses Wertsystems durch Verfassungsauslegung zu lösen.[527]

In diesem Spannungsverhältnis kommt der Wissenschaftsfreiheit gegenüber den mit ihr kollidierenden, gleichfalls verfassungsrechtlich geschützten Werten nicht schlechthin Vorrang zu.[528] Auch ohne Vorbehalt gewährte Freiheitsrechte müssen im Rahmen gemeinschaftsgebundener Verantwortung gesehen werden.[529] So widerspricht Art. 5 III 1 GG zum Beispiel nicht Beschränkungen der Wissenschaftsfreiheit, die der Risikovorsorge zugunsten der Allgemeinheit gelten.[530]
In diesem Zusammenhang auftretende Konflikte lassen sich nur lösen, indem ermittelt wird, welche Verfassungsbestimmung für die konkret zu entscheidende Frage das höhere Gewicht hat.[531] Aus diesem Grund ist hinsichtlich der verfassungsrechtlichen Rechtfertigung eine Güterabwägung im Einzelfall vorzunehmen. Diese wird in ihrem Maßstab durch die Intensität des jeweiligen Eingriffs einerseits und das Gewicht der betreffenden Rechtsgüter andererseits bestimmt.[532] Zudem darf nicht der Kernbereich eines der Grundrechte betroffen sein.

Im vorliegenden Fall muss eine Abwägung zwischen den Einschränkungen des Hochschullehrers in seiner Wissenschaftsfreiheit aufgrund des Verlusts der Verwertungsfreiheit und einem Rechtsgut mit Verfassungsrang erfolgen. Als solche kommen hier der Nutzen einer verstärkten Patentierung und Verwertung von Hochschulerfindungen für die Volkswirtschaft und das Allgemeinwohl sowie Nutzen und Verwertungseinnahmen aus Hochschulerfindungen für die Allgemeinheit und die Wissenschaft selbst in Betracht.
Zur Optimierung der kollidierenden Güter von Verfassungsrang müsste die Einschränkung des Art. 5 III 1 GG im Hinblick auf die Erreichung der gesetzlichen Zielvorgabe geeignet, erforderlich und angemessen sein.

---

523 BVerfG v. 24.02.1971, BVerfGE 30, 173, 193; Perniece in: Dreier, GG, Bnd. I, Art. 5 III (Wissenschaftsfreiheit) Rn. 33; Sachs – Bethge, GG, Art. 5 Rn. 222; Kimminich, WissR 1985, 116, 125.
524 Schulze-Fielitz in: Hdb VerfR, S. 1360, Rn. 42.
525 Kriele, JA 1984, 629, 630; Lerche in: HStR V, § 122 Rn. 23.
526 v.Mangoldt / Klein – Starck, Art. 5 III, Rn. 241.
527 BVerfG v. 01.03.1978, BVerfGE 47, 327, 369; siehe auch BVerfG v. 08.04.1981, BVerfGE 57, 70, 99.
528 Leibholz / Rinck / Hesselberger, GG, Art. 5 Rn. 1103.
529 BVerfG v. 01.03.1978, BVerfGE 47, 327, 369.
530 Schulze-Fielitz in: Hdb VerfR, S. 1354, Rn. 30.
531 BVerfG v. 23.10.1952, BVerfGE 2, 1, 72f; BVerfG v. 26.05.1970, BVerfGE 28, 243, 261.
532 BVerfG v. 11.06.1958, BVerfGE 7, 377, 404 (Apotheken-Urteil); Classen, S. 124.

(aa) Legitimer Zweck der Neuregelung

Zunächst ist festzustellen, welchen Zweck die Neuregelung des § 42 ArbnErfG verfolgt und ob dieser legitim ist.

Ziel der Neuregelung ist es, den Hochschulen die Möglichkeit zu eröffnen, Erfindungen von Hochschullehrern zur Verwertung an sich zu ziehen.[533] Dadurch soll die Menge der den Hochschulen zur Verfügung stehenden Erfindungen wesentlich erhöht werden.[534] Die Möglichkeit umfassender Inanspruchnahme aller an der Hochschule anfallenden Erfindungen schafft die Voraussetzung dafür, dass im Hochschulbereich der Aufbau eines aus Verwertungserlösen finanzierten Patent- und Verwertungswesens in Angriff genommen werden kann.[535] Auch der Erhalt der Funktionsfähigkeit der Hochschule selber spielt im Rahmen der Zielsetzung der Neuregelung eine Rolle.
Da der vom Gesetzgeber verfolgte Zweck somit auf das Wohl der Allgemeinheit gerichtet ist bzw. für diesen Zweck ein staatlicher Schutzauftrag besteht, ist er als legitim anzusehen.[536]

(bb) Geeignetheit

Bezogen auf das gesetzgeberische Ziel ist eine Regelung geeignet, wenn sie die Wahrscheinlichkeit erhöht, dass der angestrebte Erfolg erreicht wird.[537] Der Entzug der Verwertungsbefugnis zu Lasten des einzelnen Hochschullehrers durch die Neuregelung ist tauglich und sachdienlich, um diesen Zweck zu erreichen, da mit seiner Hilfe das angestrebte Ziel gefördert werden kann.[538] Die Neuregelung ist daher im Hinblick auf die beiden verfolgten Zwecke als geeignet zu beurteilen.

(cc) Erforderlichkeit

Der Entzug der Verwertungsmöglichkeit müsste darüber hinaus erforderlich sein, um die oben genannten Zwecke zu erreichen. Erforderlich ist der Entzug dann, wenn kein milderes Mittel ersichtlich ist, durch welches das angestrebte Ziel mit der gleichen Sicherheit und einem vergleichbaren Aufwand ebenso gut zu erreichen ist.[539]

Zur Überführung von Forschungsergebnissen in wirtschaftliche Nutzung ist es in aller Regel unerlässlich, dass Erfindungen von Hochschullehrern durch ein Patent- oder

---

533 Entwurf eines Gesetzes zur Änderung des Gesetzes über Arbeitnehmererfindungen, BT-Dr 14 / 5975, S. 3.
534 Entwurf eines Gesetzes zur Änderung des Gesetzes über Arbeitnehmererfindungen, BT-Dr 14 / 5975, S. 3.
535 Entwurf eines Gesetzes zur Änderung des Gesetzes über Arbeitnehmererfindungen, BT-Dr 14 / 5975, S. 3.
536 Vgl. Schmidt, S. 78.
537 Sachs, S. 149 Rn. 36.
538 Vgl. Schmidt, S. 79; Michael, JuS 2001, 148, 149.
539 Schmidt, S. 80; Michael, JuS 2001, 148, 149.

Gebrauchsmusterrecht gesichert werden.[540] Erst der Patent- oder Gebrauchsmusterschutz gibt begründete Aussicht auf Überführung kommerziell verwertbarer Forschungsergebnisse in wirtschaftliche Wertschöpfung.[541] Dies ist nach der alten Rechtslage unter Geltung des Hochschullehrerprivilegs nicht gewährleistet gewesen.[542] Stattdessen wurde den Hochschulen die Mehrzahl der Erfindungen im Hochschulbereich entzogen, was es für die Hochschulen selber in den meisten Fällen wirtschaftlich uninteressant machte, eine Patentinfrastruktur aufzubauen und die Verwertung von Forschungsergebnissen gezielt zu betreiben.[543]
Da es – laut Begründung des Gesetzesentwurfs – erklärtes Ziel der Neuregelung ist, den Wissens- und Technologietransfer an den Hochschulen zu fördern und damit zu mehr Innovation beizutragen,[544] ist es notwendig, den Hochschulen uneingeschränkt die Möglichkeit zu eröffnen, alle wirtschaftlich nutzbaren Erfindungen in ihrem Bereich schützen zu lassen und auf dieser Basis stärker und effektiver als bisher einer industriellen Verwertung zuzuführen. Ohne einen Entzug der Verwertungsbefugnis zu Lasten der Hochschullehrer ist dies nicht realisierbar. Vor allem das mildere Mittel eines „Teilentzugs" der Verwertung oder eines von der Zustimmung der Hochschulerfinders abhängigen Verwertungsrechts der Hochschule führte nicht zu dem gewünschten Erfolg und könnte nicht in gleicher Weise den bezweckten Aufbau eines Patent- und Verwertungswesens im Hochschulbereich garantieren. Derartige Regelungen würden eine lückenlose und umfassende Verwertung von Erfindungen seitens der Hochschulen erschweren und erhebliche Unsicherheiten im Bereich der Planung und Organisation des Umgangs mit Erfindungen mit sich bringen.
Die gesetzgeberische Zielsetzung lässt sich daher nicht ohne die Neuregelung des § 42 ArbnErfG erreichen. Gleiches gilt für den Erhalt und die Förderung der Funktionsfähigkeit der Hochschule mittels der angestrebten Wertschöpfung, welche wohl auch als ausschlaggebende Motivation des Gesetzgebers bezeichnet werden kann.

Mangels Vorliegens eines milderen Mittels ist der Eingriff in die Wissenschaftsfreiheit des einzelnen Hochschullehrers als erforderlich anzusehen.

(dd) Angemessenheit

Zuletzt müsste die Neuregelung angemessen, d.h. verhältnismäßig im engeren Sinne sein. Angemessen ist eine gesetzliche Neuregelung nur dann, wenn der mit ihr verfolgte Zweck in seiner Wertigkeit nicht außer Verhältnis zur Intensität des Eingriffs

---

[540] Entwurf eines Gesetzes zur Änderung des Gesetzes über Arbeitnehmererfindungen, BT-Dr 14 / 5975, S. 2.
[541] Entwurf eines Gesetzes zur Änderung des Gesetzes über Arbeitnehmererfindungen, BT-Dr 14 / 5975, S. 2.
[542] Entwurf eines Gesetzes zur Änderung des Gesetzes über Arbeitnehmererfindungen, BT-Dr 14 / 5975, S. 2.
[543] Entwurf eines Gesetzes zur Änderung des Gesetzes über Arbeitnehmererfindungen, BT-Dr 14 / 5975, S. 2.
[544] Siehe Entwurf eines Gesetzes zur Änderung des Gesetzes über Arbeitnehmererfindungen, BT-Dr 14 / 5975, S. 2.

steht.[545] Hierbei sind Nutzen und Nachteile der Neuregelung gegeneinander abzuwiegen.[546]
Grundsätzlich muss der Gesetzgeber gerade bei der Gruppe der Hochschullehrer darauf achten, dass sie unter Berücksichtigung der Aufgaben und Zwecke der Hochschule so frei wie möglich ihren wissenschaftlichen Auftrag erfüllen können.[547]
Gleichwohl sollen die Ergebnisse der Hochschulforschung der Allgemeinheit zugute kommen. Die Gemeinwohlbezogenheit der Forschung bedeutet eine besondere Bindung an staatliche Zwecke und Aufgaben.[548] Dazu gehören nicht zuletzt auch der Schutz der Forschungsergebnisse und die Beteiligung an ihrer Verwertung.[549] Die Interessen der Allgemeinheit gehen daher dahin, eine möglichst ungehinderte Verwertung aller Hochschulerfindungen zu gewährleisten. So sind auch die Vorschriften des ArbnErfG – ebenso wie die Vergütungsrichtlinien – auf eine gewinnorientierte Ausnutzung der Erfindung in der gewerblichen Wirtschaft ausgerichtet.[550]

Infolge der Novellierung des § 42 ArbnErfG fällt nunmehr der Hochschule und nicht mehr dem Hochschullehrer das Recht auf die Erlöse aus der Erfindungsverwertung zu. Mit der Verwertung der mit öffentlichen Geldern entstandenen Forschungsergebnisse kann ein Rückfluss der investierten Gelder an die Hochschule stattfinden. Dies eröffnet den Hochschulen die Möglichkeit, Ressourcen zu erwirtschaften, aus welchen wiederum Wissenschaft und Forschung finanziert werden können. Auch wenn dieser Aspekt angesichts der Tatsache, dass insgesamt nur 3 % aller Patente – also nicht nur der Hochschulpatente – überhaupt zu Erlösen führen, wohl eher als Hoffnung oder „Wunschglaube" des Gesetzgebers einzustufen sein dürfte, belegt er abstrakt einen in den Abwägungsvorgang einzustellenden, weil möglichen Vorteil der Neuregelung.

Zudem kann eine Bündelung der Verwertungszuständigkeit bei den Hochschulen in der Weise nutzbar gemacht werden, dass in Zukunft mehr Hochschulerfindungen patentrechtlich geschützt werden. Vor allem die Wirtschaft braucht, um wettbewerbsfähig zu bleiben, ein breites Angebot natur- und ingenieurwissenschaftlicher Erkenntnisse als Grundlage für unternehmerische Entscheidungen.[551]
Darüber hinaus sind auch der Staat und die Gesellschaft bei der Lösung von Entwicklungs- und Gestaltungsproblemen auf wissenschaftliche Erkenntnisse angewiesen. Der Hochschulforschung kommt daher die Aufgabe zu, mit neuen Erkenntnissen zur Fortentwicklung gesellschaftlicher und politischer Strukturen und Institutionen, zum Aufbau einer leistungsfähigen Infrastruktur und zu einem wirtschaftlichen Wachstum beizutragen.
Forschungsergebnisse finden jedoch nur dann industrielle Interessenten und können somit von volkswirtschaftlichem Nutzen sein, wenn sie patentiert werden. Nur eine geschützte Rechtsposition vermag eine Vorzugsstellung im Wettbewerb zu sichern und erlaubt es, in die weitere Entwicklung zu investieren. Die Schutzfähigkeit der Er-

[545] Schmidt, S. 80;
[546] Vgl. Michael, JuS 2001, 148, 149.
[547] BVerfG v. 29.05.1973, BVerfGE 35, 79, 127f.
[548] Hailbronner, S. 260.
[549] Dreier / Bauer – Pernice, Art. 5 Rn. 47.
[550] Bartenbach / Volz, ArbnErfG, Einleitung vor §§ 40-42 Rn. 7.
[551] Vgl. Oppermann, HdbStR VI, § 145 Rn. 43 (S. 834).

gebnisse der Hochschulforschung ist daher für den angestrebten Transfer in die Industrie unabdingbare Voraussetzung. Insoweit ergibt sich in einem verfassungspolitischen Sinne ein gesamtgesellschaftlicher Auftrag der Forschung, zu dem die Hochschulen Wesentliches beitragen können.[552]

Die Angemessenheit des Entzuges der Verwertungsbefugnis könnte in diesem Zusammenhang lediglich dann zu verneinen sein, wenn der Hochschullehrer infolge dessen auch den vollständigen Verlust des Anspruchs auf wirtschaftlichen Verwertungserlös hinzunehmen hätte. § 42 Nr. 4 ArbnErfG n.F. spricht dem Hochschulwissenschaftler jedoch anstelle der ungeschmälerten Einnahmen aus der erfolgreichen Verwertung seiner Erfindung 30 % der durch die Verwertung seitens der Hochschule erzielten Einnahmen zu. Fraglich könnte daher lediglich sein, ob dieser Betrag als ausreichend anzusehen ist.
Mit Rücksicht auf das Recht des Erfinders auf den wirtschaftlichen Wert seiner Leistung ist dem Hochschullehrer eine angemessene Vergütung zu bezahlen.[553] Dies ist zudem von Verfassungs wegen geboten, da die Zuordnung des wirtschaftlichen Werts der Erfindung an den Erfinder zum Kernbereich grundrechtlicher Garantien gehört und nicht durch anderweitige Regelungen ausgehöhlt werden darf.[554] Diesem Anspruch wird die Vergütungsregelung des § 42 Nr. 4 ArbnErfG n.F. jedoch gerecht. Im Übrigen diente auch die Regelung des § 42 ArbnErfG a.F. nicht dem Schutz des einzunehmenden Verwertungserlöses, sondern allein der Wahrung wissenschaftlicher Selbständigkeit.[555] Die Privilegierung wollte dem Hochschullehrer einen Freiraum schaffen, in welchem er unbeeinflusst und ohne äußere Zwänge freie Forschung und Lehre betreiben kann, nicht jedoch einen Anspruch auf zusätzliche private Einnahmen. Die in § 42 ArbnErfG a.F. durch das Hochschullehrerprivileg vorgesehene Sonderregelung war daher nicht durch das Erfordernis des Erhalts des vollen Verwertungserlöses gefordert.
Erhält der Hochschullehrer somit wie andere Arbeitnehmererfinder eine angemessene Vergütung für seine Erfindung, steht der mit dem Entzug der Verwertungsbefugnis einhergehende Verlust des Anspruchs auf den vollen wirtschaftlichen Verwertungserlös der Angemessenheit der Neuregelung nicht entgegen.

Als ein weiteres Rechtsgut, das die Rechte des einzelnen Hochschullehrers aus Art. 5 III 1 GG immanent begrenzt, ist auch die Funktionsfähigkeit der Hochschule anzusehen, da sie eine wesentliche Voraussetzung für die Verwirklichung der Wissenschaftsfreiheit des einzelnen Grundrechtsberechtigten darstellt.[556] Die mittels der Neuregelung des § 42 ArbnErfG geschaffene Möglichkeit der Wertschöpfung zugunsten der Hochschulen, für die die Patentvermarktung eine Einnahmequelle werden könnte, stellt einen wichtigen Schritt zur Sicherung der bestehenden Funktionsfähigkeit der Hochschule und hin zum Ausbau derselben dar. Angesichts der Tatsache, dass die Einnahmen – wie oben bereits dargelegt – im Regelfall nicht in nen-

---

[552] Oppermann, HdbStR VI, § 145 Rn. 43 (S. 834).
[553] Bartenbach / Volz, ArbnErfG, § 9 Rn. 2 – Allgemeiner Vergütungsgrundsatz; Kraßer / Stricker, S. 34; vgl. auch Vergütungsrichtlinien des ArbnErfG.
[554] Vgl. dahingehend auch BVerfG v. 24.04.1998, NJW 1998, 3704, 3705; so zum Urheberrecht BVerfG v. 07.07.1971, BVerfGE 31, 229, 243.
[555] Vgl. Bartenbach / Volz, ArbnErfG, § 42 (a.F.) Rn. 1.
[556] Laubinger in: Handbuch des Wissenschaftsrechts (1982), S. 409.

nenswertem Umfang zu erwarten sind, kann diesem Aspekt bei wirklichkeitsnaher Betrachtung wohl eher nur ein geringes Gewicht zukommen.

Für eine Wertung gegen die absolute Verwertungsbefugnis auf Seiten des Hochschullehrers spricht jedoch auch § 37 I HRG, welcher alle Hochschulmitglieder, und damit auch Hochschullehrer, sowie die ihnen gleichgestellten Personen verpflichtet, sich so zu verhalten, dass die Hochschule und ihre Organe die ihnen obliegenden Aufgaben erfüllen können und niemand gehindert wird, seine Rechte und Pflichten an der Hochschule wahrzunehmen.

Fraglich ist, ob in diesem Zusammenhang auch die Hochschule als Grundrechtsträger i.S.v. Art. 5 III 1 GG anzusehen ist, deren Recht im Rahmen der Interessenabwägung Beachtung finden müsste.
In der Regel können weder der Staat noch seine Einrichtungen Grundrechte als subjektive öffentliche Rechte in Anspruch nehmen, da sie nicht gleichzeitig Träger und Adressat von Grundrechten sein können.[557] Dieser Grundsatz gilt jedoch dann nicht, wenn Einrichtungen des Staates Grundrechte in einem Bereich verteidigen, in dem sie vom Staat unabhängig sind.[558] Das ist insbesondere bei deutschen Hochschulen der Fall, die zwar in der Regel vom Staat gegründet sind und auch von ihm unterhalten werden, aber in Wissenschaft, Forschung und Lehre frei sind.[559]
Als weiteres durch Art. 19 III GG normiertes Erfordernis kommt hinzu, dass das Grundrecht seinem Wesen nach auf die betreffende juristische Person anwendbar sein muss. Auch diese Voraussetzung ist für die wissenschaftliche Hochschule gegeben. Sie unterscheidet sich nämlich von anderen Bildungseinrichtungen dadurch, dass sie unter dem besonderen Schutz des Art. 5 III GG steht. Sie benötigt diesen Schutz ihrerseits, um dazu beizutragen, das Grundrecht der Wissenschaftsfreiheit mit allen seinen Ausstrahlungen für die in ihrem Bereich tätigen wissenschaftlichen Forscher und Lehrer zu schützen.[560]
Damit ist Art. 5 III 1 GG nicht nur ein Grundrecht der Wissenschaftler, sondern zugleich ein Grundrecht der wissenschaftlichen Hochschulen als solcher.[561] Dass sie Körperschaft des öffentlichen Rechts ist, steht dem nicht entgegen.[562] Anders als sonstige juristische Personen des öffentlichen Rechts, die in der Regel zur unmittelbaren oder mittelbaren Staatsverwaltung gehören, erfüllt die Hochschule keine primär oder wesensgemäß staatlichen Aufgaben.[563] Zudem ist die Wissenschaftsfreiheit kein höchstpersönliches Grundrecht, das nur natürlichen Personen zugute kommt.[564] Aus dieser Verfassungsbestimmung lassen sich daher für die wissenschaftliche Hochschule die Rechte herleiten, die sie zur Erfüllung ihrer Aufgaben benötigt und die mit dem Schlagwort „Forschung und Lehre“ umrissen werden.[565]

---

[557] BVerfG v. 16.01.1963, BVerfGE 15, 256, 262.
[558] Kimminich in: Handbuch des Wissenschaftsrechts (1996), S. 121, 132.
[559] BVerfG v. 16.01.1963, BVerfGE 15, 256, 262.
[560] Kimminich in: Handbuch des Wissenschaftsrechts (1996), S. 121, 134.
[561] Sachs – Bethge, GG, Art. 5 Rn. 210.
[562] Sachs – Bethge, GG, Art. 5 Rn. 210.
[563] Sachs – Bethge, GG, Art. 5 Rn. 210.
[564] Sachs – Bethge, GG, Art. 5 Rn. 210.
[565] Bremer, WissR 1978, 193, 193.

Weitere Einschränkungen, denen die selbstbestimmte wissenschaftliche Tätigkeit des an den Hochschulen tätigen Personals, also auch die der Hochschullehrer unterliegt, können sich daraus ergeben, dass diese Personen freiwillig in ein entsprechendes Dienstverhältnis eingetreten sind, dessen Strukturen den hergebrachten Grundsätzen des Berufsbeamtentums nach Art. 33 V GG für diesen Sektor entsprechen und die der Bedeutung wissenschaftlich freier individueller Betätigung je nach der wahrgenommenen Funktion des Einzelnen im Rahmen der Gesamtorganisation der Universität Rechnung zu tragen suchen.[566]
Die Einschränkungen hinsichtlich der Verwertungsbefugnis bezogen auf die von Hochschullehrern getätigten Diensterfindungen lassen sich daher auch durch eben diese Einbettung der Hochschullehrer in das Funktionssystem Hochschule, welchem nunmehr die Aufgabe der Erfindungsverwertung übertragen wurde, rechtfertigen.

Eine Vernachlässigung dieser anderen, im Grundgesetz geschützten Rechtsgüter, zu deren Wahrung die Hochschule ebenfalls berufen ist oder die durch ihren Wissenschaftsbetrieb betroffen sind, ist daher nicht hinnehmbar. Die Distanz, die der Wissenschaft um ihrer selbst willen zu Gesellschaft und Staat zugebilligt werden muss, enthebt sie nicht von vornherein jeglicher Auseinandersetzung mit gesellschaftlichen Problemen.[567] Dieser Freiraum ist nach der Wertung des Grundgesetzes nicht für eine von Staat und Gesellschaft isolierte, sondern für eine letztlich dem Wohl des Einzelnen und der Gemeinschaft dienende Wissenschaft verfassungsrechtlich garantiert.[568]

Auch wenn zugunsten der Wissenschaftsfreiheit stets der diesem Freiheitsrecht zugrunde liegende Gedanke mit zu berücksichtigen ist, dass gerade eine von gesellschaftlichen Nützlichkeits- und politischen Zweckmäßigkeitsvorstellungen befreite Wissenschaft dem Staat und der Gesellschaft im Ergebnis am besten dient,[569] ist die Einschränkung derselben im vorliegenden Fall als angemessen anzusehen.

Der Eingriff in die Wissenschaftsfreiheit des Art. 5 III 1 GG in Form des Entzugs der Verwertungsbefugnis ist daher zur Erreichung des angestrebten Zwecks geeignet, erforderlich und angemessen und somit verfassungsrechtlich gerechtfertigt.

Eine Verletzung von Art. 5 III 1 GG durch den Verlust der Verwertungsbefugnis liegt folglich nicht vor.

(3) Verlust des Anspruchs auf vollen wirtschaftlichen Verwertungserlös selbst

Infolge der Novellierung des § 42 ArbnErfG fällt bei einer Inanspruchnahme der Erfindung jedoch nicht nur die Verwertungsbefugnis, sondern damit zwangsläufig verbunden automatisch auch das Recht auf die Verwertungseinnahmen nicht mehr dem Hochschullehrer, sondern der Hochschule zu. Gem. § 42 Nr. 4 ArbnErfG n.F. ver-

---

[566] Sachs, S. 322 Rn. 123.
[567] Leibholz / Rinck / Hesselberger, GG, Art. 5 Rn. 1105.
[568] Leibholz / Rinck / Hesselberger, GG, Art. 5 Rn. 1105.
[569] BVerfG v. 01.03.1978, BVerfGE 47, 327, 370; Leibholz / Rinck / Hesselberger, GG, Art. 5 Rn. 1104.

bleibt dem Hochschullehrer anstelle der ungeschmälerten Einnahmen aus der erfolgreichen Verwertung seiner Erfindung wie oben erwähnt lediglich ein Vergütungsanspruch in Höhe von 30 % der durch die Verwertung seitens der Hochschule erzielten Einnahmen.
Der mit der Inanspruchnahme durch die Hochschule einhergehende Verlust des Anspruchs auf den vollen wirtschaftlichen Verwertungserlös könnte daher seinerseits einen Eingriff in den Schutzbereich des Art. 5 III 1 GG darstellen. Dies setzte voraus, dass ebenfalls das Recht am Verwertungserlös als solches, und nicht nur die Verwertungsbefugnis an sich, vom verfassungsrechtlichen Schutz des Art. 5 III 1 GG mitumfasst ist.

Auch wenn die Wissenschaftsfreiheit das Recht zur Weitergabe der Forschungsergebnisse umfasst,[570] gibt sie grundsätzlich kein Recht auf Erhalt des ungekürzten Verwertungserlöses.[571] Eine Einschränkung des Hochschullehrers in seinen verfassungsrechtlichen Rechten aus Art. 5 III 1 GG durch den Verlust des Anspruchs auf vollen wirtschaftlichen Verwertungserlös wäre dennoch für den Fall denkbar, dass der Hochschullehrer auf den Erlös aus der Verwertung seiner Erfindungen angewiesen wäre, um im Folgenden im Rahmen der Verwirklichung seiner Wissenschaftsfreiheit Forschungsvorhaben überhaupt finanzieren und damit realisieren zu können.

In der Regel finanziert der Hochschullehrer seine Forschungsprojekte nicht aus seinen eigenen Mitteln, sondern greift auf Mittel der Hochschule oder privater Auftraggeber zurück. Die Verwertungserlöse stellen somit keine notwendige Voraussetzung dar, um die Forschungstätigkeit überhaupt betreiben zu können. Der persönliche Erhalt des vollen wirtschaftlichen Verwertungserlöses stellt daher keine zwingende Voraussetzung für die Gewährleistung der Wissenschaftsfreiheit an sich dar. Die Forschungs- und Lehrtätigkeit des Hochschulwissenschaftlers an sich ist durch den Verlust des Anspruchs auf vollen wirtschaftlichen Verwertungserlös nicht beeinträchtigt.

Der Verlust des Anspruchs auf den vollen Verwertungserlös greift daher nicht in die Wissenschaftsfreiheit aus Art. 5 III 1 GG ein.

b) Verfassungsmäßigkeit der Vergütungsregelung des § 42 Nr. 4 ArbnErfG im Hinblick auf Art. 3 I GG

Fraglich ist, ob in der nun auch für einfache Hochschulangestellte geltenden Vergütungsregelung des § 42 Nr. 4 ArbnErfG nicht eine gegen Art. 3 I GG verstoßende und damit verfassungswidrige Ungleichbehandlung im Vergleich zu anderen Angestellten im öffentlichen Dienst liegt.

---

570 BVerfG v. 29.05.1973, BVerfGE 35, 79, 113; Pernice in: Dreier, GG, Art.5 (Wissenschaft) Rn. 25.
571 So zur vergleichbaren Problemstellung im Zusammenhang mit der Kunstfreiheit: Fechner, S. 196.

aa) Ungleichbehandlung

Allgemein anerkannt ist, dass Ungleichbehandlungen und Benachteiligungen auch durch Gesetze bewirkt werden können, da von Art. 3 I GG insgesamt alle Akte der Träger öffentlicher Gewalt erfasst werden und dieser somit trotz seiner missverständlichen Formulierung gem. Art. 1 III GG und 20 III GG auch für den Gesetzgeber gilt.[572]
Verfassungsrechtlich relevant bzw. einer verfassungsrechtlichen Rechtfertigung bedürftig ist jedoch nur die Ungleichbehandlung von „wesentlich Gleichem".[573] Eine Ungleichbehandlung liegt daher nur bei einer unterschiedlichen Behandlung zweier vergleichbarer Sachverhalte vor.[574]

(1) Vergleichbare Personengruppen

Daher ist zunächst erforderlich, dass es sich um vergleichbare Personengruppen handelt. Um eine Vergleichbarkeit festzustellen, bedarf es eines Bezugspunktes.[575] Der Bezugspunkt ist der gemeinsame Oberbegriff, unter den die rechtlich verschieden behandelten Personen oder Personengruppen fallen.[576]
Bei den hier zu untersuchenden Personengruppen handelt es sich um die Angestellten im Hochschulbereich auf der einen und andere Angestellte im öffentlichen Dienst auf der anderen Seite. Gemeinsamer Oberbegriff, unter den diese beiden Personengruppen zu fassen sind, ist der rechtliche Ordnungsbereich der „Arbeitnehmer im öffentlichen Dienst". Beide sind als Verwaltungsangehörige zu dieser Gruppe zu zählen. Das Erfordernis der vergleichbaren Personengruppen ist somit erfüllt.

(2) Ungleichbehandlung

Fraglich ist, ob diese nun auch durch dieselbe Rechtsetzungsgewalt ungleich behandelt werden.

Mit der Novellierung hat sich der Gesetzgeber zu einer Erweiterung des persönlichen Anwendungsbereichs des § 42 ArbnErfG n.F. – und damit auch der Vergütungsregelung – über die wissenschaftlich Tätigen hinaus auf alle Hochschulbeschäftigten entschieden.[577] Damit sind nunmehr auch diejenigen Beschäftigten in den Geltungsbereich der „Sondervorschrift" einbezogen, die sich nicht auf die grundrechtlich verankerte Wissenschaftsfreiheit berufen können.[578]

---

[572] BVerfG v. 12.10.1951, BVerfGE 1, 14, 52; BVerfG v. 24.01.1962, BVerfGE 13, 331, 355; Jarass / Pieroth – Jarass, Art. 3 Rn. 13a.
[573] Ständige Rechtsprechung, vergleiche nur: BVerfG v. 12.10.1951, BVerfGE 1, 14, 52; BVerfG v. 16.03.1955, BVerGE 4, 144, 155; BVerfG v. 09.08.1978, BVerfGE 49, 148, 165.
[574] Jarass / Pieroth – Jarass, Art. 3 Rn. 4.
[575] Pieroth / Schlink, § 11 Rn. 431.
[576] Pieroth / Schlink, § 11 Rn. 433.
[577] Entwurf eines Gesetzes zur Änderung des Gesetzes über Arbeitnehmererfindungen, BT-Dr 14/5975, Begründung, Besonderer Teil zu § 42 Nr. 4, S. 7.
[578] Bartenbach / Volz, ArbnErfG, § 42 (n.F.), Rn. 153.

Während nun § 42 Nr. 4 ArbnErfG den Erfindern im Hochschulbereich eine Pauschalvergütung in Höhe von 30 % des erzielten Verwertungserlöses zuspricht, muss der Vergütungsanspruch anderer Angestellter im öffentlichen Dienst gem. § 40 i.V.m. §§ 9, 11 ArbnErfG i.V.m. den Richtlinien zur Bemessung der Vergütung der Höhe nach im Einzelfall festgestellt werden.[579] Diese Richtlinien stellen zwar keine verbindlichen Vorschriften, sondern ein bloßes Hilfsmittel dar, mangels anderer Anhaltspunkte die gesetzlich geschuldete angemessene Vergütung im Einzelfall festzustellen[580] – so sind mangels Rechtsnormcharakters weder Arbeitsvertragsparteien, noch Gerichte und Schiedsstelle an diese Richtlinien gebunden –, in der Praxis wird jedoch kaum bzw. nur in Einzelfällen und bei Vorliegen von besonderen Umständen von ihnen abgewichen.[581]
Aus dem oben Dargestellten ergibt sich, dass beispielsweise die Vergütung für eine Erfindung, für welche die Anmeldung zum europäischen Patent ca. EUR 30.000,-[582] kostet und welche EUR 43.000,- einbringt, für einen normalen Angestellten im öffentlichen Dienst unter Zugrundelegung der Vergütungsrichtlinien in der Regel unter EUR 500,- beträgt, während ein Angestellter im Hochschulbereich hierfür unter gleichen Bedingungen EUR 13.000,- erhalten würde.[583] Für dieselbe Erfindung würde somit eine deutlich unterschiedliche Vergütung gezahlt. Vor dem Hintergrund der Größenordnungen der Vergütung für die an Hochschulen beschäftigten Arbeitnehmererfinder im Vergleich zu den nicht an den Hochschulen beschäftigten Arbeitnehmererfindern, jedenfalls soweit diese ebenfalls im öffentlichen Dienst beschäftigt sind, erscheint die Ungleichbehandlung dieser gegenüber den Hochschulbeschäftigten bei der Vergütungshöhe bedenklich.[584]

Im vorliegenden Fall wird die Ungleichbehandlung unmittelbar durch den Gesetzgeber als Grundrechtsadressaten bewirkt und löst einen Nachteil für alle Arbeitnehmererfinder im öffentlichen Dienst aus, die nicht in einem Beschäftigungsverhältnis zur Hochschule stehen.
Hierin ist daher eine Ungleichbehandlung von vergleichbaren Personengruppen zu sehen.

bb) Rechtfertigung der Ungleichbehandlung

Diese Ungleichbehandlung von Angestellten im Hochschulbereich auf der einen und anderen Angestellten im öffentlichen Dienst auf der anderen Seite müsste gerechtfertigt sein.

---

[579] Vergleiche insoweit Ausführungen oben zur Darstellung der neuen Rechtslage im Vergleich mit anderen Arbeitnehmererfindungen.
[580] Schiedsstelle v. 28.06.1962 in: Patentblatt 1963, 16.
[581] Bartenbach, NZA 1990 Beilage Nr. 2, S. 21, 22.
[582] Diese Schätzung des Europäischen Patentamts beruht auf einer Laufzeit von zehn Jahren und der Benennung von acht Staaten – siehe: http://www.european-patent-office.org/epo/news/kosten_d.pdf.
[583] Beispiel nach Fleuchaus / Braitmayer, GRUR 2002, 653, 655/657 (dort Vergleich normaler Arbeitnehmer – Hochschullehrer).
[584] Bartenbach / Hellebrand, Mitt. 2002, 165, 168.

Im Rahmen der Rechtfertigung der festgestellten Ungleichbehandlung gilt es zunächst zu beachten, dass unter dem Gleichheitsbegriff nur eine verhältnismäßige Gleichheit zu verstehen ist.[585] Die Rechtsordnung muss die reale Ungleichheit der Menschen achten und fordert nur die Gleichheit des bei der Verteilung von Rechten und Pflichten anzuwendenden Maßstabs.[586] Nach diesem Proportionalitätsgedanken haben die Menschen, die einander wesentlich gleich sind, insoweit auch Anspruch auf gleiche rechtliche Behandlung durch den Gesetzgeber.[587]
Begründet dagegen ihre individuelle Eigenart eine Verschiedenheit, so müssen auch diese im Wesen der Sache begründeten Ungleichheiten bei der gesetzlichen Regelung der fraglichen Materie berücksichtigt werden.[588] Es gibt in der Realität des Lebens keine absolut gleich gelagerten, identischen, sondern nur ähnliche Tatbestände.[589] Diese relative Gleichheit der tatsächlichen Voraussetzungen verlangt eine Bewertung der Tatumstände, die eine rechtlich differenzierende Behandlung im Einzelfall zulassen.[590] Die Verschiedenheit muss so erheblich sein, dass sie einen inneren Zusammenhang mit der daran anknüpfenden differenzierenden Rechtsfolge aufweist.[591]

Nach der Rechtsprechung des Bundesverfassungsgerichts liegt ein ungerechtfertigter Verstoß gegen Art. 3 I GG vor, wenn die Ungleichbehandlung von wesentlich Gleichem willkürlich geschieht. Willkürlich ist eine Ungleichbehandlung dann, wenn sich für sie keine vernünftigen Erwägungen bzw. sachliche Gründe finden lassen, die sich aus der Natur der Sache ergeben oder sonst wie einleuchtend sind.[592] Da diese „Willkürformel" des Bundesverfassungsgerichts vielfach zu eng ist, wurde sie seitens des Bundesverfassungsgerichts durch einen weiteren Ansatz ergänzt. Nach der sog. „Neuen Formel" ist das Gleichheitsgebot vor allem dann verletzt, wenn eine Gruppe von Normadressaten im Vergleich zu anderen Normadressaten anders behandelt wird, obwohl zwischen den beiden Gruppen keine Unterschiede von solcher Art und solchem Gewicht bestehen, dass sie die ungleiche Behandlung rechtfertigen könnten.[593]

Aus dem allgemeinen Gleichheitssatz ergeben sich daher je nach Regelungsgehalt und Differenzierungsmerkmal unterschiedliche Grenzen für den Gesetzgeber, die vom bloßen Willkürverbot bis zu einer strengen Bindung an Verhältnismäßigkeitsanforderungen reichen.[594] Da die Differenzierung zwischen Angestellten im Hochschulbereich und anderen Angestellten im öffentlichen Dienst im vorliegenden Fall nicht anhand von personenbezogenen Merkmalen vorgenommen wird, es sich somit um eine Ungleichbehandlung von „geringerer Intensität" handelt, beschränkt sich die ge-

---

[585] Vgl. Kirchhof, HdbStR V, § 124 Rn. 90 (S. 876).
[586] Kirchhof, HdbStR V, § 124 Rn. 90 (S. 876).
[587] Kirchhof, HdbStR V, § 124 Rn. 90 (S. 876).
[588] Kirchhof, HdbStR V, § 124 Rn. 90 (S. 876).
[589] Kirchhof, HdbStR V, § 124 Rn. 90 (S. 876).
[590] Kirchhof, HdbStR V, § 124 Rn. 90 (S. 876).
[591] Kirchhof, HdbStR V, § 124 Rn. 90 (S. 876).
[592] BVerfG v. 15.12.1959, BVerfGE 10, 234, 246 (Platow-Amnesie); Schmidt, S. 150.
[593] BVerfG v. 07.10.1980, BVerfGE 55, 72, 88, danach ständige Rechtsprechung.
[594] BVerfG v. 26.01.1993, BVerfGE 88, 87, 96; BVerfG v. 08.04.1997, BVerfGE 95, 267, 316; Sachs – Osterloh, GG, Art. 3 Rn. 31.

richtliche Rechtfertigungsprüfung auf eine Evidenzkontrolle.[595] Eine Ungleichbehandlung ist daher schon dann als willkürfrei und gerechtfertigt anzusehen, wenn sich nur irgendein sachlicher Grund zu ihren Gunsten anführen lässt.[596] Für die Rechtfertigung ist daher ein „hinreichend gewichtiger Grund" notwendig.[597] Dabei ist es grundsätzlich Sache des Gesetzgebers, diejenigen Sachverhalte auszuwählen, an die er dieselben Rechtsfolgen knüpft, vorausgesetzt, die Auswahl ist sachlich vertretbar und nicht sachfremd.[598] Dem Gesetzgeber kommen demnach eine weite Einschätzungsprärogative sowie eine gewisse Gestaltungsfreiheit zu.
Als sachlicher Grund für die Ungleichbehandlung, als Differenzierungsgrund sozusagen, kommt folglich jede vernünftige Erwägung in Betracht.[599] Allerdings muss ein innerer Zusammenhang zwischen den vorgefundenen Unterschieden und der differenzierenden Regelung bestehen.[600]

Fraglich ist daher, ob die Ungleichbehandlung im vorliegenden Fall durch sachliche Gründe gerechtfertigt ist.
Im Hinblick auf die nicht wissenschaftlich Tätigen an einer Hochschule ist zunächst einmal zu beachten, dass an Forschungsarbeiten der Hochschule nicht nur Wissenschaftler beteiligt sind, sondern diese vielmehr durch das Zusammenspiel von wissenschaftlichem und technischem Personal geprägt sind. Nur das wissenschaftliche Personal den neuen Vergütungsregeln zu unterstellen, hätte zur Folge, dass je nach Erfinder unterschiedliche Methoden zur Ermittlung der Vergütung angewandt werden müssten. Dies wäre nicht nur unbillig, da die Beiträge der Einzelnen zur Fertigstellung der Erfindung unabhängig von der „Wissenschaftlichkeit" ihrer Tätigkeit durchaus gleichwertig sein können, darüber hinaus würden sich erhebliche Schwierigkeiten bei der Berechnung der jeweiligen Vergütungsanteile ergeben.[601]

Eine Besserstellung der Angestellten im Hochschulbereich in vergütungstechnischer Hinsicht könnte zudem notwendig sein, um diesen einen Anreiz zu bieten, in Zusammenarbeit mit wissenschaftlich Tätigen an der Hochschule zu forschen und die Forschungsergebnisse der Hochschule als Dienstherrn zu melden. Gleichzeitig wird mittels der Besserstellung bezweckt, unterschiedslos alle Hochschulerfinder zu motivieren, aktiv an der Schutzrechtserlangung und Verwertung ihrer Erfindung mitzuwirken.[602]

---

[595] Vgl. Pieroth / Schlink, § 11 Rn. 439; Schmidt, S. 151.
[596] BVerfG v. 28.06.1994, BVerfGE 91, 118, 123; Pieroth / Schlink, § 11 Rn. 439; Schmidt, S. 151.
[597] BVerfG v. 14.10.1997, BVerfGE 96, 315, 325; BVerfG v. 28.04.1999, BVerfGE 100, 138, 174; ständige Rechtsprechung.
[598] BVerfG v. 08.04.1987, BVerfGE 75, 108, 157; BVerfG v. 09.03.1994, BVerfGE 90, 145, 196; BVerfG v. 12.03.1996, BVerfGE 94, 241, 260.
[599] Jarass / Pieroth – Jarass, Art. 3 Rn. 15.
[600] BVerfG v. 12.10.1976, BVerfGE 42, 374, 388; BVerfG v. 15.10.1985, BVerfGE 71, 39, 58; BVerwG v. 03.07.1991, BVerwGE 88, 354, 361.
[601] Begründung zum Entwurf eines Gesetzes zur Änderung des Gesetzes über Arbeitnehmererfindungen, BT-Dr 14 / 5975, S. 6; a.A.: Bartenbach / Hellebrand, Mitt. 2002, 165, 168, die eine vergütungsrechtliche Ungleichbehandlung des nicht wissenschaftliche tätigen im Vergleich zu dem wissenschaftlich tätigen Hochschulpersonal mit dem Wegfall des bisherigen Hochschullehrerprivilegs für begründbar und wohl auch zu rechtfertigen halten.
[602] Entwurf eines Gesetzes zur Änderung des Gesetzes über Arbeitnehmererfindungen, BT-Dr 14 / 5975, S. 2, sowie Begründung S. 7.

Jedoch ist wohl kaum zu befürchten, dass sich alle Hochschullehrer und mit ihnen die hier in Frage stehenden Angestellten im Hochschulbereich schlagartig von der Forschung abwenden würden, wenn die Vergütung geringer angesetzt oder zumindest die Verwertungskosten der Hochschule vor der Auskehr der Vergütung abgezogen würden.[603] Darüber hinaus ist davon auszugehen, dass die Verpflichtung zur Meldung der Erfindung vor ihrer Publikation, z.B. im Rahmen eines Vortrags, Beweggrund und Antrieb genug ist, damit an der Veröffentlichung ihrer Erfindung interessierte Hochschulangestellte der Meldepflicht nachkommen.

Gleichwohl könnte ein weiterer der mit der Novellierung des § 42 ArbnErfG angestrebten Zwecke einen hinreichend gewichtigen Differenzierungsgrund und damit eine Rechtfertigung der Ungleichbehandlung darstellen. So könnte die finanzielle Besserstellung im vorliegenden Fall dadurch gerechtfertigt sein, dass nur auf diese Weise das gesetzgeberische Ziel einer Förderung des Patentwesens an Hochschulen und eine Förderung des Technologietransfers erreicht werden kann.[604]
Der Gesetzgeber geht in seiner Gesetzesbegründung davon aus, dass ein Anreiz für Hochschullehrer und einfache Hochschulangestellte zu forschen und die Forschungsergebnisse dem Dienstherrn zu melden nur auf finanziellem Weg erfolgen kann.[605] Auch wenn der Forscher – und mit ihm auch die dem jeweiligen Forschungsteam angehörigen Angestellten – seine wissenschaftliche Anerkennung grundsätzlich nicht im kommerziellen Erfolg seiner Erfindungen, sondern in der Veröffentlichung seiner Forschungsergebnisse in den Fachzeitschriften findet,[606] ist der Vergütung eine gewisse Antriebs- und Motivationsfunktion nicht abzusprechen. Der Ansatz des Gesetzgebers stellt damit eine sachlich vertretbare, vernünftige Erwägung im Sinne der Rechtsprechung des Bundesverfassungsgerichts dar.
Eine Vergütung in Höhe von 30 % des Verwertungserlöses entspricht darüber hinaus der Vergütung, die in außeruniversitären Forschungseinrichtungen wie z.B. der Max-Planck-Gesellschaft gewährt wird.[607] Somit hat der Gesetzgeber bewusst eine Besserstellung der Angestellten im Hochschulbereich gegenüber sonstigen Verwaltungsangehörigen begründet.[608]

Infolgedessen ist die oben festgestellte Ungleichbehandlung im Zusammenhang mit der Höhe der zu zahlenden Vergütung durch sachlich gewichtige Gründe gerechtfertigt. Die Vorschrift des § 42 Nr. 4 ArbnErfG n.F. verstößt mithin nicht gegen Art. 3 I GG. Sie stellt vielmehr eine verfassungsrechtlich nicht zu beanstandende Vergütungsregelung dar.

---

[603] Fleuchaus / Braitmayer, GRUR 2002, 653, 657.
[604] Begründung zum Entwurf eines Gesetzes zur Änderung des Gesetzes über Arbeitnehmererfindungen, BT-Dr 14 / 5975, S. 7.
[605] Begründung zum Entwurf eines Gesetzes zur Änderung des Gesetzes über Arbeitnehmererfindungen, BT-Dr 14 / 5975, S. 7.
[606] Ranft, GRUR Int. 1980, 597, 599.
[607] Begründung zum Entwurf eines Gesetzes zur Änderung des Gesetzes über Arbeitnehmererfindungen, BT-Dr 14 / 5975, S. 7.
[608] Vgl. Begründung zum Entwurf eines Gesetzes zur Änderung des Gesetzes über Arbeitnehmererfindungen, BT-Dr 14 / 5975, S. 7 (Besonderer Teil zu § 42 Nr 4).

§ 42 ArbnErfG n.F. ist daher im Ergebnis sowohl im Hinblick auf Art. 5 III 1 GG als auch im Hinblick auf Art. 3 I GG als verfassungsgemäß anzusehen.

VII) Rechtsvergleich: Zuordnung und Vergütung von Hochschulerfindungen in den Niederlanden, Großbritannien, Frankreich und Italien

Eine allgemeine Regelung der Zuordnung und Vergütung von Hochschulerfindungen existiert auf europäischer Ebene nicht. Art. 60 EPÜ ordnet lediglich an, dass sich bei einem Arbeitnehmererfinder das Recht auf das europäische Patent nach dem Recht des Staates bestimmt, in dem der Arbeitnehmer überwiegend beschäftigt ist. Ist letzteres nicht feststellbar, so ist das Recht des Staates anzuwenden, in dem der Arbeitgeber den Betrieb unterhält, dem der Erfinder angehört.

Auch eine spezialgesetzliche Regelung des Arbeitnehmererfinderrechts im Allgemeinen ist bezogen auf die europäischen Länder nur in Dänemark, Finnland, Norwegen, Polen und Schweden anzutreffen.[609] In anderen Ländern, wie etwa Großbritannien, Frankreich, Italien, den Niederlanden, Österreich, Portugal, Spanien und Ungarn, sind die Regelungen zum Arbeitnehmererfinderrecht Bestandteil der Patentgesetze oder – wie etwa in der Schweiz – im allgemeinen bürgerlichen Recht verankert.[610] Weitere Staaten, so die USA, Luxemburg, Belgien und Kanada, haben diese Fragen weitgehend der Rechtsprechung überlassen und nur für bestimmte Bereiche, etwa für den öffentlichen Dienst, (Verwaltungs-) Vorschriften erlassen.[611]

Vor einer abschließenden Bewertung der Neuregelung soll ein Vergleich zu den in den Niederlanden, Großbritannien, Frankreich und Italien geltenden Regelungen betreffend die Zuordnung sowie die Vergütung von Hochschulerfindungen gezogen werden.

1) Niederlande

In den vergangenen zehn Jahren hat sich in den Niederlanden eine Tendenz zur Stärkung der Position des Arbeitgebers abgezeichnet.[612] Vorherrschend und kaum grundsätzlich bestritten ist im niederländischen Recht des geistigen Eigentums der arbeitsrechtliche Grundsatz.[613] Dieser geht davon aus, dass die Früchte einer bezahlten Arbeit auch dem Arbeitgeber zustehen.[614] Dieser Grundsatz spiegelt sich auch in der Regelung der Zuordnung einer Erfindung wieder.
Zudem wurden in das Patentgesetz Bestimmungen aufgenommen, die – anders als das zuvor geltende Recht – Erfindungen von Angestellten im Universitätsbereich und den in der Praxis Auszubildenden dem jeweiligen Arbeitgeber zusprechen.[615]

---

[609] Bartenbach / Volz, ArbnErfG, § 1 Rn. 10.
[610] Bartenbach / Volz, ArbnErfG, § 1 Rn. 10.
[611] Bartenbach / Volz, ArbnErfG, § 1 Rn. 10.
[612] Quaedvlieg, GRUR Int. 2002, 901, 902.
[613] Quaedvlieg, GRUR Int. 2002, 901, 903.
[614] Quaedvlieg, GRUR Int. 2002, 901, 903.
[615] Quaedvlieg, GRUR Int. 2002, 901, 902.

Zugleich hat die Rechtsprechung Abstriche bei der angemessenen Vergütung gemacht, die dem Arbeitnehmer nach dem Gesetz als Ausgleich dafür zusteht, dass er das Patent nicht erhält.[616]

a) Zuordnung

In den Niederlanden hat grundsätzlich der Arbeitnehmer das Recht auf die Erfindung bzw. auf ein für sie erteiltes Patent, Art. 12 Abs. 1 1.HS NL PatG 1995. Eine Ausnahme von diesem Grundsatz kommt nur dann in Betracht, wenn die Art der Arbeit voraussetzt, dass der Arbeitnehmer die Erfindung im Rahmen seiner Tätigkeit macht, wenn die Art der Anstellung also die Verpflichtung des Arbeitnehmers mit sich bringt, seine besonderen Fachkenntnisse einzusetzen, um Erfindungen der gleichen Art zu erzielen.[617] Erforderlich ist dabei ein Zusammenhang mit der Tätigkeit des Arbeitnehmers und den Aktivitäten des Unternehmens.[618] Hierfür trägt jedoch der Arbeitgeber die Beweislast, so dass faktisch eine Vermutung für die Inhaberschaft des Arbeitnehmers besteht.
Der niederländische Gesetzgeber wählt damit die Art der Anstellung als Richtschnur. Ein ausdrücklicher Auftrag ist dabei weder notwendig, noch ausreichend.[619] Die Auslegung dieser Bestimmung führt dazu, dass das Kriterium des „Einsatzes von Kenntnissen für die Erfindung“ nicht nur für diejenigen Personen gilt, die als „Erfinder“ angestellt werden, sondern für all diejenigen, die eine Aufgabe auf den Gebieten der technischen Forschung und Entwicklung übernehmen.[620]

Diese Zuordnungsgrundsätze können von den Parteien jedoch jederzeit schriftlich abbedungen werden, Art. 12 Abs. 5 NL PatG 1995. Der niederländische Arbeitgeber kann daher vertraglich regeln, dass der Arbeitnehmer in Zukunft keinen Anspruch auf außerhalb seines Tätigkeitsbereichs fallende Erfindungen haben soll, sofern er hierdurch nicht auf unbillige Weise die wirtschaftliche Abhängigkeit des Arbeitnehmers ausnutzt.[621] Derartige Klauseln, durch die der Arbeitnehmer auf alle geistigen Eigentumsrechte verzichtet, lassen sich relativ häufig in kollektiven und individuellen Arbeitsverträgen finden.[622] Infolgedessen dürfte der niederländische Arbeitgeber in der Praxis über weitaus mehr und umfassendere Ansprüche verfügen als gesetzlich vorgesehen.

Zudem besteht in den Niederlanden ein Neuheitsschutz für Erfindungen bei unberechtigter eigener Anmeldung des Arbeitnehmers, Art. 12 Abs. 4 NL PatG 1995.

---

[616] Quaedvlieg, GRUR Int. 2002, 901, 902.
[617] Quaedvlieg, GRUR Int. 2002, 901, 906.
[618] Quaedvlieg, GRUR Int. 2002, 901, 903.
[619] Quaedvlieg, GRUR Int. 2002, 901, 906.
[620] Quaedvlieg, GRUR Int. 2002, 901, 906.
[621] Quaedvlieg, GRUR Int. 2002, 901, 907.
[622] Falck / Schmaltz, GRUR 2004, 469, 472; Quaedvlieg, GRUR Int. 2002, 901, 907.

b) Vergütung

Die Vergütung für Arbeitnehmererfindungen regelt Art. 12 Abs. 6 NL PatG 1995. Demnach ist der Arbeitgeber verpflichtet, dem Arbeitnehmererfinder eine angemessene Vergütung zu zahlen, bei deren Berechnung auch die finanzielle Bedeutung der Erfindung und die Umstände ihrer Entstehung zu berücksichtigen sind. In der Regel wird jedoch davon ausgegangen, dass das normale Gehalt bereits eine ausreichende Vergütung auch für Arbeitnehmererfindungen darstellt. Nach der Rechtsprechung stellen extra gezahlte Vergütungen die Ausnahme dar. So ist nach einer Entscheidung des Hooge Raad[623] die Vergütung lediglich eine Art „Bonus", der sich zudem nicht am Erfindungswert orientiert.[624]

Der Vergütungsanspruch aus Art. 12 Abs. 6 NL PatG 1995 verjährt drei Jahre nach der Patenterteilung, wobei gemäß Art. 12 Abs. 7 diese Vorschrift nicht vertraglich abbedungen werden kann.

c) Hochschulerfindungen

Eine Ausnahme von der Zuordnungsregelung des Art. 12 Abs. 1 NL PatG 1995 gilt gem. Art. 12 Abs. 3 NL PatG 1995 für Hochschulen.
Im Gegensatz zum Patentgesetz von 1910, welches in § 10 noch eine allgemeine Regelung für alle Angestellten enthielt, wonach die Erfindung dem Arbeitgeber nur zustand, wenn die Art der Arbeit es mit sich brachte, dass der Arbeitnehmer sein Spezialwissen benutzt, um Erfindungen zu machen,[625] hat die Hochschule bzw. die Forschungseinrichtung nunmehr das Recht auf die Erfindung bzw. Patente ihrer Arbeitnehmer. Unter den Arbeitnehmerbegriff fallen hierbei auch Hochschullehrer, Dozenten und Wissenschaftler. Dies gilt ohne jede Einschränkung, d.h. ein irgendwie gearteter Zusammenhang mit der Anstellung und der Art der übernommenen Aufgabe muss nicht bestehen.[626] Beispielhaft hätte ein Hochschullehrer für Notarsrecht, der in den Semesterferien ein neues Waschmittel erfindet, das Patent hieran folglich der Verwaltung seiner Universität anzubieten.[627] Bei strikter Anwendung des Gesetzeswortlauts stehen damit alle Erfindungen, seien sie im Rahmen der Forschung an der Hochschule oder in der Freizeit zu Hause gemacht, der Hochschule zu. Dass diese Regelung als unzweckmäßig und möglicherweise rechtswidrig kritisiert wird,[628] ist nachvollziehbar – die Rechtsprechung musste sich jedoch bislang noch nicht mit dieser Frage beschäftigen.[629]

Die Abbedingungsmöglichkeit des Art. 12 Abs. 5 NL PatG 1995 gilt jedoch auch für den Hochschulbereich.

---

[623] Urteil des Hoge Raad vom 27. Mai 1994, NJ 1995, 136.
[624] Vgl. Falck / Schmaltz, GRUR 2004, 469, 472.
[625] Vgl. Falck / Schmaltz, GRUR 2004, 469, 472.
[626] Quaedvlieg, GRUR Int. 2002, 901, 905/907.
[627] So überspitzt und im Hinblick auf Zweck- und Rechtmäßigkeit der Neuregelung äußerst kritisch Quaedvlieg, GRUR Int. 2002, 901, 907.
[628] Quaedvlieg, GRUR Int. 2002, 901, 907.
[629] Falck / Schmaltz, GRUR 2004, 469, 472.

2) Großbritannien

a) Zuordnung

Nach der Regelung in Patents Act 1977, Art. 39-43 stehen Arbeitnehmererfindungen dem Arbeitgeber in England in zwei Fällen zu: Zum einen, wenn die Erfindung im Rahmen der „normalen Arbeitspflichten" oder „speziell übertragener Aufgaben" des Arbeitnehmers entstanden ist und eine Erfindung vernünftiger Weise als Arbeitsergebnis zu erwarten war, zum anderen, wenn der Arbeitnehmer nach Art seiner dienstlichen Aufgaben und insbesondere der sich daraus ergebenden Verantwortung speziell verpflichtet war, den geschäftlichen Gewinn des Unternehmens zu fördern, beispielsweise als Geschäftsführer.[630] In diesen Fällen ist eine Inanspruchnahme der Erfindung seitens des Arbeitgebers nicht notwendig.[631]

Im Übrigen – also in der Praxis in den seltensten Fällen – verbleibt es bei einer Zuordnung der Erfindung zum jeweiligen Arbeitnehmer, Art 39 Abs. 2 Patents Act 1977. Diese Regelungen werden durch eine zugunsten der Arbeitnehmererfinder getroffene Schutzbestimmung über die Durchsetzbarkeit von Verträgen über Arbeitnehmererfindungen ergänzt.[632] Danach entfaltet eine Vereinbarung über Erfindungen oder Rechte an Erfindungen keine Rechtswirkungen gegenüber dem Arbeitnehmer, soweit sie seine Rechte an der Erfindung beeinträchtigt.[633]

b) Vergütung

Eine Vergütung für Arbeitnehmererfindungen wird in Großbritannien nur ausnahmsweise gezahlt. Nach den Vorschriften zur Vergütung besteht in zwei der von Art. 39 Patents Act zugelassenen Fälle eine Vergütungspflicht:
Wenn Rechte an der Erfindung ursprünglich dem Arbeitgeber zustehen, weil die Erfindung im Verlauf des Beschäftigungsverhältnisses gemacht wird, entsteht eine Vergütungspflicht, wenn der Arbeitgeber einen herausragenden Nutzen aus dem Patent gezogen hat, Art. 40 Abs. 1 Patents Act.
Der um Vergütung nachsuchende Arbeitnehmererfinder hat als Erstes zu beweisen, dass sein Arbeitgeber einen „herausragenden Nutzen" aus dem Patent – nicht aus der Erfindung als solcher – gezogen hat.[634] Dies muss entsprechend einer gesetzlichen Vorschrift geschätzt werden, wobei unter anderem die Größe und Art des Unternehmens des Arbeitgebers zu beachten ist.[635] Selbst wenn diese erste Hürde genommen ist, gilt es danach zu entscheiden, was dem Arbeitnehmer als angemessener Anteil zusteht. In diesem Zusammenhang sind die in Art. 41 Abs. 4 Patents Act aufgezählten Faktoren zu berücksichtigen. Diese sehen unter anderem die Pflichten

---

630 Vgl. Cornish, GRUR Int. 1990, 339, 340; Falck / Schmaltz, GRUR 2004, 469, 473.
631 Vgl. Volmer / Gaul, ArbnErfG, Einl. Rn. 217.
632 Volmer / Gaul, ArbnErfG, Einl. Rn. 219.
633 Volmer / Gaul, ArbnErfG, Einl. Rn. 219.
634 Cornish, GRUR Int. 1990, 339, 341.
635 Cornish, GRUR Int. 1990, 339, 341.

des Arbeitnehmers, seine Entlohnung sowie andere aus dem Arbeitsverhältnis oder in Bezug auf die Erfindung gezogenen Vorteile, die Mühe und Erfahrung anderer Miterfinder oder Arbeitnehmer, die Rat und Hilfe leisteten, wie auch den Beitrag des Arbeitgebers durch Erteilen von Rat, Zurverfügungstellen von betrieblichen Hilfsmitteln oder unternehmerischer und kommerzieller Erfahrung und Schaffen von Gelegenheiten als für die Beurteilung entscheidend an.[636]
Die Vielfältigkeit und Detailreiche der Auflistung macht verständlich, warum es in der englischen Praxis bislang jedoch kein Urteil gab, dass einen solchen Ausnahmefall und damit eine zusätzliche Entlohnung des Arbeitnehmers bejahte.[637]

Daneben besteht für den Fall, dass Rechte an der Erfindung ursprünglich dem Arbeitnehmer zustehen, die Erfindung also außerhalb des Verlaufs des Beschäftigungsverhältnisses gemacht wurde, eine Vergütungspflicht, wenn – in Anbetracht des Nutzens des Arbeitgebers aus diesen Rechten – der Arbeitnehmer Rechte an dem Patent dem Arbeitgeber für eine erwiesenermaßen unangemessene Gegenleistung eingeräumt hat, Art. 40 Abs. 2 Patents Act 1977.[638]

Die Höhe einer eventuell zu zahlenden Vergütung bestimmte sich dann nach einem sog. „fair share of benefit". Hierfür soll die mit dem Arbeitnehmer vereinbarte Erfindervergütung mit dem Erlös des Arbeitgebers aus der Nutzung des Patents verglichen werden.[639] Die Höhe der für eine Überlassung ursprünglich dem Arbeitnehmer gehörender Erfindungen gezahlten Vergütung ist für den Fall gesondert gerichtlich kontrollierbar, dass die Erfindung gegen nicht angemessenen Gewinn des Arbeitnehmers auf den Arbeitgeber übertragen oder für diesen lizenziert wurde.[640]

Die gesetzlich gewährten allgemeinen Rechte des Arbeitnehmers an einer Erfindung können nicht durch einen Individualvertrag abbedungen werden, der vor der Erfindung selbst abgeschlossen wird.[641] Dies gilt auch für die Grundregel des Art. 39 Patents Act, die festlegt, ob der Arbeitnehmer ursprünglich Inhaber der Rechte ist und ein anschließendes Recht auf Vergütung hat.[642]
Diese arbeitnehmerschützende Garantie gilt jedoch nicht mehr, wenn ein Tarifvertrag geschlossen worden ist.[643] Besteht ein Tarifvertrag, der die Rechte des individuellen Arbeitnehmers an der Erfindung berührt, treten an die Stelle der gesetzlichen Pflichten die des Tarifvertrages, welcher beliebige Regelungen enthalten kann, ohne den vom Gesetz errichteten Standart erfüllen zu müssen.[644]

---

[636] Vgl. Cornish, GRUR Int. 1990, 339, 341.
[637] Falck / Schmaltz, GRUR 2004, 469, 473.
[638] Vgl. Cornish, GRUR Int. 1990, 339, 341.
[639] Volmer / Gaul, ArbnErfG, Einl. Rn. 224.
[640] Vgl. Volmer / Gaul, ArbnErfG, Einl. Rn. 224.
[641] Cornish, GRUR Int. 1990, 339, 341.
[642] Cornish, GRUR Int. 1990, 339, 341.
[643] Cornish, GRUR Int. 1990, 339, 341.
[644] Vgl. Cornish, GRUR Int. 1990, 339, 341.

c) Hochschulerfindungen

Für Hochschulerfindungen existiert in Großbritannien keine spezielle Regelung. Daher gelten die Vorschriften über Arbeitnehmererfindungen in gleicher Weise für öffentlich Bedienstete wie in der Privatwirtschaft.[645] Somit verbleibt es bei der Zuordnung einer Erfindung zum Arbeitgeber, wenn die Hochschulerfindung im Rahmen der „normalen Arbeitspflichten" oder „speziell übertragener Aufgaben" des Hochschullehrers entstanden ist und eine Erfindung vernünftiger Weise als Arbeitsergebnis zu erwarten war.
Als problematisch erscheint hier die Differenzierung, inwieweit die Forschung „Pflicht" des Hochschullehrers ist. Eine ähnliche Abgrenzung findet sich nach der Novellierung des § 42 ArbnErfG wie bereits erörtert auch im deutschen Recht bei der Unterscheidung zwischen Dienst- und freier Erfindung.[646]

Vertragliche Abweichungen sind jedoch auch hier möglich. So bestand an der Cambridge University bislang die Regelung, dass das Recht an der Erfindung beim Hochschullehrer verbleibt. Damit ist die Cambridge University fast die einzige Hochschule, die ihren Wissenschaftlern derart weit gehende Rechte einräumt.[647]
Diese Regelung wird jedoch zurzeit geändert, da sie zur Folge hatte, dass viele Hochschullehrer sich aufgrund lukrativer Erfindungen selbständig gemacht haben und der Hochschule so eine Einnahmequelle versagt blieb und Personal abwanderte.[648]
Der jetzige Vorschlag geht in die Richtung, die geistigen Eigentumsrechte standardmäßig der Hochschule zuzusprechen.[649] Jedoch soll der Hochschulerfinder absolut frei sein, soweit von ihm erwünscht, seine Rechercheergebnisse zu veröffentlichen.[650] Ebenso soll er entscheiden dürfen, wie und mit wem seine Erfinderideen verwertet werden.[651] Vor allem sollen nach der neuen Vereinbarung die copyright Rechte bei dem jeweiligen Hochschulerfinder verbleiben.[652] Während die Hochschule Eigentümer der Patente ist, sollen die Einnahmen aus ihnen mit dem Hochschulerfinder und anderen Partnern formularmäßig oder durch spezifische Verhandlungen geteilt werden.[653]

3) Frankreich

Auch Frankreich hat sich darauf beschränkt, den Bereich des Arbeitnehmererfinderrechts im Rahmen der nationalen Patentgesetze mitzuregeln. Das Gesetz vom 13. Juli 1978 hat im französischen Recht eine Regelung der Arbeitnehmererfindun-

---

[645] Vgl. Volmer / Gaul, ArbnErfG, Einl. Rn. 220.
[646] Falck / Schmaltz, GRUR 2004, 469, 473.
[647] Vgl. Kelly, Financial Times v. 7. August 2003.
[648] Kelly, Financial Times v. 7. August 2003.
[649] Vgl. Kelly, Financial Times v. 7. August 2003.
[650] Vgl. Kelly, Financial Times v. 7. August 2003.
[651] Vgl. Kelly, Financial Times v. 7. August 2003.
[652] Vgl. Kelly, Financial Times v. 7. August 2003.
[653] Vgl. Kelly, Financial Times v. 7. August 2003.

gen eingeführt und damit einen gesetzlichen Mindeststandard errichtet.[654] Die gesetzlichen Vorschriften sind auf alle patentierbaren Erfindungen anwendbar, die durch einen Arbeitnehmer – gleich welcher Nationalität – gemacht werden, sofern der Arbeitsvertrag französischem Recht unterliegt.[655] Sie gelten sowohl für Arbeitnehmer im privaten als auch im öffentlichen Dienst. Die wesentlichen Bestimmungen dieser Regelung betreffen die Zuordnung des Eigentums an der Erfindung und die Entlohnung des Arbeitnehmererfinders.

a) Zuordnung

Das französische Recht weist eine getätigte Erfindung regelmäßig dem Arbeitnehmererfinder zu, Art. 1 Nr. 2 des Gesetzes vom 13. Juli 1978. Nur in zwei Ausnahmefällen steht dem Arbeitgeber das Recht an der Erfindung zu.

Dies gilt zunächst dann, wenn die Erfindung im Rahmen eines Erfindungsauftrags oder ausdrücklich übertragener Studien- oder Forschungsarbeiten getätigt wurde, sog. Auftragserfindung.[656] Solche Erfindungen gehören „notwendigerweise" dem Arbeitgeber. Hierbei kann der erfinderische Auftrag permanent sein oder es sich um kurzfristige Forschungsarbeiten handeln. Der Beweis des Vorliegens eines solchen kann zum Beispiel durch ausdrückliche Bestimmungen im Arbeitsvertrag, Dienstanweisung, Laborhefte oder Organisationspläne geführt werden.[657] Das Gesetz verlangt hierbei allerdings, dass ein derartiger Auftrag der tatsächlichen Tätigkeit des Arbeitnehmers entspricht.
Darüber hinaus kann der Arbeitgeber die sonst freien Erfindungen, für die der Arbeitnehmer zwar nicht angestellt wurde, die jedoch gleichwohl „in Ausübung der ihm obliegenden Tätigkeit" gemacht wurden, die auf dem Arbeitsgebiet des Arbeitgebers liegen oder bei denen der Arbeitnehmer von den immateriellen oder materiellen Ressourcen des Betriebes Gebrauch gemacht hat – sog. übertragbare Erfindungen („inventions hors mission attribuables") – durch eine einseitige Rechtshandlung an sich ziehen.[658] Eine Erfindung kann also ohne Auftragserfindung zu sein in drei Fällen als übertragbare Erfindung qualifiziert werden, wobei lediglich patentfähige Erfindungen betroffen sind, was heißt, dass die Erfindung Gegenstand eines gewerblichen Schutztitels ist, der durch das französische Patentgesetz vorgesehen ist.[659] Das Übertragungsrecht bezieht sich dann auf „das Eigentum oder die Nutzung der Rechte aus dem Patent zum Schutz der Erfindung seines Arbeitnehmers ganz oder zum Teil", Art. 1 Nr. 2 des Gesetzes vom 13. Juli 1978. In der Praxis kann der Arbeitgeber also entweder das Patent unter seinem Namen anmelden oder eine Lizenz an dem Patent erhalten, welches im Namen des Arbeitnehmers eingetragen ist.

Das Verfahren, nach dem Arbeitnehmererfindungen in eine der oben genannten Fallgruppen eingeteilt werden, bestimmt sich nach Art. 1 Nr. 3 und 4 des Gesetzes

[654] Schmidt-Szalewski, GRUR Int. 1990, 342, 343.
[655] Schmidt-Szalewski, GRUR Int. 1990, 342, 344.
[656] Falck / Schmaltz, GRUR 2004, 469, 472; Schmidt-Szalewski, GRUR Int. 1990, 342, 344.
[657] Vgl. Schmidt-Szalewski, GRUR Int. 1990, 342, 344.
[658] Vgl. Quaedvlieg, GRUR Int. 2002, 901, 907.
[659] Vgl. Schmidt-Szalewski, GRUR Int. 1990, 342, 345.

vom 13. Juli 1978. Die Erfindung ist vom Arbeitnehmer „unverzüglich" zu melden und in eine der oben genannten Erfindungskategorien einzuordnen. In dieser Meldung muss der Gegenstand der Erfindung, die ins Auge gefassten Anwendungen sowie die Umstände der Verwirklichung der Erfindung mit angegeben werden.[660] Der Arbeitgeber muss die vorgeschlagene Einordnung innerhalb von zwei Monaten annehmen oder ablehnen. Solange der Arbeitgeber sein Übertragungsrecht nicht ausgeübt hat, gehört die übertragbare außerdienstliche Erfindung dem Arbeitnehmer.[661] Innerhalb von vier Monaten kann der Arbeitgeber die Erfindung übernehmen und dem Arbeitnehmererfinder einen Vergütungsvorschlag unterbreiten.

Zur Vermeidung der Eröffnung eines Rechtsstreits zwischen Arbeitgebern und Arbeitnehmererfindern ist bei Streitigkeiten in Bezug auf Arbeitnehmererfindungen zunächst zwingend ein Schlichtungsverfahren vor dem Schlichtungsausschuss des französischen Patentamtes („Commission National des Inventions de Salariés" – CNIS) durchzuführen.

b) Vergütung

Die Vergütung des Arbeitnehmererfinders bestimmt sich je nach der Art seiner Erfindung.[662] Hierbei ist jedoch von dem Grundsatz auszugehen, dass der Arbeitnehmer ein angemessenes Entgelt für die von ihm entwickelte Erfindung erhalten soll.[663] Dieses soll dem wirtschaftlichen Nutzen der Erfindung, aber auch allen Umständen anhand des ursprünglichen Anteils beider Parteien am Zustandekommen der Erfindung gerecht werden.[664]

Hinsichtlich der Auftragserfindungen ging der französische Gesetzgeber davon aus, dass es sich bei der Vergütungsproblematik nicht um ein Problem des Patentrechts, sondern vielmehr um ein arbeitsrechtliches handle.[665] Dies erklärt sich daraus, dass der Erfindungsauftrag in diesem Fall gerade eine Verbindlichkeit des Arbeitnehmers aus dem Arbeitsvertrag darstellt und eigentlich durch sein monatliches Gehalt als Gegenleistung, welches er unabhängig vom Ergebnis seiner Forschung erhält, abgedeckt ist. Bei einer Auftragserfindung können sich die Verpflichtung und die Höhe der Vergütung daher lediglich aus Tarifverträgen, Betriebsvereinbarungen oder aus dem einzelnen Arbeitsvertrag ergeben. Hier werden grundsätzlich drei Formen der Entlohnung verwandt: Die Zahlung eines Pauschalbetrages, die Zahlung einer vorläufigen Summe, die nach Ablauf einer Frist angepasst werden kann oder die Zahlung eines konkreten Anteils an den Einkünften aus der Verwertung der Erfindung.[666] Die Höhe bestimmt sich hierbei in der Regel nach dem ein- bis dreifachen monatlichen Gehalt (maximal ca. EUR 23.000,-) oder je nach dem kommerziellen Nutzen der Erfindung (maximal ca. EUR 80.000,-). Im Fall der gemeinschaftlichen Erfindung meh-

---

[660] Schmidt-Szalewski, GRUR Int. 1990, 342, 345.
[661] Schmidt-Szalewski, GRUR Int. 1990, 342, 345.
[662] Falck / Schmaltz, GRUR 2004, 469, 472/473.
[663] Volmer / Gaul, ArbnErfG, Einl. Rn. 205.
[664] Volmer / Gaul, ArbnErfG, Einl. Rn. 205.
[665] Schmidt-Szalewski, GRUR Int. 1990, 342, 346.
[666] Schmidt-Szalewski, GRUR Int. 1990, 342, 346 / 347.

rerer muss die Aufteilung der Entlohnung durch eine Vereinbarung der Beteiligten geregelt werden. Das Gesetz sieht hier keine Regelung vor.

Hinsichtlich der Übernahme einer freien Erfindung durch den Arbeitgeber existieren keine detaillierten Regelungen. Gesetzlich geregelt schuldet der Arbeitgeber, der sein Übertragungsrecht bezüglich einer übertragbaren außerdienstlichen Erfindung ausübt, dem Arbeitnehmererfinder lediglich eine Gegenleistung in Höhe eines „angemessenen Entgelts", Art. 1 Nr. 2 des Gesetzes vom 2. Januar 1968. Die Vergütung muss „fair" sein, d.h. auf dem Beitrag des Arbeitnehmers und des Arbeitgebers an der Erfindung sowie ihrer gewerblichen Verwertbarkeit basieren.

Darüber hinaus wird der Erfinder gem. Art. 4 des Gesetzes vom 2. Januar 1968 unabhängig davon, ob er Arbeitnehmer oder freier Erfinder ist, als solcher im Patent genannt – sog. „droit moral". Die Einstufung der Erfindung und die Beurteilung der Inhaberschaft am Patent haben hierauf keinen Einfluss.[667]

b) Hochschulerfindungen

Eine spezielle Regelung für Hochschulerfindungen existiert auch in Frankreich nicht. Jedoch unterscheidet sich die Vergütung für Arbeitnehmer im öffentlichen Dienst von der üblichen Arbeitnehmererfindervergütung bei Vorliegen eines „Erfindungsauftrags". So steht Arbeitnehmererfindern im öffentlichen Dienst eine Beteiligung an den durch die Verwertung der Erfindung seitens des Arbeitgebers erzielten Einnahmen zu. Diese betragen der Höhe nach 50 % der Lizenzeinnahmen vor Steuer abzüglich aller direkten Kosten. Eine obere Grenze bildet hierbei das jeweilige Bruttojahresgehalt des Arbeitnehmererfinders abzüglich Rentenzahlungen.
Bedingung für die höhere Vergütung ist, dass die Berufsgruppe des Erfinders in einem Gesetzesanhang genannt ist. Zu den hiernach berechtigen Beamten gehören unter anderem auch Hochschullehrer. Ob bei ihnen ein „Erfindungsauftrag" angenommen werden kann, wird im Einzelfall entschieden.

4) Italien

Grundlage des Arbeitnehmererfinderrechts in Italien sind die Art. 23 ff. des italienischen Patentgesetzes. Sie beruhen weitestgehend auf zwei Grundgedanken: einerseits anerkennt und privilegiert der italienische Gesetzgeber das Interesse des Arbeitgebers, sich die vermögenswerten Rechte an Erfindungen seiner Arbeitnehmer zu sichern, andererseits werden die Arbeitnehmererfinder durch eine Stärkung ihrer Persönlichkeitsinteressen und dem Anspruch auf einen adäquaten Vermögensausgleich geschützt.

---

[667] Schmidt-Szalewski, GRUR Int. 1990, 342, 346.

a) Zuordnung

Die Art. 23 I, II und 24 des italienischen PatG räumen dem Arbeitgeber in drei Fällen Rechte an einer Arbeitnehmererfindung ein:

Nach Art. 23 I des italienischen PatG stehen dem Arbeitgeber die Rechte an denjenigen Erfindungen zu, die bei Ausführung oder in Erfüllung von Verträgen oder von Arbeits- oder Anstellungsverhältnissen, bei denen die erfinderische Tätigkeit Gegenstand des Vertrages ist und als solche vergütet wird, entstehen. Allein das Erfinderpersönlichkeitsrecht verbleibt dem Arbeitnehmer.[668] Umstritten ist hierbei die konkrete Auslegung dieser Vorschrift. Nach nahezu einhelliger Auffassung ist dieser Tatbestand nur dann erfüllt, wenn ein mit erfinderischen Aufgaben befasster Arbeitnehmer, dem die Suche nach der erfinderischen Lösung eines bestimmten technischen Problems überantwortet wurde, etwas erfindet, was gerade die Lösung des ihm gestellten technischen Problems darstellt.[669] Die Erfindung stellt hierbei die typische Erfüllung der Leistungspflicht des Arbeitnehmers dar, so dass Art. 23 I des italienischen PatG eine Bestätigung des arbeitsrechtlichen Prinzips darstellt, wonach die Ergebnisse geschuldeter Arbeit dem Arbeitgeber zustehen.[670]

Gem. Art. 23 II des italienischen PatG gehören die Rechte aus der Erfindung auch dann dem Arbeitgeber, wenn keine Vergütung als Entgelt für die erfinderische Tätigkeit vorgesehen und die Erfindung in Ausführung oder in Erfüllung eines Vertrages oder eines Anstellungs- oder Arbeitsverhältnisses gemacht worden ist. Welche Fälle in der Praxis hiervon erfasst sind, ist sowohl in Rechtsprechung als auch in der Literatur äußerst umstritten. So wird entweder auf das Vorliegen einer besonderen Weisung („incarico speziale"), die Zufälligkeit der Erfindung bei Ausübung gewöhnlicher Tätigkeiten oder aber auf das Vorliegen eines Kausalzusammenhangs zwischen der Erfindung und der vom Arbeitnehmer im Einzelfall geschuldeten Leistung abgestellt.[671]

Gegenüber diesen durch den originären Anfall der Rechte an der tätigkeitsbezogenen Erfindung beim Arbeitgeber bedingten Fälle werden gem. Art. 24 des italienischen PatG für andere in das Tätigkeitsgebiet des privaten oder öffentlichen Arbeitgebers fallende Erfindungen von Arbeitnehmern dem Arbeitgeber bestimmte Rechte begründet. Hierzu gehören sowohl Vorkaufsrechte für die umfassende oder eingeschränkte Nutzung und für den Erwerb des Patents als auch die Befugnis, Auslandspatente zu beantragen.[672] Diese Rechte entstehen zunächst in der Person des Arbeitnehmers und gehen erst infolge eines besonderen Übertragungsaktes, der Ausübung des Vorzugsrechtes, auf den Arbeitgeber über.[673] Stößt eine Überleitung dieser Rechte auf den Widerstand des Arbeitnehmers, so kann der Arbeitgeber dessen Einwilligung durch Richterspruch ersetzen lassen.[674]

---

668 Volmer / Gaul, ArbnErfG, Einl. Rn. 237.
669 Vgl. mit weiteren Nachweisen Umbertazzi, GRUR Int. 1986, 365, 367.
670 Umbertazzi, GRUR Int. 1986, 365, 367.
671 Vgl. Umbertazzi, GRUR Int. 1986, 365, 368ff.
672 Volmer / Gaul, ArbnErfG, Einl. Rn. 237; Umbertazzi, GRUR Int. 1986, 365, 371.
673 Umbertazzi, GRUR Int. 1986, 365, 371.
674 Volmer / Gaul, ArbnErfG, Einl. Rn. 237.

Darüber hinaus stellt Art. 26 des italienischen PatG die Vermutung auf, dass eine Erfindung als während des Bestehens des Arbeitsverhältnisses gemacht anzusehen ist, für die innerhalb eines Jahres seit Ausscheiden des Arbeitnehmers aus dem Betrieb des Arbeitgebers, in dessen Tätigkeitsbereich die Erfindung fällt, ein Patent beantragt wird.

b) Vergütung

Mangelt es an einer besonderen, einzelvertraglichen Vergütungsabrede, hat der Arbeitnehmererfinder nach dem italienischen Recht einen Anspruch auf angemessene Vergütung. Dieser Vermögensausgleich kann in der vertraglich vorgesehenen Vergütung (Art. 23 I des italienischen PatG), einer angemessenen, über die vertraglich vorgesehene hinausgehenden Vergütung (Art. 23 II des italienischen PatG) oder in der für die Übertragung der Vermögensrechte auf den Arbeitgeber zu zahlenden Anstandssumme bzw. laufenden Vergütung (Art. 24 des italienischen PatG) bestehen. Dabei ist auf den wirtschaftlichen Wert der Erfindung abzustellen und dieser Betrag in dem Maße zu mindern, in dem der Arbeitgeber beim Zustandekommen der Erfindung Unterstützung geleistet hat.[675]

c) Hochschulerfindungen

Auf die Rechtsbeziehungen des Erfinders im öffentlichen Recht sind ebenfalls die Art. 23 – 26 des italienischen PatG anzuwenden. Bis zu einer Gesetzesnovelle im Jahr 2001 erwarb die Hochschule per Gesetz automatisch und derivativ die originär dem Hochschulwissenschaftler zustehenden Erfindungen und konnte diese somit ggf. ihrerseits an Unternehmen weiter veräußern.[676]

Mit Gesetz Nr. 383 vom 18. Oktober 2001 wurden die Vorschriften des italienischen Patentgesetzes über Erfindungen abhängig Beschäftigter im öffentlichen Dienst jedoch novelliert.[677] Hierbei wurde Art. 24 des italienischen PatG geändert und ein neuer Art. 24bis mit der Überschrift „Inhaberschaft an Patenten" eingeführt.[678] Die oben genannten Änderungen führen dazu, dass Rechte an Erfindungen, die von Hochschulwissenschaftlern im Rahmen ihrer Arbeit gemacht werden, künftig als von diesen originär erworben anzuerkennen sind. Hiermit soll verhindert werden, dass Hochschulen, welche die zur Erfindung führende Forschung in Auftrag gegeben haben, die Rechte an den Erfindungen automatisch derivativ erwerben.[679] Diese Neuregelung entspricht somit der Einführung des in Deutschland mit der Neuregelung des § 42 ArbnErfG abgeschafften „Hochschullehrerprivilegs".

---

675 Volmer / Gaul, ArbnErfG, Einl. Rn. 240.
676 Vgl. Ubertazzi, GRUR Int. 2003, 986, 988.
677 Ubertazzi, GRUR Int. 2003, 986, 986.
678 Ubertazzi, GRUR Int. 2003, 986, 986.
679 Ubertazzi, GRUR Int. 2003, 986, 986.

Bereits während des Gesetzgebungsverfahrens und auch nach Inkrafttreten des Gesetzes wurde die Reform sowohl von den Hochschulen, als auch von den Unternehmensverbänden heftig kritisiert.[680] Insbesondere bestehen Zweifel an der Verfassungsmäßigkeit des Gesetzes, da diese Bestimmungen vor allem zu einem möglicher Weise nicht gerechtfertigtem Ungleichgewicht in der Behandlung von öffentlichen und privaten Forschungseinrichtungen sowie von deren Angestellten führen.[681] Aus diesem Grund sahen sich einige Parlamentarier aufgerufen, einen neuen Gesetzesentwurf mit dem Titel „Bestimmungen betreffend Schule, Universität und wissenschaftliche Forschung" einzubringen, der unter anderem eine Änderung des eben erst eingeführten Art. 24bis des italienischen Patentgesetzes vorsah.[682] Der Entwurf wurde nach Zustimmung des Senats an die Abgeordnetenkammer weitergeleitet und dort in zahlreichen Sitzungen der Ausschüsse für Kultur und gewerbliche Tätigkeiten beraten, ohne dass es bis heute zu einer Verabschiedung als Gesetz gekommen wäre.[683] Das italienische Recht der Erfindungen abhängig beschäftigter Forscher an Hochschulen befindet sich daher im Fluss und kann hier nur als Momentaufnahme wiedergegeben werden.

Im Detail bestimmt der neue Art. 24bis des italienischen PatG, dass der Forscher, dessen Arbeitsvertrag mit einer Universität oder einer öffentlichen Verwaltungsbehörde, zu deren satzungsmäßigen Zielen die Forschung gehört, ausschließlicher Inhaber der Rechte ist, die aus einer von ihm getätigten Erfindung entstehen. Der Erfinder reicht die Anmeldung ein und unterrichtet die Verwaltung davon. Im Falle mehrerer Urheber, die in einem Abhängigkeitsverhältnis zu der Universität, zu der erwähnten Verwaltungsbehörde oder zu anderen Einrichtungen der öffentlichen Verwaltung stehen, gehören den Erfindern die Rechte aus der Erfindung zu gleichen Teilen, sofern nichts anderes vereinbart ist.
Gem. Art. 24bis Abs. 2 des italienischen PatG n.F. legen die Universitäten und die öffentlichen Verwaltungen im Rahmen ihrer Autonomie den Höchstbetrag der Gebühren fest, die der jeweiligen Universität, der öffentlichen Verwaltung oder den privaten Geldgebern, die die Forschung finanziert haben, in Bezug auf Lizenzen zustehen, die Dritten für die Benutzung der Erfindung eingeräumt werden. Ebenso werden alle anderen Aspekte der gegenseitigen Beziehungen festgesetzt. Nach Art. 24bis Abs. 3 des italienischen PatG n.F. hat der Erfinder jedoch in jedem Fall ein Anrecht auf nicht weniger als 50 % der Einnahmen oder der Gebühren aus der Nutzung der Erfindung. Falls die Universitäten oder die öffentlichen Verwaltungen die in Absatz 2 genannten Feststellungen nicht treffen, stehen ihnen 30 % der Einnahmen und Gebühren zu.
Haben der Erfinder oder seine Rechtsnachfolger nach Ablauf von fünf Jahren seit dem Tag der Patenterteilung noch nicht mit der gewerblichen Nutzung des Patents begonnen und ist dies nicht auf von ihrem Willen unabhängige Gründe zurückzuführen, erwirbt die öffentliche Verwaltung, bei der der Erfinder im Zeitpunkt der Erfindung angestellt war, gem. Art. 24bis Abs. 4 des italienischen PatG n.F. automatisch ein kostenloses, nicht ausschließliches Recht, die Erfindung sowie die mit ihr ver-

---

680 Ubertazzi, GRUR Int. 2003, 986, 986.
681 Ubertazzi, GRUR Int. 2003, 986, 988f.
682 Ubertazzi, GRUR Int. 2003, 986, 986.
683 Ubertazzi, GRUR Int. 2003, 986, 986.

bundenen Vermögensrechte zu nutzen oder durch Dritte nutzen zu lassen. Das Recht des Erfinders, als Urheber genannt zu werden, bleibt hiervon unberührt.

Wie sich der gegenwärtige Testlauf der neuen Art. 24 und 24bis des italienischen PatG entwickelt und welche Probleme die Neuregelung der Zuordnung der Rechte aus Erfindungen eines Hochschulwissenschaftlers im Verhältnis zwischen ihm und seiner Hochschule aufwerfen wird, bleibt abzuwarten.

5) Zusammenfassende Bewertung

Die Gegenüberstellung zeigt, dass es international sowohl bei der Zuordnung als auch bei der Vergütung von Arbeitnehmererfindungen ähnliche Strukturen gibt, Deutschland mit seinem ArbnErfG im Vergleich zum Ausland jedoch über ein ausgesprochen detailliertes Spezialgesetz verfügt.[684]

Die Zuordnung einer Arbeitnehmererfindung ist im Kern sowohl in den Niederlanden, als auch in Deutschland, Großbritannien, Frankreich und Italien ähnlich geregelt.

Hinsichtlich der Vergütungsregelungen ist anzumerken, dass in Deutschland eine Pauschalvergütung gezahlt wird. Ebenso verhält es sich bei Vorliegen einer Auftragserfindung in Frankreich, wo ansonsten eine vertragliche Regelung zu treffen ist, während in Italien eine am wirtschaftlichen Wert der Erfindung ausgerichtete Vergütung gezahlt wird. In den Niederlanden und in Großbritannien wird hingegen nur in extremen Ausnahmefällen eine extra Vergütung gezahlt.

In Bezug auf die Behandlung von Erfindungen im Hochschulbereich ist zusammenfassend festzustellen, dass es nicht überall spezielle Regelungen für Hochschulerfindungen gibt. Herausragend sind hier die Niederlande, in denen ohne jede Einschränkung der Hochschule bzw. der Forschungseinrichtung das Recht auf die Erfindung ihrer Hochschullehrer, Dozenten und Wissenschaftler zusteht. Nur in diesem Land entfällt die oftmals schwierige Abgrenzung, wann Erfindungen im Rahmen der „normalen Arbeitspflichten“ entstanden sind oder zum „Gegenstand des Vertrages“ gehören und damit dem Arbeitgeber zugewiesen sind. Demgegenüber wendet allein Großbritannien auch auf Hochschulerfindungen durchweg die allgemeinen Regeln an.
Eine Besonderheit des deutschen Rechts stellen nach der Novellierung des § 42 ArbnErfG jedoch die Regelungen hinsichtlich der positiven und negativen Publikationsfreiheit von Hochschulwissenschaftlern dar. Vergleichbare Ansätze sind den anderen Ländern eher fremd. Selbst in Italien, wo es das Gebot des Art. 33 I der italienischen Verfassung zu verwirklichen gilt, wonach die Kunst und die Wissenschaft sowie die Lehre frei sind, wirkt sich dieses Verfassungsprinzip nur in zweierlei Hinsicht auf das Arbeitsverhältnis des Hochschulwissenschaftlers aus: Zum einen kann dieser die Ziele seiner Forschung frei bestimmen, zum anderen ist die Kontrolle der

[684] Bartenbach / Volz, ArbnErfG, Einleitung Rn. 10.

Erfüllung der übernommenen Pflichten bezüglich der Forschung weitgehend einem übergeordneten Gremium, der sog. „Gemeinschaft der Gleichen", anvertraut.[685]

Die Ziele, die der deutsche Gesetzgeber mit der Novellierung des § 42 ArbnErfG anstrebt – insbesondere die Wertschöpfung zugunsten der Hochschulen –, konnten bislang speziell in den Vergleichsstaaten Niederlande und Großbritannien, in denen die Verwertung in der Regel der Hochschule zugeordnet ist, in einem zumindest nicht völlig unbedeutenden Ausmaß erreicht werden.[686] Dies zeigt schon die bereits oben erwähnte Bestrebung der Cambridge University, die geistigen Eigentumsrechte an Erfindungen von Hochschullehrern wieder standardmäßig der Hochschule zuzusprechen.[687]
Gerade auch der Vergleich mit der Entwicklung der Situation in Italien offenbart das mögliche Potential einer Übertragung der Verwertung und Vermarktung von Erfindungen durch die Hochschule selbst. So sind dort die reichsten und wettbewerbsfähigsten Hochschulen – ungeachtet der zwischenzeitlichen Einführung des Hochschullehrerprivilegs – auch weiterhin zunehmend dabei, Einrichtungen aufzubauen, die eine Vermarktung der Forschungsleistungen ermöglichen, indem sie entweder selbst oder in einem Netzwerk Marketing betreiben oder diese Aufgabe nach außen abgeben.[688] Diese Einrichtungen sollen es ermöglichen, die Patentfähigkeit von Erfindungen zu beurteilen, die Patentanmeldung zusammen mit dem jeweiligen Hochschulwissenschaftler zu betreuen, mit Unternehmen Forschungsverträge auszuhandeln und letztlich Unternehmen die Rechte an Erfindungen zu verkaufen oder Lizenzen daran zu vergeben.[689]

In den letzten Jahren ist auch den Hochschulen bewusster geworden, dass sie sich der Ergebnisse der ganz oder zumindest teilweise mit ihren Mitteln – wie Personal und Ausstattung – betriebenen Forschung bedienen müssen. Insbesondere die politische Notwendigkeit, das Haushaltsdefizit zu beschränken, wenn nicht sogar zu beseitigen, kann Italien, wie auch die anderen Länder der Europäischen Union, dazu zwingen, sich vom System der öffentlichen Finanzierung abzuwenden und eine unternehmerische Struktur zu fördern.[690] Wie weit dies gerade in Deutschland mit Hilfe der Abschaffung des Hochschullehrerprivilegs möglich sein wird, soll Gegenstand der abschließenden Bewertung sein.

VIII) Bewertung der Neuregelung

Abschließend soll eine kritische Bewertung der Neuregelung des § 42 ArbnErfG erfolgen. Hierbei wird zudem auf praxisrelevante Aspekte der Umsetzung eingegangen.

---

[685] Ubertazzi, GRUR Int. 2003, 986, 988.
[686] Vgl. zu Großbritannien: Kelly, Financial Times v. 7. August 2003.
[687] Vgl. Kelly, Financial Times v. 7. August 2003.
[688] Ubertazzi, GRUR Int. 2003, 986, 989.
[689] Ubertazzi, GRUR Int. 2003, 986, 989.
[690] Ubertazzi, GRUR Int. 2003, 986, 989.

Mit der Reform des § 42 ArbnErfG wurde das zuvor bestehende Hochschullehrerprivileg zwar stark reduziert, jedoch, wie der Vergleich mit anderen Arbeitnehmererfindungen zeigt, nicht gänzlich abgeschafft. Die Änderungen stellen für die meisten Hochschullehrer faktisch lediglich den Verlust des Statussymbols des „freien Erfinders" dar, da sie auch bislang überwiegend durch den Abschluss von Drittmittelverträgen freiwillig auf die ihnen bislang zugestandenen Privilegien verzichteten. Nur diejenigen Hochschulbeschäftigten, die bereits unter der Geltung des § 42 ArbnErfG a.F. erfolgreich als Erfinder tätig waren und ihre Erfindungen, sei es allein oder im Rahmen von laufenden Kooperationsverträgen mit der Privatwirtschaft, wirtschaftlich verwertet haben, werden durch die Novellierung nicht besser gestellt. Zwar wird ihnen das unternehmerische Risiko der Erfindungsverwertung abgenommen, zugleich aber auch 70% des Bruttoerlöses.

Durch das Versäumnis der Festschreibung der Verwendung des der Hochschule verbleibenden Verwertungserlöses wird dieser Verlust nicht aufgefangen. Das in der Begründung des Änderungsgesetzes erwähnte und in der Praxis bewährte sog. Drittelmodell, wonach jeweils ein Drittel des Verwertungserlöses dem Erfinder, seinem Institut oder seiner Fakultät und der Hochschule zukommt, wurde in § 42 Nr. 4 ArbnErfG nicht übernommen. Somit droht die Gefahr, dass Verwertungserlöse nicht zum Auf- und Ausbau eines Hochschulpatentwesens verwendet werden, sondern lediglich zum Stopfen vorhandener finanzieller Löcher.[691]

1) Neuheitsschonfrist

Leider führte das Gesetz zur Änderung des ArbnErfG[692] (bislang) nicht zu der Wiedereinführung einer sog. Neuheitsschonfrist.

Nach dem geltenden europäischen Patentrecht ist die Neuheit der Erfindung wesentliche Voraussetzung für die Erteilung eines Patents. Nach dem heutigen Prinzip der absoluten Neuheit (vgl. § 3 I PatG) vernichten grundsätzlich auch die eigenen Veröffentlichungen eines Erfinders die Patentfähigkeit des Gegenstandes einer späteren Patentanmeldung. Alles, was durch einen nicht überschaubaren Personenkreis irgendwie, irgendwann und irgendwo auf der Welt zur Kenntnis genommen werden konnte, gehört zum Stand der Technik und ist damit neuheitsschädlich.[693] Ob die Möglichkeit der Kenntnisnahme auf schriftlicher Publikation, mündlichem Vortrag oder einer offenkundigen Benutzung der Erfindung beruht, ist ohne Bedeutung[694] – ebenso, ob die Öffentlichkeit sie tatsächlich zur Kenntnis genommen hat und ob diese Möglichkeit aktuell noch besteht.
Maßgeblicher Zeitpunkt für die Feststellung der Neuheit ist grundsätzlich der Tag der Anmeldung,[695] also des Eingangs der Anmeldeunterlagen beim Patentamt. Jede vor

[691] Beyerlein, NZA 2002, 1020, 1024.
[692] BGBl I vom 24.01.2002, S. 414.
[693] www.nrw-safe.de/patentleitfaden.htm; Ensthaler, S. 114; Hübner, Hochschulen und Patente, S. 14; Ilzhöfer, S. 37 Rn. 125.
[694] Beier, GRUR Int. 1982, 77, 84.
[695] Hübner, Hochschulen und Patente, S. 15.

der Patentanmeldung erfolgte Veröffentlichung verhindert damit ein potentielles Patent.

An diesem Punkt setzt die Neuheitsschonfrist an. Neuheitsschonfrist bedeutet, dass im Rahmen der Prüfung der Neuheit einer Erfindung differenziert wird: Eine Veröffentlichung des Erfinders innerhalb einer bestimmten Frist ist für die Patentierung seiner Erfindung unschädlich. Für einen Konkurrenten hingegen, der die fremde Idee oder eine zufälligerweise zeitgleich gemachte Erfindung gleichen Inhalts zum Patent anmelden will, gilt die Veröffentlichung des Erfinders bereits als Stand der Technik und wird ihm entgegengehalten.
Auch das deutsche Patentrecht kannte vor der am 1. Januar 1978 in Kraft getretenen europäischen Patentrechtsharmonisierung eine Schonfrist von sechs Monaten. Diese europäische Patentrechtsharmonisierung durch das Straßburger Übereinkommen von 1963[696] und das Europäische Patentübereinkommen[697] führte jedoch zur Abschaffung der Neuheitsschonfrist in Deutschland. Im Verlauf der Verhandlungen war es Befürwortern der Neuheitsschonfrist nicht gelungen, allen europäischen Staaten die Vorteile dieses Rechtsinstituts dergestalt nahe zu bringen, dass diese bereit gewesen wären, dieses ihrem eigenen Patentrecht fremde Element aufzunehmen. Im Interesse der Rechtseinheitlichkeit wurde daher auch von deutscher Seite her auf die Neuheitsschonfrist verzichtet.

Für kleine und mittlere Unternehmen bestände der Vorteil einer Neuheitsschonfrist darin, dass sie bereits vor einer Patentanmeldung Erprobungen durchführen und Interessenten und Kunden gewinnen könnten.[698] Als besonders problematisch erweist sich dies für den Bereich der universitären Forschung, in dem vorhergehende Veröffentlichungen das typische Verhalten der Wissenschaftler kennzeichnen. Der Forscher findet seine wissenschaftliche Anerkennung grundsätzlich nicht so sehr im kommerziellen Erfolg seiner Erfindungen, sondern vielmehr in der Veröffentlichung seiner Forschungsergebnisse in den Fachzeitschriften.[699] Sein Bestreben geht also dahin, möglichst viel, möglichst weit und möglichst früh zu publizieren.[700] Hinzu kommt, dass Professoren im Interesse der Wissenschaft eher an einer schnellen und vollständigen Verbreitung des Wissens interessiert, bei internationalen Kooperationsprojekten oft sogar vertraglich zur sofortigen Veröffentlichung verpflichtet sind.[701]
Die Einführung einer allgemeinen Neuheitsschonfrist, wie sie z.B. die USA – sog. „grace period" – und Japan, aber auch Spanien und Portugal kennen, hätte diesen Konflikt zwischen Patent- und Publikationspolitik entschärft, da ihr zufolge eigene Veröffentlichungen des Erfinders während dieser Frist nicht neuheitsschädlich wirken.

---

696 Straßburger Übereinkommen zur Vereinheitlichung gewisser Begriffe des materiellen Rechts der Erfindungspatente vom 27.11.1963 – dazu: Osterrieth, S. 33 Rn. 65.
697 Europäisches Patentübereinkommen (EPÜ – Münchener Übereinkommen) vom 05.10.1973 – dazu: Osterrieth, S. 36 Rn. 73 ff.
698 Ergebnis des „Roundtable-Gesprächs" zwischen Österreich, Schweiz und Deutschland am 17.07.2000 in Wien: http://www.patente.bmbf.de/de/druck/patentpo_1178.php; siehe auch Standpunkte des deutsch-französischen Workshops am 16./17.12.1999 in Bonn: http://www.patente.bmbf.de/druck/patentpo_1176.php.
699 Ranft, GRUR Int. 1980, 597, 599.
700 Ranft, GRUR Int. 1980, 597, 599.
701 Ranft, GRUR Int. 1980, 597, 599.

Das Fehlen einer Neuheitsschonfrist wirkt sich in Europa innovationshemmend aus. Hat der Erfinder seine Idee veröffentlicht, ohne sie vorher angemeldet zu haben, kann er kein exklusives Recht zur Nutzung mehr erlangen. Da eine Verwendung durch Dritte nicht verhindert werden kann, besteht in ganz Europa kein Anreiz mehr, in die Entwicklung der Erfindung zu einem neuen Produkt oder Verfahren zu investieren.[702] Insbesondere gegenüber den USA wirkt sich das Fehlen der Neuheitsschonfrist damit als erheblicher Standortnachteil aus. Dieser wird noch durch die Tatsache verstärkt, dass europäische Erfinder, die ihre Erfindung bereits veröffentlicht haben, diese in den USA innerhalb der „grace period" erfolgreich zum dortigen Patent anmelden können.[703] Dies hat zur Folge, dass weitere Investitionen in die Verwertung der Erfindung in den USA getätigt werden und nicht in Europa, wo patentrechtlicher Schutz versagt wird.[704]

Die Regierungskonferenz der Mitgliedstaaten der Europäischen Patentorganisation zur Reform des Patentsystems in Europa (Paris, 24./25. Juni 1999) beauftragte das Europäische Patentamt (EPA) mit der Prüfung, unter welchen Bedingungen die Wirkungen einer vor der Anmeldung erfolgten Offenbarung im Europäischen Patentrecht berücksichtigt werden können. Das EPA hat bei seiner Prüfung berücksichtigt, dass öffentliche Forschungseinrichtungen, Hochschulen und manche Unternehmen möglicherweise gerne Patente anmelden würden, auch wenn sie gleichzeitig zu einer gewissen Offenbarung verpflichtet sind.[705] Nicht zu vernachlässigen ist zudem die Tatsache, dass durch Kommunikationsmittel wie das Internet das Risiko einer unbeabsichtigten Offenbarung von Forschungsergebnissen wächst und dass mangels Neuheitsschonfrist in Europa und anderen Ländern jede unbeabsichtigte Offenbarung den Erfinder um den Patentschutz für seine Erfindung bringt.

Straus kommt in einer Stellungnahme für das EPA zu dem Ergebnis, die Einführung einer allgemeinen Neuheitsschonfrist in das europäische Patentrecht sei wünschenswert, da eine solche Frist in irgendeiner Form bereits im Patentrecht von weltweit 38 Staaten verankert ist.[706] Das Fehlen einer solchen Regelung im europäischen Patentrecht könne sich nachteilig auf die Wirtschaft auswirken und die Verlagerung von Investitionen und technologischer Entwicklung aus Europa in Länder nach sich ziehen, in denen eine frühzeitige Offenbarung nicht notwendigerweise patentschädlich ist.[707]
Zu berücksichtigen sei zudem die wachsende Bedeutung von wissenschaftlichen Einrichtungen und Forschungsinstituten als Patentanmelder und Begründer von innovationsrelevantem Wissen, was dazu führe, dass die frühzeitige Veröffentlichung

---

702 Information des BMBF: http://www.patente.bmbf.de/de/druck/patentpo_1174.php.
703 Information des BMBF: htttp://www.patente.bmbf.de/de/druck/patentpo_1174.php.
704 Information des BMBF: htttp://www.patente.bmbf.de/de/druck/patentpo_1174.php.
705 Bericht der Kommission der Europäischen Gemeinschaften an das Europäische Parlament und den Rat v. 14.01.2002 – Eine Evaluierung der Auswirkungen des Unterbleibens oder der Verzögerung von Veröffentlichungen, deren Gegenstand patentfähig sein könnte, auf die gentechnologische Grundlagenforschung gem. Art. 16 Buchstabe b) der Richtlinie Nr. 98/44/EG über den rechtlichen Schutz biotechnologischer Erfindungen [SEC (2002) 50] (im Folgenden zitiert: Bericht der Kommission v. 14.01.2002 [SEC (2002) 50]), S. 18.
706 Bericht der Kommission v. 14.01.2002 [SEC (2002) 50]), S. 20.
707 Bericht der Kommission v. 14.01.2002 [SEC (2002) 50]), S. 20.

von Forschungsergebnissen erleichtert werden müsse.[708] Die Offenbarung einer Erfindung parallel zu oder erst nach der Patentanmeldung sei nicht ausreichend, da es nicht immer möglich ist, eine Patentanmeldung in einem frühen Stadium einzureichen. Auf jeden Fall stehe das absolute Verbot der Anmeldung bereits offenbarter Erfindungen in keinem Verhältnis zu einer unbeabsichtigten Offenbarung auf Seiten des Erfinders.[709] Nicht nur die Erfinder hätten darunter zu leiden, wenn einer nützlichen Erfindung der Patentschutz versagt wird, sondern die Gesellschaft insgesamt.[710]

Dieser Stellungnahme ist beizupflichten. Auch Statistiken aus Japan, den USA und Deutschland machen deutlich, dass eine frühzeitige Offenbarung für Wissenschaftseinrichtungen, Forschungsinstitute und unabhängige Erfinder besonders wichtig ist.[711] Ebenso machen weitere Erhebungen aus Japan, wo die Neuheitsschonfrist beantragt werden muss, deutlich, welche Bedeutung ihr auch große Unternehmen beimessen: 47 % der Patentanmeldungen mit Antrag auf Neuheitsschonfrist stammten 1999 von Großunternehmen.[712] Die provisorische Anmeldung kann demgegenüber nicht als ausreichender Ersatz angesehen werden, weil sie unbeabsichtigte Offenbarungen überhaupt nicht betrifft und darüber hinaus das Risiko beinhaltet, dass sich die ursprüngliche Offenbarung als Grundlage für eine spätere Anmeldung als unzureichend erweist.[713]

Insgesamt lässt sich festhalten, dass der wissenschaftliche Sektor eindeutig für eine Neuheitsschonfrist plädiert, um jede Verzögerung bei der Veröffentlichung patentfähiger Forschungsergebnisse zu vermeiden oder zu minimieren.[714] Vor allem Patentanwälte weisen hierbei auf die Notwendigkeit von Maßnahmen zur Sensibilisierung, Beratung und Unterstützung hin.[715]
Für Deutschland würde sich allerdings nur eine einheitliche europäische Einführung der Neuheitsschonfrist anbieten. Dies erschien wegen der ablehnenden Haltung der europäischen Nachbarn lange Zeit aussichtslos.[716] Nunmehr zeichnet sich jedoch die Möglichkeit des Abschlusses eines WIPO-Patentharmonisierungsvertrags ab.[717]

Im Ständigen Ausschuss für Patentrecht (SCP) bei der Weltorganisation für geistiges Eigentum WIPO (World Intellectual Property Organisation) wird über die weltweite Harmonisierung des substanziellen Patentrechts beraten.[718] Dabei geht es um grundlegende Fragen wie Neuheit, erfinderische Tätigkeit oder mangelnde Erfindungshöhe sowie industrielle Anmeldung oder Eignung. Debattiert wird auch über den Vorschlag für einen Artikel zur Einführung einer Neuheitsschonfrist in die nationalen Rechtsvor-

---

[708] Bericht der Kommission v. 14.01.2002 [SEC (2002) 50]), S. 20.
[709] Bericht der Kommission v. 14.01.2002 [SEC (2002) 50]), S. 20.
[710] Bericht der Kommission v. 14.01.2002 [SEC (2002) 50]), S. 20.
[711] Bericht der Kommission v. 14.01.2002 [SEC (2002) 50]), S. 20.
[712] Bericht der Kommission v. 14.01.2002 [SEC (2002) 50]), S. 20.
[713] Bericht der Kommission v. 14.01.2002 [SEC (2002) 50]), S. 20.
[714] Bericht der Kommission v. 14.01.2002 [SEC (2002) 50]), S. 24.
[715] Bericht der Kommission v. 14.01.2002 [SEC (2002) 50]), S. 24.
[716] Cohausz / Hannig / Dawidowicz & Partner, S. 18.
[717] Bardehle, Mitt. 2004, 289, 289.
[718] Bericht der Kommission v. 14.01.2002 [SEC (2002) 50]), S. 21.

schriften, bisher ist hierüber jedoch noch keine Entscheidung gefallen.[719] Ausschlaggebend ist hierbei auch die bisherige Position der USA, die bezüglich der Patentierungskriterien für jüngere Anmeldungen gegenüber älterem Recht bislang eine Rechtsgestaltung verlangt, die dem geltenden US-Recht entspricht.[720] Nach dem geltenden US-Patentrecht muss der Anmelder gegenüber dem älteren nicht vorveröffentlichten Patent für den Gegenstand seiner jüngeren Anmeldung nicht nur die Neuheit, sondern auch die Erfindungshöhe geltend machen, allerdings mit der Ausnahme im Falle der Selbstkollision[721].[722] In einem solchen Fall wird für den Gegenstand der jüngeren Anmeldung nur Neuheit verlangt.[723] Dies wird in Europa unter Bezugnahme auf Art. 54 Abs. 3 und Art. 56 des europäischen Patentübereinkommens jedoch abgelehnt.[724] Wenn sich hier keine Annährung erzielen lässt, müsste auch der erneute Anlauf zum Abschluss eines Patentharmonisierungsvertrages scheitern.[725]
Das Schicksal des erneut in Gang gekommenen Vorhabens der Schaffung eines Patentharmonisierungsvertrages zur Wiedereinführung der Neuheitsschonfrist ist also immer noch kritisch.[726] In Anbetracht der wachsenden Internationalisierung der öffentlichen und privaten Forschung und der Tatsache, dass der öffentliche Forschungssektor das Patentsystem inzwischen sehr viel mehr und mit größerer Erfahrung nutzt, sollte jedoch eine Definition und Harmonisierung des Konzepts der Neuheitsschonfrist angestrebt werden.[727]
Es ist daher zu hoffen, dass der jedenfalls in den Industrieländern herrschende starke Wille, einen solchen Vertrag abzuschließen, dazu führen wird, dass die noch bestehenden Differenzen überwunden werden können.[728] Bis dahin bleibt das Fehlen einer Neuheitsschonfrist als praktisch hohe Hürde für den Patentschutz bestehen.

In der Praxis erschwert das Fehlen einer Neuheitsschonfrist der wissenschaftlichen Forschung somit weiterhin den Zugang zum Patentrecht. Fehlende Patentierbarkeit behindert zudem die spätere Verwertung der Erfindung, da für Unternehmen ein Rechtserwerb an der Erfindung nur dann von Interesse ist, wenn sie Ausschließlichkeitsrechte erhalten. Eine erfolgreiche Zusammenarbeit zwischen Hochschule und Wirtschaft kann nur dann erfolgen, wenn die Wissenschaft der Industrie nicht nur innovative, sondern auch rechtlich geschützte Arbeitsergebnisse anbieten kann. Nur in diesem Fall ist eine effektive Verwertungszuführung von Erfindungen möglich. Die Vorteile einer effizienten Patent- und Lizenzpolitik überwiegen somit die Nachteile einer möglichen Verzögerung der wissenschaftlichen Veröffentlichung.
Wissenschaftliche Veröffentlichungen sollten daher, solange eine Neuregelung nicht zu erwarten ist, vor einer Publikation dahingehend überprüft werden, ob sie den Erwerb eines gesetzlichen Schutzrechts beeinträchtigen könnten. Die Erfahrung hat gezeigt, dass die Anforderungen an die Genauigkeit in einer Patentanmeldung, der

[719] Bericht der Kommission v. 14.01.2002 [SEC (2002) 50]), S. 21.
[720] Bardehle, Mitt. 2004, 289, 289.
[721] Gemeint ist hiermit die Konstellation, dass Erfinder bzw. Anmelder in beiden Fällen identisch sind.
[722] Bardehle, Mitt. 2004, 289, 289.
[723] Bardehle, Mitt. 2004, 289, 289.
[724] Bardehle, Mitt. 2004, 289, 289.
[725] Bardehle, Mitt. 2004, 289, 289.
[726] Bardehle, Mitt. 2004, 289, 291.
[727] Bericht der Kommission v. 14.01.2002 [SEC (2002) 50]), S. 24.
[728] Bardehle, Mitt. 2004, 289, 290.

sog. "Konzeptnachweis", geringer sind als an eine erfolgreiche wissenschaftliche Publikation.[729] Wissenschaftler, die sich mit beiden Verfahren auskennen, sollten deshalb die Patentanmeldung schon vor der wissenschaftlichen Veröffentlichung vorbereiten, um Verzögerungen durch das Patentverfahren zu vermeiden.[730]

2) Umsetzung der Neuregelung

In der Praxis zeigen sich zu Beginn verstärkt Umsetzungsprobleme in Bezug auf die Neuregelung, da die Hochschulen in der Regel keinerlei praktische Erfahrungen mit der Verwertung von Erfindungen haben. Nunmehr sehen sie sich gezwungen, Patentabteilungen aufzubauen und die hohe Verantwortung, welche mit der Patentbewertung und Patentverwertung einhergeht, zu übernehmen. Die bestehenden eigenen Einrichtungen der Hochschulverwaltung sind in der Regel aufgrund fehlenden Personals, Know-how und Infrastruktur nicht geeignet und fähig, Patentarbeit in größerem Umfang zu betreiben. Das Personal müsste für die Verwertung, Industriekontakte, Patentbewertung und Patentverwertung qualifiziert aufgestockt oder geschult werden.

Darüber hinaus müssen die Hochschulen finanzielle Mittel zur Patentanmeldung und -pflege aufwenden. Die Kosten für Patentanmeldungen, Patentaufrechterhaltung und Patentverteidigung sowie die Weiterentwicklung der Erfindungen sind mit den vorhandenen Geldern nicht zu bewältigen. Hinzu kommen die Ausgaben für Erfindervergütungen, die den Hochschulangestellten nach unbeschränkter Inanspruchnahme der Erfindung zu zahlen sind.
In diesem Zusammenhang spielt auch das Problem der Gegenfinanzierung der Schutzrechts- und Verwertungskosten eine Rolle: Die Verwertungserlöse müssten mindestens das 1,5-fache betragen, um den Aufwand wieder auszugleichen. Zurzeit werden allgemeine Haushaltsmittel für die Patentpolitik eingesetzt. In die bestehenden Haushaltsordnungen der Länder könnten jedoch entsprechende Titelgruppen eingerichtet werden, die den Hochschulen die zweckdienliche Bewirtschaftung von Ausgaben und Einnahmen im Bereich der Patentverwertung ermöglichen würden.

In Anbetracht der Tatsache, dass lediglich 2-3% aller Erfindungen wirtschaftlich erfolgreich sind, ist zweifelhaft, ob sich die mittels der Novellierung des § 42 ArbnErfG angestrebte Wertschöpfung bei den Hochschulen tatsächlich realisieren lässt. Zudem sind Forschungsaufträge von Unternehmen an die Hochschule häufig nicht unmittelbar „produktbezogen". Die Forschungsergebnisse beziehen sich vielmehr erst auf zukünftige Generationen gegenwärtiger Produkte.[731] Sollen nunmehr mit diesen Forschungsergebnissen Lizenzeinnahmen erzielt werden, kann deren Fälligkeit in absehbarer Zeit nicht erwartet werden, so dass auch Verwertungserlöse erst langfristig zu erwarten sind.
Es bleibt zu beachten, dass eine Gewinnerwirtschaftung durch das Betreiben von Patentarbeit, wie auch das Beispiel der amerikanischen Hochschulen zeigt, erst nach

[729] Bericht der Kommission v. 14.01.2002 [SEC (2002) 50]), S. 24.
[730] Bericht der Kommission v. 14.01.2002 [SEC (2002) 50]), S. 24.
[731] Bartenbach, Stand der Reform zum Gesetz über Arbeitnehmererfindungen, S. 10.

einiger Anlaufzeit zu erwarten ist. Nach dieser Anlaufzeit von mehreren Jahren oder aber bei der Verwertung einer außergewöhnlich lukrativen Erfindung besteht für die Hochschule jedoch durchaus die Möglichkeit, Geld mit den Erfindungen ihrer Hochschullehrer zu verdienen.

Die Verknappung öffentlicher Mittel wird die Hochschulen somit vermehrt zur selbständigen Mittelsuche veranlassen, um selbst oder durch Kontakt zur Wirtschaft über gelungene Verwertungsstrategien zusätzliche Einnahmen zu erschließen. Die Personen in der Forschung und in den Verwaltungen erhalten künftig zusätzliche Handlungsspielräume, unterliegen dann aber auch dem Zugzwang, sich verstärkt um die Sicherung und Nutzung gewerblicher Schutzrechte zu kümmern, um Erfindungen in Richtung größerer Marktnähe weiterzuentwickeln.[732]

Das Hauptaugenmerk sollte daher auf dem Ausbau einer leistungsfähigen Patentinfrastruktur zur Sicherung und Verwertung von künftigen Diensterfindungen an Hochschulen liegen. Erforderlich ist ein professionelles Erfindungs- und Patentmanagement im Hochschulbereich. Die Patentstellen müssen sich durch Professionalität, Fachkenntnis, Flexibilität, Initiative und unternehmerisches Denken auszeichnen – Voraussetzungen, die die Hochschulen nach eigenen Angaben meist nicht mitbringen, da das Haushaltsrecht, das Tarifgefüge des öffentlichen Dienstes und die Bürokratie an den Hochschulen dem entgegenstehen.[733]

Hilfe verspricht hier das Aktionsprogramm der Bundesregierung „Wissen schafft Märkte“ vom Frühjahr 2001, das an erster Stelle der Maßnahmen eine Verwertungsoffensive mit dem Ziel vorsieht, dass wissenschaftliche Forschungsergebnisse schneller den Weg zum Markt finden, um so eine Brücke zwischen Wissenschaft und Praxis zu schlagen. Der Start in das Patentwesen für Hochschulen wird vom BMBF im Rahmen dieser Verwertungsoffensive[734] unterstützt.
In diesem Zusammenhang wurden bislang bereits die Förderrichtlinien „Verwertung“[735] und „Initiative Innovation durch Patentierung und Verwertung“[736] erlassen, die am 04. August bzw. am 05. Oktober 2001 in Kraft getreten sind. Demnach sollten die Hochschulen bis zum 31. Dezember 2003 in die Lage versetzt werden, ihr Patent- und Verwertungsgeschäft über professionelle Patent- und Verwertungsagenturen (sog. PVAs) abzuwickeln.[737]
Die Förderung des Bundes stellt eine zeitlich begrenzte Anschubfinanzierung der neuen Verwertungsstruktur dar, wobei die Zuwendungen als nicht rückzahlbare Zuschüsse gewährt werden. Bemessungsgrundlage für die Hochschulen sind dabei die zusätzlichen zuwendungsfähigen Ausgaben bzw. Kosten, die bis zu 100 % gefördert werden können. Diese Förderung soll Hochschulen in die Lage versetzen, die neue Aufgabe wirksam wahrnehmen zu können. So erhalten die PVAs Mittel zur Finanzierung ihrer Dienstleistungen sowie Zuschüsse für die Erlangung und Verteidigung von Patenten. Diese PVAs, die nicht Teil der Hochschulverwaltung und deshalb frei von

---

[732] Einsporn / Risch, S. 9.
[733] Cohausz / Hannig / Dawidowicz & Partner, S.165.
[734] Siehe hierzu: http://www.patente.bmbf.de/druck/patentpo_82.php.
[735] http://www.patente.bmbf.de/de/druck/foerd_146.php – BAnz Nr. 144 vom 04.08.2001.
[736] http://www.patente.bmbf.de/de/druck/foerd_169.php – BAnz Nr. 186 vom 05.10.2001.
[737] Information des BMBF: http://www.bmbf.de/4100.html.

dortigen administrativen Zwängen sind, sollen in der Regel Ansprech- und Verhandlungspartner der Wirtschaft sein[738]. In den USA erreichen professionelle Patentanmelde- und Patentverwertungsstellen, hier jedoch an den Hochschulen – privat oder staatlich – selbst, erhebliche Lizenzeinnahmen.[739]

Hierbei soll durch die PVAs unter anderem die Beratung von Wissenschaftlern, die Bewertung von Erfindungen auf ihre Patentfähigkeit, wirtschaftliche Relevanz und Verwertbarkeit sowie neben der Ausarbeitung und Einreichung von Schutzrechtsanmeldungen die Sicherung und Abwicklung der anfallenden externen Kosten übernommen werden.[740]
Ziel ist der Ausbau eines Verwertungsnetzwerks. Im Einzelnen umfasst das Aufgabengebiet vorrangig die Identifizierung besonders vermarktungsrelevanter Erfindungen sowie deren schutzrechtliche Sicherung und Verwertung im Auftrag der Hochschulen.
In diesem Rahmen übernehmen die PVAs für die Hochschulen insbesondere die Prüfung, ob eine Erfindung überhaupt schutzrechtlich sicherbar, also patentierbar und ob und in welchem Umfang sie marktfähig ist.[741] Nach einer solchen Analyse geben die Agenturen eine Bewertung der Erfindung mit der Empfehlung, sie zu nutzen oder nicht, an die Hochschulen weiter. Entscheidet sich die Hochschule dazu, das Recht an der Erfindung in Anspruch zu nehmen, erarbeiten die PVAs Patentierungs- und Verwertungsstrategien. Sie begleiten und koordinieren im Folgenden die Schutzrechtsanmeldung durch Patentanwälte und übernehmen das Marketing und die Lizenzierung bis hin zur Überwachung der Lizenzverträge. Alle von den PVAs durchgeführten Schritte sollen jedoch unter der Einbeziehung der jeweiligen Universität oder Fachhochschule und des Erfinders erfolgen, so dass deren Wünsche und Interessen gewahrt werden.

Ergänzend fördert das BMBF im Rahmen der Initiative „Innovation durch Patentierung und Verwertung“ (IPV) die Information von Angehörigen der Hochschulen über Patente und die Rechtslage im Arbeitnehmererfindungsrecht.[742] Auf diesem Wege soll ein breites Patentbewusstsein im wissenschaftlichen Bereich entstehen, welches dem Forscher hilft, bei seinen Erfindungen effektiv und reibungsfrei mit der Hochschule bzw. der für diese tätigen PVA zusammenzuarbeiten. Die Förderungsrichtlinie hierzu ist bereits Ende September 2001 veröffentlicht worden.

Da diese Mittel jedoch ausschließlich an die PVAs und nicht an die Hochschulen fließen, wird hierdurch im Ergebnis die Entwicklung einer eigenen Patentstruktur an den Hochschulen weiterhin nicht entschieden gefördert.

---

[738] Vgl. schon Damme, Deutsche Juristen Zeitung 1898, 399, 401: „Wo der Staat beteiligt ist, gehen die Verhandlungen nicht so schnell vor sich, wie wenn zwei Privatleute miteinander abschließen.“
[739] Einsporn / Risch, S. 10.
[740] 1. Förderrichtlinie des BMBF vom 04.10.2001 – http://www.patente.bmbf.de/de/druck/foerd_146.php.
[741] Informationen im Folgenden entnommen aus einem Interview mit Alfred Schillert, PROvendis GmbH, durchgeführt von Martina Bauer, in: Bielefelder Universitätszeitung, Nr. 209 / 2002, S. 37: „Gewinnbeteiligung für Erfinder statt Hochschullehrerprivileg“.
[742] http://www.bmbf.de/4100.html.

IX) Ausblick: Stand der Gesamtreform des Arbeitnehmererfindungsgesetzes[743]

Ein handhabbares Recht der Arbeitnehmererfindungen, das die Interessen sowohl der Arbeitgeber als auch der Arbeitnehmer angemessen berücksichtigt, ist eine unerlässliche Grundlage für Forschung und Entwicklung.[744] Die Grundprinzipien des deutschen Arbeitnehmererfindungsrechts scheinen sich bewährt zu haben. So stammen immerhin 80 % der Patentanmeldungen in Deutschland von Unternehmen und gehen damit auf Arbeitnehmer zurück.[745] Das Gesetz über Arbeitnehmererfindungen gilt seit seinem Inkrafttreten im Jahre 1957 nahezu unverändert – die Abschaffung des Hochschullehrerprivilegs stellte eine der wenigen einschneidenden Reformen dar. Dass sich die Grundsätze dieses Gesetzes als einer die Begegnung von Arbeitsvertrag und Erfindung ermöglichenden „zwischenrechtlichen" Regelung[746] in der Vergangenheit bewährt haben, zeigt sich auch dadurch, dass Deutschland im internationalen Vergleich eine Spitzenposition bei den Schutzrechtsanmeldungen einnimmt.

Dennoch ist in der Vergangenheit immer wieder Kritik an den zum Teil komplizierten Regelungen und langwierigen Verfahren des ArbnErfG laut geworden. So ist eines der Hauptprobleme der Streit über die Höhe der Erfindervergütung. Auch der Streit unter Miterfindern über ihren jeweiligen Anteil an der Vergütung behindert oftmals den reibungslosen Ablauf des Verfahrens. Zudem gibt es Probleme bei der Erfindungsmeldung und Inanspruchnahme sowie beim Aufrechterhalten und der Aufgabe von Schutzrechten.
Vereinzelt führten diese Kritikpunkte sogar zu der Forderung, das ArbnErfG und die Vergütungsregelungen aufzuheben und stattdessen die auf den Arbeitsgebieten der jeweiligen Unternehmen gemachten Arbeitnehmererfindungen den Unternehmen ohne irgendwelche besonderen Überleitungsformalitäten, alle übrigen Arbeitnehmererfindungen den Arbeitnehmern zuzuordnen und die Behandlung der den Unternehmen gehörenden Arbeitnehmererfindungen einer Regelung durch Betriebsvereinbarungen zu überlassen.[747] Das ArbnErfG als ein „Gesetz ausschließlich zu Lasten des Arbeitgebers"[748] erfordere erheblichen administrativen Aufwand und sei auch aus diesem Grund nicht innovationsfördernd, sondern vielmehr innovationshemmend.[749]
Tatsächlich haben die unterschiedlichen arbeitnehmerrechtlichen Bestimmungen in Deutschland auf der einen Seite und in anderen Ländern auf der anderen Seite zur Folge, dass es bei Kooperationen deutscher mit ausländischen Unternehmen insbesondere wegen der Erfindervergütung zu zum Teil erheblichen Spannungen kommt: Während die deutschen Arbeitnehmererfinder gemäß der gesetzlichen Bestimmungen in Deutschland eine Erfindervergütung bekommen, erhalten deren ausländi-

---

[743] Vortrag zu den „Reformüberlegungen im Arbeitnehmererfinderrecht" von Frau Dr. Andrea Thun, Referentin im Bundesministerium für Justiz am 06.12.2002 in Münster – Knorpp, GRUR 2003, 219.
[744] Entwurf eines Gesetzes zur Änderung des Gesetzes über Arbeitnehmererfindungen – „Referentenentwurf" (RE) III B 4-3621-2-31 1548/2001, Begründung – Allgemeiner Teil, S. 16.
[745] Entwurf eines Gesetzes zur Änderung des Gesetzes über Arbeitnehmererfindungen – „Referentenentwurf" (RE), S. 3.
[746] So Windisch, GRUR 1985, 829, 829.
[747] So zum Beispiel Meier, GRUR 1998, 779, 785.
[748] So Meier, GRUR 1998, 779, 780.
[749] Meier, GRUR 1998, 779, 782.

schen Kollegen in der Regel nichts.[750] Dieser Unterschied wirkt sich in ganz besonderem Maße bei konzerninternen Kooperationen zwischen Arbeitnehmern in- und ausländischer Konzerngesellschaften aus.[751]

Zur Beseitigung dieser Missstände startete die Industrie im Jahr 1999 eine von Wissenschaft und praktizierenden Fachleuten befürwortete Initiative für eine Reform des ArbnErfG, welche vom Justiz- und Arbeitsministerium unter Beteiligung des Wirtschaftsministeriums aktiv aufgenommen wurde.
Bereits 1998 hatten der Bundesverband der Deutschen Industrie (BDI) und die Bundesvereinigung Deutscher Arbeitgeber (BDA) versucht, mittels einer Umfrage bei rund 800 deutschen Unternehmern die Auswirkungen der bestehenden gesetzlichen Regelungen in der Praxis zu ermitteln. Als Ergebnis dieser Studie sprachen sich 68 % der befragten Unternehmen für eine Änderung des ArbnErfG aus. Hauptprobleme im Umgang mit dem geltenden Recht stellten demnach Streitigkeiten hinsichtlich der Vergütungshöhe für getätigte Diensterfindungen sowie der enorme Verwaltungsaufwand dar. An zweiter Stelle standen Streitigkeiten der Miterfinder untereinander, gefolgt von Problemen bei Erfindungsmeldung und Inanspruchnahme sowie beim Aufrechterhalten und der Aufgabe von Schutzrechten.[752]
1999 legten BDI und BDA daher ein Eckpunktepapier vor, in dem konkrete Gesetzesänderungen vorgeschlagen wurden. So sollte etwa die Regelung des § 6 ArbnErfG entfallen und Diensterfindungen vielmehr unmittelbar und automatisch dem Arbeitgeber zuzuordnen sein. Weiterhin wurde angeregt, den bestehenden Anmeldezwang im Inland entfallen zu lassen, den Auskunftsanspruch des Arbeitnehmers bezüglich der für die Vergütung relevanten Tatsachen gesetzlich zu normieren und vor allem die Vergütungsregelungen zu vereinfachen.

Auf einer Sitzung am 18. Februar 2000 sprach sich auch die Deutsche Vereinigung für Gewerblichen Rechtsschutz und Urheberrecht (sog. „Grüner Verein") für eine Reform des ArbnErfG aus, befand diese sogar als „unausweichlich notwendig". Als Beleg für das Reformbedürfnis wurde vornehmlich das bestehende Missverhältnis zwischen den Verwaltungskosten für die Unternehmen, die im Durchschnitt EUR 2.198,- betrugen, und der zu zahlenden Arbeitnehmervergütung, die sich im Jahresdurchschnitt auf EUR 1.022,- belief, angeführt. Gefordert wurde daher auch von Seiten des Grünen Vereins die unmittelbare Zuordnung der Erfindung an den Arbeitgeber sowie ein pauschaliertes Vergütungssystem.

Am 23. März 2000 hielt das Bundesministerium für Justiz eine Anhörung der interessierten Kreise über den möglichen Reformbedarf des ArbnErfG ab. Während als Ergebnis dieser Anhörung Einigkeit bezüglich des bestehenden Reformbedarfs bestand, herrschte Uneinigkeit über den Umfang der Reform. Während sich die Reformvorschläge von Industrie und Grünem Verein auf die bereits oben genannten Änderungsbestrebungen konzentrierten, befürworteten die Arbeitnehmervertreter keine so weit gehende Reform. Aufgrund dieses Interessenunterschieds und um den

---

[750] Meier, GRUR 1998, 779, 784.
[751] Meier, GRUR 1998, 779, 784.
[752] Entwurf eines Gesetzes zur Änderung des Gesetzes über Arbeitnehmererfindungen – „Referentenentwurf" (RE), Begründung – Allgemeiner Teil, S. 16.

konkreten Handlungsbedarf zu ermitteln setzte das Bundesministerium für Justiz zusammen mit dem Bundesministerium für Arbeit und Soziales zur Ermittlung des Reformbedarfs eine Arbeitsgruppe mit Arbeitnehmervertretern sowie Vertretern aus der Industrie sowie aus Wissenschaft und Praxis ein. In den Jahren 2001 und 2002 fanden insgesamt fünf Arbeitsgruppensitzungen mit unterschiedlichen Themenschwerpunkten statt.

Basierend auf den Ergebnissen dieser Arbeitsgruppensitzungen hat das Bundesministerium der Justiz am 25. Oktober 2001 einen Referentenentwurf zur Änderung des ArbnErfG vorgelegt, der am 11. Januar 2002 der Öffentlichkeit zugängig gemacht wurde. Die Novellierung des § 42 ArbnErfG soll demnach nur ein vorweggezogener Teil einer Gesamtreform des Gesetzes sein. Der Referentenentwurf hat unter anderem eine Vereinfachung der Rechtsüberleitung zwischen Arbeitnehmererfindern und Arbeitgebern, den Wegfall des Inlands-Anmeldezwanges für auf den Arbeitgeber übergeleitete Diensterfindungen sowie der beschränkten Inanspruchnahme, die Zuordnung von Diensterfindungen zum Arbeitgeber aufgrund vermuteter Inanspruchnahme und eine Pauschalierung der Vergütungsbemessung zum Ziel.[753] Daneben sind Änderungen im Bereich der Anmelde- und Anbietungsverpflichtung des Arbeitgebers, der Auskunftsansprüche und der Miterfindervergütung geplant. Hauptanliegen dieses Referentenentwurfs ist es jedoch, durch eine frühere Auszahlung und Pauschalierung der Vergütung verstärkt Anreize für Erfinder zu schaffen.

1) Reformüberlegungen im Einzelnen

Die Reformüberlegungen im Einzelnen stellen sich wie folgt dar:

a) Qualifizierte technische Verbesserungsvorschläge

Die in der Praxis nicht relevanten Vorschriften über qualifizierte technische Verbesserungsvorschläge sollen aus dem Anwendungsbereich des ArbnErfG gestrichen werden. Qualifizierte technische Verbesserungsvorschläge sind im Gegensatz zu Erfindungen dadurch gekennzeichnet, dass sie nicht patent- oder gebrauchsmusterfähig sind und daher dem Arbeitgeber nicht dieselbe, jedoch eine ähnliche Vorzugsstellung wie ein gewerbliches Schutzrecht einräumen, § 3, 20 ArbnErfG. Das ArbnErfG sieht bis jetzt in den §§ 3, 20 i.V.m. §§ 9, 12 ArbnErfG vor, dass qualifizierte technische Verbesserungsvorschläge wie Erfindungen zu vergüten sind.
Anstelle der bisherigen Regelung im ArbnErfG wird eine einheitliche Regelung der Materie des betrieblichen Vorschlagswesens in Tarifverträgen und Betriebsvereinbarungen, bei deren Fehlen in individuellen Regelungen zwischen Arbeitgeber und Arbeitnehmer angestrebt, so wie es bereits jetzt für die Vergütung von sonstigen technischen Verbesserungsvorschlägen gilt. Eine Übergangsregelung soll sicherstellen, dass für technische Verbesserungsvorschläge, die dem Arbeitgeber bis zum Inkrafttreten des Referentenentwurfs mitgeteilt worden sind, das bisherige Recht des ArbnErfG Anwendung findet (vgl. § 43 S. 2 ArbnErfG RE).

---

[753] Bartenbach / Hellebrand, Mitt. 2002, 165, 165; Kunz-Hallstein / Loschelder, GRUR 2002, 136, 136.

b) Erfindungsmeldung

Die Neuregelung des § 5 ArbnErfG durch den Referentenentwurf hält grundsätzlich an der Meldepflicht des Arbeitnehmers für Diensterfindungen fest. Die vorgeschlagenen Änderungen dienen lediglich einer Vereinfachung des Meldeverfahrens und der Anpassung der Bestimmungen an die Neuregelung des Vergütungssystems.[754]

Mit der Neuregelung sollen die Anforderungen an die Erfindungsmeldung reduziert werden. Danach werden bestimmte Angaben – so etwa zu Weisungen des Arbeitgebers oder Richtlinien, die bei der Arbeit an der Erfindung von Bedeutung waren – nicht mehr erforderlich sein.
Für die Meldung der Diensterfindung durch den Arbeitnehmer an den Arbeitgeber und für die Bestätigung des Eingangs der Meldung durch den Arbeitgeber gem. § 5 I 3 ArbnErfG ist nach dem geltenden Recht Schriftform, dass heißt die eigenhändige Unterschrift des Arbeitnehmers bzw. des Arbeitgebers, vorgesehen.
Dieses Schriftformerfordernis aus § 5 I 1 ArbnErfG i.V.m. § 126 BGB soll durch das der Textform i.S.v. § 126 b BGB ersetzt werden. Mit der Textform schafft § 126 b BGB einen neuen Formtyp der lesbaren, aber unterschriftslosen Erklärung.[755] Sie ist für Erklärungen und Mitteilungen angemessen, in denen die klassischen Formfunktionen keine Rolle spielen, zur Dokumentation und Information aber eine nur mündliche Äußerung als nicht ausreichend erscheint.[756] Damit würde auch eine Erfindungsmeldung und die entsprechende Bestätigung unter Nutzung von modernen Informations- und Kommunikationstechniken, so etwa eine am Computer abgefasste und per E-Mail zugeleitete Erklärung,[757] möglich. Erlaubt wären sodann auch eine Eingangsbestätigung per Fax oder E-Mail. Hintergrund dieser Änderung ist die Tatsache, dass es im Zusammenhang mit Meldung und Bestätigung nicht entscheidend auf die mit der eigenhändigen Unterschrift verbundene Warn-, Beweis- und Identifikationsfunktion ankommt.[758]

Während die Ersetzung der Schriftform durch Textform auch für die Mitteilung einer freien Erfindung nach § 18 ArbnErfG gelten soll, wurde an anderen Stellen bewusst am Schriftformerfordernis festgehalten, so zum Beispiel bei der Freigabeerklärung seitens des Arbeitgebers (§ 6 II 3 ArbnErfG RE).

Hinsichtlich der Ordnungsgemäßheit der Erfindungsmeldung hält der Referentenentwurf an der Regelung fest, durch die eine nicht ordnungsgemäße Meldung als ordnungsgemäß fingiert wird, wenn der Arbeitgeber diese nicht bemängelt. Die im ArbnErfG bislang vorgesehene Frist von zwei Monaten, innerhalb derer der Arbeitgeber die Meldung des Arbeitnehmers als nicht ordnungsgemäß beanstanden muss, soll

[754] Entwurf eines Gesetzes zur Änderung des Gesetzes über Arbeitnehmererfindungen – „Referentenentwurf" (RE), Begründung – Besonderer Teil, S. 21.
[755] Palandt – Heinrichs, § 126b Rn. 1.
[756] Palandt – Heinrichs, § 126b Rn. 1.
[757] Palandt – Heinrichs, § 126b Rn. 3.
[758] Entwurf eines Gesetzes zur Änderung des Gesetzes über Arbeitnehmererfindungen – „Referentenentwurf" (RE), Begründung – Besonderer Teil, S. 21.

jedoch durch eine flexiblere Regelung ersetzt werden.[759] Die Frist zur Beanstandung soll demnach gem. § 5 III i.V.m. § 6 II 3 ArbnErfG RE nicht mehr wie bislang zwei, sondern vier Monate betragen.

c) Möglichkeit der beschränkten Inanspruchnahme

Weiterhin sieht der Referentenentwurf den Wegfall der Möglichkeit einer beschränkten Inanspruchnahme i.S.v. § 6 I 2. Alt. ArbnErfG vor. Da diese Variante der Inanspruchnahme sowohl für den Arbeitgeber als auch für den Arbeitnehmer mit nicht unerheblichen Einschränkungen verbunden war, wurde in der Praxis hiervon bislang regelmäßig kaum Gebrauch gemacht.[760] Während die beschränkte Inanspruchnahme für den Arbeitnehmer die eigene Verwertung der Diensterfindung erheblich erschwerte, sah sich der Arbeitgeber nicht selten mit Geheimhaltungspflichten belastet, um dem Arbeitnehmer die Schutzrechtsanmeldung mit einer Offenbarung der Erfindung nicht unmöglich zu machen. Ein Wegfall des Rechts des Arbeitgebers zur beschränkten Inanspruchnahme würde daher ohne große Auswirkungen bleiben.

d) Gesetzliche Fiktion der Inanspruchnahme

Da die Rechtsüberleitung aufgrund der Inanspruchnahme der Erfindung seitens des Arbeitgebers in der Vergangenheit häufig zu Problemen geführt hat, weil Fristen versäumt oder Formerfordernisse nicht beachtet wurden, soll mit der Reform des ArbnErfG eine gesetzliche Fiktion der Inanspruchnahme eingeführt werden. Das hieße, dass die Erklärung des Arbeitgebers, er nehme die gemeldete Diensterfindung unbeschränkt in Anspruch, bereits dann als erklärt gilt, wenn er die Erfindung nicht innerhalb von vier Monaten nach Eingang der ordnungsgemäßen Erfindungsmeldung freigibt. Im Gegensatz zur derzeit noch geltenden Regelung des § 6 II 2 2. HS ArbnErfG, wonach die Erfindung nur durch ausdrückliche Erklärung des Arbeitgebers in Anspruch genommen werden kann, gehen die vermögenswerten Rechte an der Diensterfindung nach den Vorschriften des Referentenentwurfs somit automatisch auf den Arbeitgeber über, wenn dieser untätig bleibt.
Ist hingegen eine Freigabe der Erfindung gewünscht, muss dies ausdrücklich erklärt werden. Diese Neuregelung soll helfen, den bislang erheblichen Verwaltungsaufwand im Zusammenhang mit der Inanspruchnahmeerklärung zu reduzieren.
An der grundsätzlichen Zuordnung der Rechte an der Erfindung an den Erfinder, dass heißt den Arbeitnehmer selbst, soll sich jedoch nichts ändern. Die teilweise von Seiten der Industrie lautgewordene Forderung nach einem automatischen Direkterwerb aller Rechte an der Erfindung bereits im Augenblick deren Fertigstellung ließ sich nicht durchsetzen. So bleibt es bei der grundsätzlichen Zuordnung des wirtschaftlichen Werts der Erfindung als Ergebnis seiner geistigen und persönlichen Leistung an den Arbeitnehmer.

---

[759] Entwurf eines Gesetzes zur Änderung des Gesetzes über Arbeitnehmererfindungen – „Referentenentwurf" (RE), Begründung – Besonderer Teil, S. 22.
[760] Entwurf eines Gesetzes zur Änderung des Gesetzes über Arbeitnehmererfindungen – „Referentenentwurf" (RE), Begründung – Allgemeiner Teil, S. 18.

e) Wegfall des Anmeldezwangs

Als „Sieg“ der Industrie ist hingegen die Durchsetzung des Wegfalls des Zwangs zur Schutzrechtsanmeldung im Inland aus § 13 ArbnErfG im Referentenentwurf zu verbuchen. Während der Arbeitgeber bislang gesetzlich verpflichtet ist, eine Erfindung unverzüglich nach ihrer Meldung zur Erteilung eines Schutzrechts im Inland anzumelden, soll diese Anmeldepflicht laut Referentenentwurf künftig entfallen.
Mittels dieser Neuregelung könnte in Zukunft die Bedeutung einer Erfindung für das Unternehmen des Arbeitgebers als Ganzes gesehen werden, bevor eine Entscheidung bezüglich der Durchführung einer Schutzrechtsanmeldung im Inland getroffen wird. Damit würde eine individuelle Anmeldestrategie möglich.
Notwendige Konsequenz hieraus wird auch der Wegfall der Verpflichtung zur Auslandsfreigabe i.S.v. § 14 II ArbnErfG sowie der Anbietungs- und Freigabepflichten des Arbeitgebers sein. Von Seiten der Bundesregierung wird erwartet, dass der Wegfall dieser Pflichten zu einer deutlichen Reduzierung des Verwaltungsaufwands führen wird.

Bedingt durch den Wegfall des Anmeldezwangs ist auch die Neuregelung in § 7 II ArbnErfG RE zu verstehen. Da der Arbeitgeber bisher verpflichtet ist, alle Erfindungen zum Schutzrecht anzumelden, wird nach bislang geltendem Recht die Schutzfähigkeit der Erfindung durch die für den gewerblichen Rechtsschutz zuständigen Behörden festgestellt. Damit dem Arbeitnehmer durch den angestrebten Wegfall des Anmeldezwangs kein Nachteil entsteht und er grundsätzlich auch nach den neuen Regelungen des Referentenentwurfs möglichst bald nach der Inanspruchnahme seiner Erfindung durch den Arbeitgeber einen Vergütungsanspruch nach §§ 9, 12 ArbnErfG RE erwirbt, bestimmt § 7 II ArbnErfG RE, dass die Schutzfähigkeit der Diensterfindung für den Anwendungsbereich des ArbnErfG grundsätzlich zu vermuten ist. Hiermit soll die Vorschrift in all den Fällen der Rechtssicherheit dienen, in denen die Erfindung nicht zum Schutzrecht angemeldet wird.[761]
Diese Vermutung soll allerdings nur so lange gelten, wie die Anmeldung des Schutzrechts nicht rechtskräftig zurückgewiesen worden ist oder Arbeitgeber und Arbeitnehmer nicht einvernehmlich festgestellt haben, dass die Diensterfindung nicht schutzfähig ist.

f) Neuregelung des Vergütungssystems

Das Kern- bzw. Herzstück des Referentenentwurfs stellt jedoch die Neuregelung des Vergütungssystems dar. In der Praxis wurden schon seit langem Stimmen laut, es bestünden große Schwierigkeiten bei der Bestimmung der „Angemessenheit“ der Vergütung. Da die Vergütung meist erst Jahre später in die Hände des jeweiligen Arbeitnehmererfinders gelange, gewährleiste das bestehende Vergütungssystem zudem keineswegs die erstrebte Anreizfunktion hin zu mehr Erfindertätigkeit.
Aus diesem Grund sieht der Referentenentwurf nunmehr vor, dass Pauschalbeträge im ArbnErfG selbst festgeschrieben werden, welche laut der Begründung des Refe-

[761] Entwurf eines Gesetzes zur Änderung des Gesetzes über Arbeitnehmererfindungen – „Referentenentwurf“ (RE), Begründung – Besonderer Teil, S. 23.

rentenentwurfs den bisher durchschnittlich gezahlten Erfindervergütungen im Wesentlichen entsprechen. Überdies sollen genaue Zeitpunkte für die Zahlung der Vergütung festgelegt werden. Die bislang geltenden, umfassenden und detaillierten, jedoch schwer anwendbaren Vergütungsrichtlinien sind danach nicht mehr erforderlich.

Die Vergütung des Arbeitnehmererfinders staffelt sich nach den Vorschriften des Referentenentwurfs vielmehr in eine erste Vergütungspauschale, die sog. „Anfangspauschale", eine zweite „Verwertungspauschale" bzw. „Aufrechterhaltungspauschale" sowie eine dritte „Verwertungspauschale". Um eine Beeinträchtigung der Funktionsfähigkeit des gesamten Vergütungssystems zu vermeiden, konnten im Rahmen des neuen Pauschalierungssystems keine weiteren Differenzierungen vorgenommen werden.[762].

aa) 1. Vergütungsstufe: „Anfangspauschale"

Bereits zwei Monate nach Inanspruchnahme der Diensterfindung durch den Arbeitgeber hat der Arbeitnehmer – allein aufgrund eben dieser Inanspruchnahme – einen Anspruch auf Zahlung der „Anfangspauschale", deren Höhe im Referentenentwurf auf EUR 750,- festgesetzt wurde.
Zweck dieser frühzeitigen Vergütungszahlung ist es, die Arbeitnehmer zu einer verstärkten Erfindertätigkeit anzuhalten. Darüber hinaus soll diese erste Vergütungszahlung einen Ausgleich für den Wegfall des Anmeldezwangs darstellen.[763]

bb) 2. Vergütungsstufe: „Verwertungs-„ oder „Aufrechterhaltungspauschale"

Ein zweiter Vergütungsanspruch des Arbeitnehmererfinders entsteht bei Verwertung der von ihm getätigten Erfindung durch den Arbeitgeber. Diese „Verwertungspauschale" soll laut Referentenentwurf EUR 2.000,- betragen und drei Jahre und sechs Monate nach Ablauf des Monats, in dem die Verwertung begonnen wurde, fällig werden. Damit stellt diese Regelung nicht mehr wie der noch geltende § 9 II ArbnErfG auf die wirtschaftliche Verwertbarkeit der Diensterfindung, sondern auf ihre tatsächliche Verwertung ab. Ob der Arbeitgeber eine Erfindung verwertet und welche Verwertungsmöglichkeit er wählt, unterliegt nach der Neuregelung seiner unternehmerischen Entscheidungsfreiheit.

Die Vorschrift des § 10 I ArbnErfG RE soll alle Formen der tatsächlichen Verwertung erfassen, wie zum Beispiel Verkauf, Tausch, Lizenzvergabe oder auch die Nutzung der Erfindung im eigenen Unternehmen, insbesondere durch Herstellung eines Produkts oder im Fall einer Verfahrenserfindung durch Anwendung des Verfahrens.[764]

---

[762] Entwurf eines Gesetzes zur Änderung des Gesetzes über Arbeitnehmererfindungen – „Referentenentwurf" (RE), Begründung – Besonderer Teil, S. 24.
[763] Entwurf eines Gesetzes zur Änderung des Gesetzes über Arbeitnehmererfindungen – „Referentenentwurf" (RE), Begründung – Besonderer Teil, S. 24.
[764] Entwurf eines Gesetzes zur Änderung des Gesetzes über Arbeitnehmererfindungen – „Referentenentwurf" (RE), Begründung – Besonderer Teil, S. 24.

Die Regelung geht nicht davon aus, dass der zu zahlende Pauschalbetrag bei Fälligkeit schon in voller Höhe erwirtschaftet worden ist – andererseits wird jedoch auch keine weitere Vergütung fällig, wenn der Arbeitgeber nach der Zahlung dieser „Verwertungspauschalen“ weitere Einnahmen oder Gewinne durch die Verwertung der Erfindung erwirtschaftet, solange hierbei nicht die Schwellen des § 12 ArbnErfG RE überschritten werden (siehe Ausführungen zur „Umsatzpauschale“).[765]

Sieht der Arbeitgeber hingegen von einer Verwertung der Diensterfindung ab, hält aber die Inanspruchnahme über einen längeren Zeitraum aufrecht – unabhängig von einem eventuellen Schutzrechtserwerb –, so hat er dem Arbeitnehmer sieben Jahre und sechs Monate nach Ablauf des Monats, in dem die Inanspruchnahme erfolgte, EUR 500,- als „Aufrechterhaltungspauschale“ zu zahlen. Die gegenüber der „Verwertungspauschale“ gesenkte Höhe dieser Vergütungszahlung trägt dem Umstand Rechnung, dass der Arbeitgeber in diesem Fall noch keine Gewinne oder Einnahmen aus einer Verwertung der Erfindung erzielt hat.

Ist die Diensterfindung zur Erlangung eines Schutzrechts angemeldet worden und liegt zu dem Zeitpunkt noch keine rechtskräftige Entscheidung über die Anmeldung vor, wird die zweite Vergütungspauschale erst zwei Monate nach Erlangung des Schutzrechtes fällig. Hierdurch soll der Arbeitgeber vor Vergütungszahlungen geschützt werden, zu denen er nach Abschluss des Schutzrechtserteilungsverfahrens nicht verpflichtet gewesen wäre.[766]

cc) 3. Vergütungsstufe: „Umsatzpauschale“

Die gegebenenfalls zu zahlende dritte abschließende Vergütungspauschale knüpft an besonders hohe erfindungsgemäße Umsätze und Einnahmen des Arbeitgebers aus der Erfindungsverwertung an. Voraussetzung hierfür ist nach dem neugefassten § 12 ArbnErfG RE, dass acht Jahre nach Ablauf des Monats, in dem die Verwertung begonnen wurde, der erfindungsgemäße Gesamtumsatz fünf Millionen Euro oder die erfindungsgemäßen Einnahmen EUR 125.000,- übersteigen.
Die Vergütung bezieht sich hier auf das tatsächlich mit der Erfindung Erwirtschaftete.[767] Da sich Erfindungen von Arbeitnehmern in der Regel auf einzelne Teile eines Produktes oder eines Verfahrens beziehen, legt § 12 III ArbnErfG RE fest, dass bei der Ermittlung des erfindungsgemäßen Gesamtumsatzes oder der erfindungsgemäßen Gesamteinnahmen als Bezugsgröße auf die kleinste technisch-wirtschaftliche Einheit abzustellen ist, auf die sich die Erfindung bezieht.[768] Je nach Höhe des Umsatzes bzw. der Einnahmen sieht der Referentenentwurf gestaffelte Beträge vor, die

[765] Entwurf eines Gesetzes zur Änderung des Gesetzes über Arbeitnehmererfindungen – „Referentenentwurf“ (RE), Begründung – Besonderer Teil, S. 25.
[766] Entwurf eines Gesetzes zur Änderung des Gesetzes über Arbeitnehmererfindungen – „Referentenentwurf“ (RE), Begründung – Besonderer Teil, S. 26.
[767] Entwurf eines Gesetzes zur Änderung des Gesetzes über Arbeitnehmererfindungen – „Referentenentwurf“ (RE), Begründung – Besonderer Teil, S. 26.
[768] Auf diesen Begriff stellt auch bereits die Vergütungsrichtlinie Nr. 8 ab: Bartenbach / Volz, Arbeitnehmererfindervergütung, RL Nr. 8, Rn. 31.

acht Jahre und sechs Monate nach Ablauf des Monats, in dem die Verwertung begonnen wurde, zu zahlen sind.

Ziel der Neuregelung des Vergütungssystems ist es, den Verwaltungsaufwand für die bislang komplizierte Berechnung der Erfindervergütung herunter zu fahren und hierdurch eine Verfahrensbeschleunigung zu erreichen. Die Vergütung soll im Interesse der Rechtssicherheit durch die im Voraus festgelegten Pauschalbeträge voraussehbar und nachvollziehbar gestaltet werden, um somit Streitigkeiten anlässlich der Vergütung zu vermeiden. Dies hat auch zur Folge, dass die Kostenbelastung der Arbeitgeber kalkulierbarer wird. Durch die frühzeitige Auszahlung der ersten „Anfangspauschale" soll zudem ein Anreiz für die Arbeitnehmer hin zu mehr Erfindertätigkeit und frühzeitiger Meldung von Diensterfindungen geschaffen werden. Eine zufrieden stellende Regelung der Vergütung wird im besonderen Maße Motivation für den Arbeitnehmer sein, schöpferischen Ideen nachzugehen.[769]

Somit bestimmt die Abkehr von dem bisher geltenden sog. Monopolprinzip hin zum Sonderleistungsprinzip den Reformentwurf.
Das ArbnErfG stellt in seiner Gesamtheit darauf ab, dass dem Arbeitgeber durch Diensterfindungen Verwertungsmöglichkeiten erwachsen könnten, die nicht durch den Arbeitslohn abgegolten sind und an deren Ergebnissen der Arbeitnehmererfinder zu beteiligen ist.[770] Eine Erfindung kann nicht als Arbeitsergebnis geschuldet sein, weil sich der Arbeitnehmer nicht zum Erfinden verpflichten kann.[771] Dementsprechend bezieht sich die Lohnvereinbarung auch nicht auf solche Ergebnisse.[772]
Die sich somit ergebenden Rechtsbeziehungen zwischen dem Arbeitgeber und dem Arbeitnehmererfinder sind zwar mit den sich aus dem Arbeitsverhältnis ergebenden Rechten und Pflichten verknüpft, werden aber wesentlich durch die aus dem Arbeitsverhältnis nicht geschuldete Verschaffung einer Monopolstellung und deren wirtschaftliche Folgen geprägt (sog. Monopolprinzip).[773]

Monopolprinzip bedeutet daher, dass der Vergütungsanspruch des Arbeitnehmererfinders für den von ihm stammenden Anteil an dem Zustandekommen einer auf den Arbeitgeber übergeleiteten Diensterfindung nach dem wirtschaftlichen Vorteil bemessen wird, der dem Arbeitgeber aus der Benutzung des Schutzrechts für die Diensterfindung erwächst.[774] Maßgeblich ist das erreichte Ausschlussrecht, durch welches der Arbeitnehmer dem Arbeitgeber eine wettbewerbsrechtliche Vorzugsstellung (Monopol) vor seinen Konkurrenten verschafft, welche eine Zusatzvergütung rechtfertigt.[775] Die Sondervergütung des Arbeitnehmererfinders wird jedoch erst durch das

---

[769] So allgemein zum Vergütungsgrundsatz: Bartenbach / Volz, ArbnErfG, Einleitung vor §§ 9-12, Rn. 3.
[770] BGH v. 25.11.1980, GRUR 1981, 263 – Drehschiebeschalter.
[771] Vgl. BGH v. 25.11.1980, GRUR 1981, 263 – Drehschiebeschalter; Windisch, GRUR 1985, 829, 831.
[772] Windisch, GRUR 1985, 829, 831.
[773] Vgl. BGH v. 25.11.1980, GRUR 1981, 263 – Drehschiebeschalter.
[774] Bartenbach / Hellebrand, Mitt. 2002, 165, 166.
[775] Bartenbach / Volz, Arbeitnehmererfindervergütung, Einleitung Rn. 11; Reimer / Schade / Schippel, S. 97.

Bestehen des Monopols, also des Schutzrechts, nicht hingegen schon durch die bloße Schutzrechtsfähigkeit der Erfindung begründet.[776]

Der Reformentwurf befreit den Arbeitgeber von dem Schutzrechtsanmeldungszwang im Inland. Im Gegenzug gibt er dem Arbeitnehmererfinder einen Anspruch auf eine nichtrückforderbare erste pauschalierte Vergütung für die Meldung einer technischen Lehre als Erfindung. Diese Pauschalierung der Vergütungsansprüche dürfte in der Praxis zu einer Transparenz und erleichterten Handhabung der Vergütung führen. Bei Inanspruchnahme durch den Arbeitgeber tritt die gesetzliche Vermutung ein, dass es sich hierbei um eine schutzfähige technische Lehre handelt, welche nur einvernehmlich mit dem Erfinder oder im Fall einer rechtskräftigen Zurückweisung einer Schutzrechtsanmeldung für die Diensterfindung widerlegbar ist. Damit wird im Ergebnis die besondere persönliche Leistung des Arbeitnehmers – zunächst – ungeachtet ihres objektiven Werts im Vergleich zum Stand der Technik belohnt (sog. Sonderleistungsprinzip). Dieser Theorie zufolge hat der Arbeitnehmer nunmehr bereits dann eine zu vergütende Sonderleistung erbracht, wenn seine arbeitsvertraglich geschuldete Tätigkeit zu einer schutzfähigen Erfindung führt.[777]

Hieran knüpft jedoch auch bereits ein erster Kritikpunkt an: Der Referentenentwurf sieht keinerlei Rückforderungsmöglichkeit der ersten Vergütungspauschale vor, gleich, was im Folgenden mit der Erfindung passiert. Für den Fall, dass der Arbeitgeber die Diensterfindung zur Erlangung eines Schutzrechts angemeldet hat, die Anmeldung jedoch rechtskräftig zurückgewiesen wird oder dass Arbeitgeber und Arbeitnehmer einvernehmlich festgestellt haben, dass die Diensterfindung nicht schutzfähig ist, ist der Arbeitgeber nach der Neuregelung des Referentenentwurfs zwar nicht zur Zahlung weiterer Vergütungen verpflichtet, bereits Geleistetes kann er jedoch nicht vom Arbeitnehmer zurückverlangen (so § 13 I ArbnErfG RE).
Auch wenn damit die bisherige Regelung des § 12 VI 2 ArbnErfG inhaltlich übernommen würde, bliebe der Unterschied bestehen, dass Arbeitgeber und Arbeitnehmer Unsicherheiten in Bezug auf eine möglicherweise bevorstehende erhebliche Änderung der Schutzrechtslage nach dem bisher geltenden Recht bei der Festsetzung der bis zur Klärung der Schutzrechtslage zu zahlenden Vergütung berücksichtigen können. Zudem steht dem Arbeitgeber nach herrschender Meinung ein Rückforderungsanspruch nach den Grundsätzen der ungerechtfertigten Bereicherung für den Fall zu, dass die Vergütungsfestsetzung unwirksam war.[778] Diese Möglichkeit entfiele nach einer Reform des ArbnErfG angesichts der dann gesetzlich im Voraus bestimmten Vergütungspauschalen.

Aus der nunmehr beabsichtigten Regelung könnte sich daher zwangsläufig das Problem ergeben, dass Unternehmen mit hohen Erfindungsmeldungen praktisch „zusätzliche Gehälter" zahlen müssten, ohne eine Möglichkeit zu haben, aus diesem Automatismus wieder heraus zu kommen.
Konsequenz des Referentenentwurfs ist es jedoch gerade, dass die Beurteilung der Schutzfähigkeit auf die Ebene des Unternehmens verlagert wird. Wenn dieses die

[776] Reimer / Schade / Schippel, S. 97.
[777] Reimer / Schade / Schippel, S. 98.
[778] Bartenbach / Volz, ArbnErfG, § 12 Rn. 157ff.; Busse – Keukenschrijver, ArbnErfG, § 12 Rn. 39.

Erfindung im Ergebnis für nicht interessant bzw. „lohnenswert" hält, kann es diese freigeben und damit dem „Automatismus" entgehen. Unternehmen sollten daher vor einer Inanspruchnahme sorgfältig prüfen, ob sich eine solche im Hinblick auf die zu leistende Vergütungspauschale „auszahlt".

g) Gesetzlicher Auskunftsanspruch

Ein weiteres Anliegen war die Forderung nach einem gesetzlich normierten Auskunftsanspruch des Arbeitnehmers.
In der Regel ist der Arbeitnehmererfinder nicht in der Lage, sich ein hinreichendes Bild über den wirtschaftlichen Wert seiner Erfindung für seinen Arbeitgeber zu machen. Insbesondere wird er die wirtschaftlichen Vorteile nicht beziffern können, die der Arbeitgeber aus einer Verwertung der Erfindung tatsächlich zieht.[779] Aus diesem Grunde bedarf der Arbeitnehmererfinder gegenüber seinem Arbeitgeber als Hilfsmittel zur Ermittlung der Höhe der ihm zustehenden Erfindervergütung eines Auskunfts- und Rechnungslegungsanspruchs, dessen Inhalt und Umfang sich unter Beachtung von § 242 BGB nach den Umständen und unter Einbeziehung der Verkehrsübung bestimmt.[780]

Während dieser Anspruch auf Auskunft über alle für die Vergütung relevanten Tatsachen von der Rechtsprechung bislang aus dem Rechtsgedanken von Treu und Glauben, § 242 BGB, in Verbindung mit der arbeitsrechtlichen Fürsorgepflicht des Arbeitgebers und daraus hergeleitet wurde, dass dem Erfinder die freie Verfügung über seine Erfindung nicht zusteht, sondern er diese seinem Arbeitgeber zur Verwertung anbieten muss[781], soll er nach dem Referentenentwurf nunmehr in § 13 III ArbnErfG RE gesetzlich verankert werden. Damit soll dem Arbeitnehmer das Recht eingeräumt werden, Auskunft über alle für die Vergütung relevanten Tatsachen zu verlangen. Dazu gehört insbesondere die Frage nach der Verwertung der Diensterfindung und der Höhe des erfindungsgemäßen Gesamtumsatzes bzw. der erfindungsgemäßen Einnahmen des Arbeitgebers.[782] Im Einzelfall kann dieses Auskunftsrecht sogar dazu führen, dass der Arbeitgeber die jeweiligen Liefermengen, Lieferzeiten, Lieferpreise und die Abnehmer zu offenbaren hat.[783] Da sich diese Informationen in der Regel der Kenntnis des Arbeitnehmers entziehen, soll er in Zukunft die rechtlich normierte Möglichkeit haben, hierüber Auskunft vom Arbeitgeber verlangen zu können[784] und somit in die Lage versetzt werden, die Richtigkeit der festgesetzten Vergütung zu überprüfen.

---

[779] BGH v. 13.11.1997, Mitt. 1998, 105, 108 (Copolyester II); BGH v. 13.11.1997, Mitt. 1998, 111, 115 (Spulkopf).
[780] BGH v. 13.11.1997, Mitt. 1998, 105, 108 (Copolyester II); BGH v. 13.11.1997, Mitt. 1998, 111, 115 (Spulkopf).
[781] Vgl. BGH, zuletzt 13.11.1997, Mitt. 1998, 105, 108 (siehe auch: Amtlicher Leitsatz der Entscheidung) (Copolyester II); BGH v. 13.11.1997, Mitt. 1998, 111, 115 (Spulkopf); Schoenen in Hasselblatt, MAH Gewerblicher Rechtsschutz, § 35 Rn. 262.
[782] Entwurf eines Gesetzes zur Änderung des Gesetzes über Arbeitnehmererfindungen – „Referentenentwurf" (RE), Begründung – Besonderer Teil, S. 28.
[783] Mitteilung der Pressestelle des BGH, Nr. 84/1997.
[784] Entwurf eines Gesetzes zur Änderung des Gesetzes über Arbeitnehmererfindungen – „Referentenentwurf" (RE), Begründung – Besonderer Teil, S. 28.

h) Miterfinder

Ein weiteres Anliegen der Bundesregierung und der beteiligten Kreise war es, mit dem Referentenentwurf Regelungen zu schaffen, um in Zukunft Streitigkeiten unter Miterfindern zu vermeiden. Dies soll durch die Normierung einer Verpflichtung zur Einigung über die Höhe der jeweiligen Anteile an der Erfindung erreicht werden. Konnte bis zum Zeitpunkt der Fälligkeit der ersten Vergütungspauschale eine solche nicht erzielt werden, so soll dem Arbeitgeber das Recht zustehen, durch das Hinterlegen der Vergütung von seiner gegenüber den Miterfindern bestehenden Zahlungspflicht frei zu werden. Die Vorschrift soll damit also auch ein mögliches Prozessrisiko des Arbeitgebers vermeiden.[785]
Hintergrund dieser Regelung ist der Gedanke, dass es dem Arbeitgeber nicht zugemutet werden kann, seinerseits die Miterfinderanteile zu bestimmen, wie es bislang § 12 II 1, V 2 ArbnErfG vorsieht. Da er in der Regel keinen Einblick in das Innenverhältnis der Miterfinder, speziell ihre Aufgaben- und Tätigkeitsverteilung beim Fertigstellen der Erfindung sich seiner Kenntnis entzieht, kann er aus diesem Grund oftmals nicht beurteilen, welcher Anteil dem einzelnen Arbeitnehmer an der Erfindung zukommt. Bei Streit über die Höhe ihrer Anteile an der gemeinsam getätigten Erfindung müssen die Miterfinder diesen nach den Reformvorschriften vielmehr untereinander vor den ordentlichen Gerichten austragen.
Diese Neuregelung bezweckt in ihrer Funktion als Konfliktlösungsmechanismus, Druck auf die Miterfindergemeinschaft auszuüben und die Einigungschancen durch die drohende Hinterlegung zu erhöhen bzw. eine Einigung zu beschleunigen. Zudem würden die Arbeitnehmer durch die Hinterlegung der Vergütung vor einer später möglicherweise eintretenden Zahlungsunfähigkeit des Arbeitgebers geschützt.[786]

Zudem wird durch das Einfügen des Wortes „(Miterfinder)" in § 5 I 2 ArbnErfG RE nunmehr eine gesetzliche Definition des Begriffs der Miterfinder geschaffen. Danach sind Miterfinder per Gesetz nunmehr mehrere Arbeitnehmer, die gemeinsam am Zustandekommen einer Erfindung beteiligt sind.

i) Übergangsregelung

Nach den Regelungen des Referentenentwurfs sollen nach dessen Inkrafttreten für vor diesem Zeitpunkt gemeldete Erfindungen das alte ArbnErfG, für Erfindungen, die nach diesem Zeitpunkt gemeldet werden, die neuen Vorschriften gelten. Dies soll sowohl für die materiellrechtlichen als auch für die verfahrensrechtlichen Bestimmungen gelten.[787]

---

[785] Entwurf eines Gesetzes zur Änderung des Gesetzes über Arbeitnehmererfindungen – „Referentenentwurf" (RE), Begründung – Besonderer Teil, S. 28.
[786] Entwurf eines Gesetzes zur Änderung des Gesetzes über Arbeitnehmererfindungen – „Referentenentwurf" (RE), Begründung – Besonderer Teil, S. 28.
[787] Entwurf eines Gesetzes zur Änderung des Gesetzes über Arbeitnehmererfindungen – „Referentenentwurf" (RE), Begründung – Besonderer Teil, S. 35.

Vor allem eine rückwirkende Anwendung der neuen Vorschriften würde – unabhängig von dem sich dann ohnehin stellenden Problem der Zulässigkeit einer Rückwirkung – für die Industrie erhebliche Probleme mit sich bringen.
Da bislang keine konkreten Vorschläge zu einer möglichen Übergangsregelung gemacht wurden, die allen Interessen gerecht wird, will das Bundesjustizministerium die Klärung dieser Frage der individuellen Vertragsgestaltung überlassen. Angeregt wird daher der Abschluss von vertraglichen Regelungen i.S.v. § 22 ArbnErfG, mittels derer zwischen Arbeitgeber und Arbeitnehmer das neue Recht für anwendbar erklärt werden könnte. Damit würde zudem je nach Interessenlage eine individuelle Handhabung in den verschiedenen Unternehmen ermöglicht.

2) Weiterer Gang des Verfahrens

Der mit dem Referentenentwurf vorgelegte Gesetzesentwurf konnte in der 14. Legislaturperiode nicht mehr in den Bundestag eingebracht werden. Maßgeblicher Grund hierfür war die Tatsache, dass der in der Arbeitsgruppe zunächst ermittelte Konsens im Folgenden nicht mehr aufrechterhalten werden konnte. Die Realisierung der Gesamtreform des ArbnErfG ist daher ins Stocken geraten und droht sogar zu scheitern. Hauptursache hierfür ist der Streit über die Höhe der „Anfangspauschale" sowie der Wegfall des Anmeldezwangs im Inland. Vor allem über die Höhe der ersten Vergütungspauschale konnte bislang keine Einigung erzielt werden. Während die Arbeitgeberverbände bereits eine Höhe von EUR 500,- als angemessen erachten, fordern die Gewerkschaften und andere Arbeitnehmervertreter eine Zahlung in Höhe von EUR 1.200,-.
Fraglich ist, ob hinter dem Aufhänger der Vergütungshöhe nicht eher eine grundsätzliche Meinungsverschiedenheit in Bezug auf die Abkehr von Monopolprinzip steht.

Ob eine Wiederbelebung der Reform durch den Eintausch der Schutzfähigkeitsvermutung gegen ein Verbleiben des Anmeldezwangs erreichbar wäre, ist offen.[788] Zwingende Voraussetzung hierfür wäre die Beilegung des oben genannten Konflikts über die Höhe der ersten Vergütungspauschale. Die Verwirklichung des Reformvorhabens wird daher maßgeblich davon abhängen, ob hierbei ein tragfähiger Konsens gefunden werden kann. Schwierig erscheint dies besonders angesichts der Tatsache, dass nicht nur Streit zwischen den Arbeitgeber- und den Arbeitnehmervertretern herrscht, sondern bereits die Interessen der einzelnen Unternehmen so verschieden sind, dass schon eine Einigung innerhalb der Parteien auf den ersten Blick nicht greifbar scheint.

Um die Reformbestrebungen wieder in Gang zu bringen, hat eine Projektgruppe bestehend aus namenhaften Spezialisten auf dem Gebiet des Arbeitnehmererfindungsrechts gemeinsam mit Firmenvertretern den Entwurf eines Zweiten Gesetzes zur Änderung des Gesetzes über Arbeitnehmererfindungen ausgearbeitet.
Der Entwurf[789] beruht im Wesentlichen auf dem Referentenentwurf, sieht demgegenüber jedoch einige Änderungen vor. So soll § 7 II ArbnErfG RE und damit die Fiktion

788 Bartenbach / Hellebrand, Mitt. 2002, 165, 166.
789 Hier in der Fassung vom 16. Juni 2003, VPP- Rundbrief Nr. 2/2004, S. 54ff.

der Schutzfähigkeit einer Erfindung, die mit der Inanspruchnahme ent- und so lange besteht, bis die Anmeldung eines Schutzrechts rechtskräftig zurückgewiesen worden ist oder Arbeitgeber und Arbeitnehmer einvernehmlich festgestellt haben, dass die Diensterfindung nicht schutzfähig ist, ersatzlos entfallen. Hintergrund hierfür ist einmal, dass eine Vermischung von Erfindungs- und Verbesserungsvorschlagswesen verhindert werden soll. Mit einer durchschnittlichen Zahlung von unter EUR 200,- liegt die Vergütung für Verbesserungsvorschläge in der Praxis äußerst niedrig. Beim Vorliegen einer Vermutung der Schutzfähigkeit liegt es daher nahe, dass eigentliche Verbesserungsvorschläge als „Erfindungsmeldung" deklariert eingereicht werden, mit der Folge, dass Arbeitgeber, die diese nutzen und zunächst nicht freigeben wollen, zur Zahlung der ersten „Anfangspauschale" verpflichtet sind. Zudem stellte eine solche Fiktion einen Bruch mit dem Monopolprinzip dar.
Aus eben diesen Gründen soll nach dem Entwurf der Projektgruppe die „Anfangspauschale" bei Inanspruchnahme gem. § 9 I ArbnErfG nicht EUR 750,-, sondern nur EUR 250,- betragen. Als Ausgleich hierfür hat der Arbeitnehmer Anspruch auf eine weitere Vergütung in Höhe von EUR 600,-, wenn der Arbeitgeber die Rechte an einer in Anspruch genommenen Diensterfindung vor Anmeldung eines Schutzrechts auf einen Dritten, der mit ihm nicht im Konzernverbund steht oder mit ihm sonst rechtlich oder wirtschaftlich verbunden ist, überträgt, ohne hierfür eine erfindungsbezogene Einnahme zu erhalten. Zusätzlich soll der Arbeitnehmer einen Anspruch auf eine weitere Vergütung in Höhe von EUR 500,- gegen den Arbeitgeber haben, wenn dieser die Diensterfindung zur Erlangung eines Schutzrechts angemeldet hat sowie einen Vergütungsanspruch in Höhe von EUR 250,-, wenn der Arbeitgeber Anmeldungen für wenigstens ein weiteres Land eingereicht hat. Des Weiteren weichen die Regeln zur Vergütung bei Aufrechterhaltung der Inanspruchnahme (2. Vergütungsstufe) und zur Vergütung bei hohen erfindungsgemäßen Umsätzen (3. Vergütungsstufe) in der Ausgestaltung von denen des Referentenentwurfs ab. So soll eine Vergütung in Höhe von EUR 250,- auch bei Nichtverwertung der Erfindung gezahlt werden, wenn der Arbeitgeber mindestens ein auf die Diensterfindung erteiltes Schutzrecht acht Jahre nach Einreichung der Prioritätsanmeldung noch aufrechterhält.
Zudem sieht der Entwurf der Projektgruppe eine Änderung der Übergangsvorschrift des Referentenentwurfs vor. Abweichend davon, dass auf Erfindungen, die vor dem Tag des Inkrafttretens des Gesetzes gemeldet wurden, grundsätzlich die Altregelungen weiter gelten sollen, sieht der neue Entwurf vor, dass sich die Ansprüche des Arbeitnehmers auf Vergütung für Erfindungen, die zwar vor dem Tag des Inkrafttretens des Gesetzes als Schutzrecht angemeldet oder die als schutzfähiges Betriebsgeheimnis anerkannt oder festgestellt wurden, deren Verwertungshandlungen aber nach Inkrafttreten des Gesetzes erfolgen, ausschließlich nach der Neuregelung beurteilen, sofern hierfür noch keine Vergütungsregelung bestand. Damit soll verhindert werden, dass jahrelang zwei gesetzliche Vergütungsregelungen nebeneinander fortbestehen.

Dieser Entwurf ist im Sommer 2002 dem Bundesjustizministerium sowie dem Bundesministerium für Arbeit und Wirtschaft vorgelegt worden, die ihn nach Prüfung mit der Bitte um Stellungnahme an die Vertreter der Gewerkschaften weiterleiteten. Erst im Januar 2004 lehnten die Gewerkschaften den Entwurf der Projektgruppe in ihrer Stellungnahme als „gänzlich unannehmbar" ab. Gegenüber dem ehemaligen Referentenentwurf sei der Entwurf eine nochmalige Verschlechterung zu Lasten der Arbeitnehmer und damit nicht akzeptabel. Somit ist die Reformbewegung erneut ins Stocken gekommen.

Zuversicht lässt sich allein aus der Tatsache schöpfen, dass das Interesse an einer Reform des ArbnErfG nach wie vor sehr hoch ist. Das Bundesjustizministerium weiß weiterhin eine Vielzahl von Anfragen zu verzeichnen, die ein Interesse an der Reform bekunden. Auch im Ausland werden die Reformbestrebungen genauestens beobachtet und verfolgt.

Sollten die Verhandlungen und Gespräche wieder in Bewegung kommen, bleibt abzuwarten, ob der Gesetzesentwurf so bestehen bleibt, wie er sich bislang im Referentenentwurf darstellt oder eher den Änderungen durch die Projektgruppe angelehnt sein wird. Aufgrund der harschen Reaktion der Gewerkschaftsvertreter ist allerdings davon auszugehen, dass zumindest die Eckpunkte des Referentenentwurfs im Vergleich zum Entwurf der Projektgruppe unverändert bestehen bleiben.

Das Bundesministerium für Justiz wartet momentan auf Kompromissvorschläge von beiden Seiten. Da der zurzeit noch bestehende Streit nicht in das Gesetzgebungsverfahren verlagert werden soll, besteht die Absicht, mit dem Einbringen des Referentenentwurfs zu warten, bis ein tragfähiger Konsens erarbeitet werden konnte. Jedenfalls ist die Reform des ArbnErfG in die Liste der Reformvorhaben für die 15. Legislaturperiode aufgenommen worden.

LITERATURVERZEICHNIS

Adler, Emanuel: Der Entwurf eines Patentgesetzes in: GRUR 1913, 305-331 (zit.: Adler, GRUR 1913, 305, Fundstelle).

Ballhaus, Werner: Rechtliche Bindungen bei Erfindungen von Universitätsangehörigen in: GRUR 1984, 1-9 (zit.: Ballhaus, GRUR 1984, 1, Fundstelle).

Bamberger, Christian: Verfassungswerte als Schranken vorbehaltloser Freiheitsgrundsätze: vom Verfassungs- zum Gegenseitigkeitsvorbehalt; Universität Passau 1999; Frankfurt/Main 1999 (zit.: Bamberger, S.).

Bardehle, Heinz: Ist die Neuheitsschonfrist endlich in Sicht? In: Mitteilungen der deutschen Patentanwälte 2004, 289-291 (zit.: Bardehle, Mitt. 2004, 289, Fundstelle).

Bartenbach, Kurt / Hellebrand, Ortwin: Zur Abschaffung des Hochschullehrerprivilegs (§ 42 ArbnErfG) – Auswirkungen auf den Abschluß von Forschungsaufträgen in: Mitteilungen der deutschen Patentanwälte 2002, 165-170 (zit.: Bartenbach / Hellebrand, Mitt. 2002, 165, Fundstelle).

Bartenbach, Kurt / Volz, Franz-Eugen: Arbeitnehmererfindergesetz, 4. Aufl., München 2002 (zit.: Bartenbach / Volz, ArbnErfG, § Rn.).

Bartenbach, Kurt / Volz, Franz-Eugen: Arbeitnehmererfindervergütung, 2. Aufl., Köln 1999 (zit.: Bartenbach / Volz, Arbeitnehmererfindervergütung, RL Rn.).

Bartenbach, Kurt / Volz, Franz-Eugen: Arbeitnehmererfindungen, 3. Aufl., Neuwied 2004 (zit.: Bartenbach / Volz, Arbeitnehmererfindungen, Seite Rn.).

Bartenbach, Kurt / Volz, Franz-Eugen: Erfindungen an Hochschulen – Zur Neufassung des § 42 ArbnErfG in: GRUR 2002, 743-758 (zit.: Bartenbach / Volz, GRUR 2002, 743, Fundstelle).

Bartenbach, Kurt / Volz, Franz-Eugen: Geschichtliche Entwicklung und Grundlagen des Arbeitnehmererfindungs-rechts – 25 Jahre ArbnErfG in: GRUR 1982, 693-703 (zit.: Bartenbach / Volz, GRUR 1982, 693, Fundstelle).

Bartenbach, Kurt: Auswirkungen der Reform des Hochschullehrerprivilegs (§ 42 ArbnErfG n.F.) auf Forschungsaufträge in: VPP-Rundbrief Nr. 3/2002, S. 100-104 (zit.: Bartenbach, VPP-Rundbrief Nr. 3/2002, 100, Fundstelle).

Bartenbach, Kurt: Grundzüge des Rechts der Arbeitnehmererfindungen, NZA 1990 Beilage Nr. 2, S. 21- (zit.: Bartenbach, NZA 1990 Beilage Nr. 2, S. 21, Fundstelle).

Bartenbach, Kurt: Zwischenbetriebliche Forschungs- und Entwicklungskooperation und das Recht der Arbeitnehmererfindung, Köln 1985 (zit.: Bartenbach, Zwischenbetriebliche Forschungs- und Entwicklungskooperation, Seite).

Beier, Friedrich-Karl: Staatliche Innovationsförderung und Patentsystem in: GRUR Int. 1982, 77-85 (zit.: Beier, GRUR 1982, 77, Fundstelle).

Benda, Ernst / Maihofer, Werner / Vogel, Hans-Jochen (Hrsg.): Handbuch des Verfassungsrechts, 2. Aufl. Berlin 1994 (zit.: Bearbeiter in: Hdb VerfR, Seite, Rn.).

Bernhardt, Wolfgang / Kraßer, Rudolf: Patentrecht, 5. Aufl., München 2004 (zit.: Bernhardt / Kraßer, Patentrecht, § Abschnitt, Seite).

Beyerlein, Thorsten: Anmerkung zu der Entscheidung des LG Braunschweig vom 17. September 2003, 9 O 1060/03 (selbststabilisierendes Knie) in: Mitteilungen der deutschen Patentanwälte 2004, 75-76 (zit.: Beyerlein, Anmerkung zu LG Braunschweig (selbststabilisierendes Knie), Mitt. 2004, 75, Fundstelle).

Beyerlein, Thorsten: Der Wegfall des „Hochschullehrerprivilegs" (§ 42 ArbnErfG) – eine Erleichterung für die Forschung an deutschen Hochschulen? in: NZA 2002, 1020-1024 (zit.: Beyerlein, NZA 2002, 1020, Fundstelle).

Beyerlein, Thorsten: Umgehungsgeschäfte beim Gesetz über Arbeitnehmererfindungen (ArbnErfG) durch Vereinbarung zwischen Arbeitnehmer und Dritten unter besonderer Berücksichtigung der Hochschulkooperationsverträge? in: Mitteilungen der deutschen Patentanwälte 2005, 152-155 (zit.: Beyerlein, Mitt. 2005, 152, Fundstelle).

Blankenagel, Alexander: Wissenschaftsfreiheit aus der Sicht der Wissenschaftssoziologie in: AöR 105 (1980), 35-78 (zit.: Blankenagel, AöR 105 (1980), 35, Fundstelle).

v. Boehmer, Erich: Gebührt das Patent dem dienstverpflichteten Erfinder oder dem Arbeit- oder Auftraggeber? in: GRUR 1903, 329-347 (zit.: v. Boehmer, GRUR 1903, 329, Fundstelle).

Böhringer, Ingo: Die Novellierung des „Hochschullehrerprivilegs" (§ 42 ArbnErfG) in: NJW 2002, 952-954 (zit.: Böhringer, NJW 2002, 952, Fundstelle).

Bremer, Heinz: Die Satzungsautonomie der Gesamthochschulen in Nordrhein-Westfalen in: Wissenschaftsrecht 1978, S. 193-204 (zit.: Bremer, WissR 1978, 193, Fundstelle).

v.Brünneck, Alexander: Die Freiheit der Wissenschaft und Forschung in: JA 1989, 165-171 (zit.: v.Brünneck, JA 1989, 165, Fundstelle).

Busse, Rudolf: Patentgesetz, 6. Aufl., Berlin 2003 (zit.: Busse – Bearbeiter, Patentgesetz oder ArbnErfG, § Rn.).

Classen, Claus Dieter: Wissenschaftsfreiheit außerhalb der Hochschule, Tübingen 1994 (zit.: Classen, S.).

Cohausz / Hannig / Dawidowicz & Partner: Untersuchung zum Verwertungsprivileg – Relevanz des sog. Hochschullehrerprivilegs nach § 42 ArbnErfG, im Auftrag des Bundesministeriums für Bildung, Wissenschaft, Forschung und Technologie (zit.: Cohausz / Hannig / Dawidowicz & Partner, Untersuchung zum Verwertungsprivileg, Seite).

Cornish, William R.: Arbeitnehmererfinderrecht im Vereinigten Königreich in: GRUR Int. 1990, 339-342 (zit.: Cornish, GRUR Int. 1990, 339, Fundstelle).

Damme, Felix: Die Beteiligung des Fiskus an der Verwertung der von staatlich angestellten Gelehrten gemachten Erfindungen in: Deutsche Juristen Zeitung 1898, 399-402 (zit.: Damme, Deutsche Juristen Zeitung 1898, S. 399, Fundstelle).

Dreier, Horst: Grundgesetz Kommentar, Band I, Art. 1-19, Tübingen 1996 (zit.: Bearbeiter in: Dreier, GG, Bnd. I, Art. Rn.).

Einsporn, Thomas / Risch, Bernd: Hochschulen und Patente, Integration des gewerblichen Rechtsschutzes in die Hochschulausbildung – INPAT, herausgegeben vom Institut der deutschen Wirtschaft Köln (Beiträge zur Gesellschafts- und Bildungspolitik 247), Köln 2001 (zit.: Einsporn / Risch, S.).

Ensthaler, Jürgen: Gewerblicher Rechtsschutz und Urheberrecht, 2. Aufl., Berlin 2003 (zit.: Ensthaler, Seite).

Fahse, Hermann: Probleme der Erfindergemeinschaft, insbesondere bei Durchführung von Drittmittelprojekten durch Universitätsprofessoren in: Patent- und Urheberrecht, Arbeitnehmererfindungs- und Veröffentlichungsrecht II, Referate gehalten im Kurs P des Fortbildungsprogramms für die Wissenschaftsverwaltung (Projekt im Rahmen des OECD-Hochschulverwaltungsprogramms vom 16. bis 18.

Oktober 1991 in Neuherberg), Materialien Nr. 49, Essen 1991, S. 163-191 (zit.: Fahse, S. 163, Fundstelle).
v. Falck, Andreas / Schmaltz, Christiane: Hochschulerfindungen: Zuordnung und Vergütung in Deutschland, den Niederlanden, Frankreich, Großbritannien, den USA und Japan in: GRUR 2004, 469-475 (zit.: Falck / Schmaltz, GRUR 2004, 469, Fundstelle).
Fechner, Frank: Geistiges Eigentum und Verfassung: Schöpferische Leistungen unter dem Schutz des Grundgesetzes, Tübingen 1999 (zit.: Fechner, S.).
Flämig, Christian / Grellert, Volker u.a. (Hrsg.): Handbuch des Wissenschaftsrechts, Band 1 und 2, 2. Auflage, Berlin 1996 (zit.: Bearbeiter in: Handbuch des Wissenschaftsrechts, Bnd., Seite).
Fleuchaus, Andrea / Braitmayer, Sven-Eric: Hochschullehrerprivileg ade? in: GRUR 2002, 653-658 (zit.: Fleuchaus / Braitmayer, GRUR 2002, 653, Fundstelle).
Frieling, Roland: Forschungstransfer: Wem gehören universitäre Forschungsergebnisse? in: GRUR 1987, 407-415 (zit.: Frieling, GRUR 1987, 407, Fundstelle).
Godt, Christine: Patentschutz für Forschungsergebnisse – eine Herausforderung für die Wissenschaft in: WissR 2003, 24-51 (zit.: Godt, WissR 2003, 24, Fundstelle).
Hailbronner, Kay: Die Freiheit der Forschung und Lehre als Funktionsgrundrecht, Hamburg 1979 (zit.: Hailbronner, Seite).
Hailbronner, Kay / Geis, Max-Emanuel: Kommentar zum Hochschulrahmengesetz, Stand Sep. 2004 (zit.: Hailbronner / Geis – Bearbeiter, § Rn.).
Hubmann, Heinrich / Götting, Horst-Peter: Gewerblicher Rechtsschutz, 7. Aufl., München 2002 (zit.: Hubmann, § Seite).
Hübner, Joachim: Hochschulen und Patente, Rechtliche Bedingungen des Umgangs mit Erfindungen an der Hochschule, im Auftrag des Ministeriums für Schule und Weiterbildung, Wissenschaft und Forschung, NRW (Hrsg.), Wuppertal 2000 (zit.: Hübner, Hochschulen und Patente, Seite).
Ilzhöfer, Volker: Patent-, Marken- und Urheberrecht, 6. Aufl., München 2005 (zit.:Ilzhöfer, Seite Rn.).
Jarass, Hans Dieter / Pieroth, Bodo: Grundgesetz, 8. Aufl., München 2006 (zit.: Jarass / Pieroth – Bearbeiter, Art. Rn.).
Kelly, Jim: University to extend rights to academic research in: Financial Times v. 7. August 2003 (zit.: Kelly, Financial Times v. 7. August 2003).
Kimminich, Otto: Das Veröffentlichungsrecht des Wissenschaftlers in: Wissenschaftsrecht 1985, 116-141 (zit.: Kimminich, WissR 1985, 116,Fundstelle).
Kimminich, Otto: Hochschule im Grundrechtssystem in: Flämig u.a., Handbuch des Wissenschaftsrechts, Band I, 2. Aufl., Berlin 1996, S. 121-156 (zit.: Kimminich, HdbWissR, S. 121, Fundstelle).
Kirchhoff, Heinrich: Zur Reform des Rechts der Arbeitnehmer-Erfindung in: GRUR 1950, 156-169 (zit.: Kirchhoff, GRUR 1950, 156, Fundstelle).
Kirchhof, Paul: Der allgemeine Gleichheitssatz in: Isensee, Josef / Kirchhof, Paul, Handbuch des Staatsrechts, Band V, Heidelberg 1992, § 124 S. 837-972 (zit.: Kirchhof, HdbStR V, § 124 Rn. (Seite)).
Kittner, Michael / Zwanziger, Bertram: Arbeitsrecht, 3. Aufl., Frankfurt am Main 2005 (zit.: Kittner / Zwanziger, § Rn.).
Knorpp, Katrin: Arbeitnehmererfinderrecht – Quo vadis? In GRUR 2003, 219 (zit.: Knorpp, GRUR 2003, 219).
Kraßer, Rudolf / Stricker, Gerhard: Patent- und Urheberrecht an Hochschulen, Baden-Baden 1988 (zit.: Kraßer / Stricker, Seite).

Kraßer, Rudolf: Die neuen Vorschriften über Hochschulerfindungen in: Forschung und Lehre, August-Heft 2002, S. 1-21 (zit.: Kraßer, Forschung und Lehre 8/2002, Fundstelle).

Kriele, Martin: Vorbehaltlose Grundrechte und die Rechte anderer in: JA 1984, 629-638 (zit.: Kriele, JA 1984, 629, Fundstelle).

Krüger, Hartmut: Grundtypen der Hochschulen in: Handbuch des Wissenschaftsrechts, Band I, 2. Aufl., Berlin 1996, S. 207-226 (zit.: Krüger in: Handbuch des Wissenschaftsrechts (1996), 207, Fundstelle).

Krüger, Hartmut: Forschung in: Handbuch des Wissenschaftsrechts, Band I, 2. Aufl., Berlin 1996, S. 261-308 (zit.: Krüger in: Handbuch des Wissenschaftsrechts (1996), 261, Fundstelle).

Kunz-Hallstein / Loschelder: Stellungnahme zum Referentenentwurf eines Gesetzes über Arbeitnehmererfindungen in: GRUR 2002, 136-137 (zit.: Kunz-Hallstein / Loschelder, GRUR 2002, 136, Fundstelle).

Kurz, Peter: Die Vorarbeiten zum Arbeitnehmererfindungsgesetz in: GRUR 1991, 422-427 (zit.: Kurz, GRUR 1991, 422, Fundstelle).

Kurz, Peter: Weltgeschichte des Erfindungsschutzes – Erfinder und Patente im Spiegel der Zeiten, Köln 2000 (zit.: Kurz, Seite).

Laubinger, Hans Werner: Beamten- und korporationsrechtlicher Status der Professoren in: Handbuch des Wissenschaftsrechts, Hrsg. Flämig u.a., Berlin 1982 (zit.: Laubinger in Handbuch des Wissenschaftsrechts, Bnd. 1, S.).

Leibholz, Gerhard / Rinck, Hans-Justus / Hesselberger, Dieter: Kommentar zum Grundgesetz, Loseblatt, Stand: August 2003 (zit.: Leibholz / Rinck / Hesselberger, GG, Art. Rn).

Lerche, Peter: Grundrechtsschranken in: Handbuch des Staatsrechts V, Heidelberg 1992, § 122 S. 775-804 (zit.: Lerche in: HStR V, § 122 Rn.).

Leuze, Dieter: Erfindungen und technische Verbesserungsvorschläge von Angehörigen des öffentlichen Dienstes in: GRUR 1994, 415-425 (zit.: Leuze, GRUR 1994, 415, Fundstelle).

Leuze, Dieter: Kritische Anmerkungen zu § 42 ArbEG in: GRUR 2005, 27-33 (zit.: Leuze, GRUR 2005, 27, Fundstelle).

Lüdecke, Wolfgang: Erfindungsgemeinschaften – Rechte und Pflichten des Miterfinders, Berlin 1962 (zit.: Lüdecke, Seite).

v.Mangold, Herman / Klein, Friedrich: Das Bonner Grundgesetz, Band 1: (Präambel, Artikel 1 bis 19), 4. Aufl., München 1999 (zit.: v.Mangold / Klein – Bearbeiter, Art. Rn.).

Marquardt, Cornelia: Freie Erfindungen im Arbeitsverhältnis, zugl.: Universität Leipzig, Dissertation 2001, Hamburg 2002 (zit.: Marquardt, S.).

Maunz, Theodor / Dürig, Günter: Grundgesetz, Loseblattsammlung, Stand Feb. 2005 (zit.: Maunz / Dürig – Bearbeiter, Art. Rn.).

Meier, Karl: Bewährtes deutsches Arbeitnehmererfinderrecht? in: GRUR 1998, 779-785 (zit.: Meier, GRUR 1998, 778, Fundstelle).

Michael, Lothar: Die drei Argumentationsstrukturen des Grundsatzes der Verhältnismäßigkeit – Zur Dogmatik des Über- und Untermaßverbots und der Gleichheitssätze in: JuS 2001, 148-155 (zit.: Michael, JuS 2001, 148, Fundstelle).

Müller-Pohle: Arbeitnehmererfindungen – Gegenwärtiges und zukünftiges Recht in: GRUR 1950, 172-185 (zit.: Müller-Pohle, GRUR 1950, 172, Fundstelle).

v. Münch, Ingo / Kunig, Philip: Grundgesetz, 5. Aufl., 2000 (zit.: v.Münch / Kunig – Bearbeiter, Art. Rn.).

Niedlich, Wolfgang: Veröffentlichungen im Internet in: Mitteilungen der deutschen Patentanwälte 2004, 349-351 (zit.: Niedlich, Mitt. 2004, 349, Fundstelle).
Nirk, Rudolf / Ullmann, Eike: Gewerblicher Rechtsschutz und Urheberrecht, 2. Aufl., Heidelberg 1999 (zit.: Nirk / Ullmann, Seite).
Oppermann, Thomas: Freiheit von Forschung und Lehre in: Isensee, Josef / Kirchhof, Paul (Hrsg.), Handbuch des Staatsrechts, Band VI, 2. Aufl., Heidelberg 2001, § 145 S. 808-845 (zit.: Oppermann, HdbStR VI, § 145 Rn. (Seite)).
Osterrieth, Christian, Patentrecht, 2. Aufl., München 2004 (zit.: Osterrieth, Seite Rn.).
Osterrieth, Christian / Holeweg, Annette: Aktuelle Fragen des gewerblichen Rechtschutzes (I) – Die Abschaffung des Hochschullehrerprivilegs und ihre praktischen Auswirkungen in: MPR 2002, S. 18-21 (zit.: Osterrieth / Holeweg, MPR 2002, 18, Fundstelle).
Palandt: Bürgerliches Gesetzbuch, 65. Aufl., München 2006 (zit.: Palandt – Bearbeiter, § Rn.).
Peter, Markus: Die „Flucht in die Nebentätigkeit" – ein Schlupfloch aus der Neuregelung des § 42 ArbnErfG bei Erfindungen von Hochschullehrern? In: Mitteilungen der deutschen Patentanwälte 2004, 396-401 (zit.: Peter, Mitt. 2004, 396, Fundstelle).
Pieroth, Bodo / Schlink, Bernhard: Grundrechte, Staatsrecht II, 21. Aufl., Heidelberg 2005 (zit.: Pieroth / Schlink, § Rn.).
Quaedvlieg, Antoon: Denker im Dienstverhältnis – Kernfragen des Arbeitnehmer-Immaterialgüterrechts in: GRUR Int. 2002, 901-914 (zit.: Quaedvlieg, GRUR Int. 2002, 901, Fundstelle).
Ranft, Otto: Erfinder-, patent- und lizenzrechtliche Fragen der öffentlich geförderten Forschung (Bericht über ein Kolloquium der Max-Planck-Gesellschaft) in: GRUR Int. 1980, 597-601 (zit.: Ranft, GRUR Int. 1980, 597, Fundstelle).
Reich, Andreas: Hochschulrahmengesetz, 9. Aufl., Bad Honnef 2005 (zit.: Reich, HRG, § Rn.).
Reimer, Eduard / Schade, Hans / Schippel, Helmut /Leuze, Dieter: Das Recht der Arbeitnehmererfindung, 7. Aufl., Berlin 2000 (zit.: Reimer / Schade / Schippel / Leuze, ArbnErfG, § Rn.).
Riemschneider, Karl August / Barth, Heinrich: Die Gefolgschaftserfindung, 2. Aufl. Berlin 1943 (zit.: Riemschneider / Barth, Seite).
Sachs, Michael: Grundgesetz, Kommentar, 3. Aufl. München 2003 (zit.: Sachs – Bearbeiter, GG, Art. Rn.).
Sachs, Michael: Verfassungsrecht II Grundrechte, 2. Aufl., Berlin 2003 (zit.: Sachs, Seite Rn.).
Schanze, Oscar: Der rechtliche Schutz der Erfinderehre in: GRUR 1902, 65-78 (zit.: Schanze, GRUR 1902, 65, Fundstelle).
Schaub, Günter: Arbeitsrechtshandbuch, 11. Aufl., München 2005 (zit.: Schaub, § Rn.).
Schmaltz, Christiane: Anmerkung zu Peter, Die „Flucht in die Nebentätigkeit" – ein Schlupfloch aus der Neuregelung des § 42 ArbnErfG bei Erfindungen von Hochschullehrern?, Mitt. 2004, S. 396 ff. in: Mitteilungen der deutschen Patentanwälte 2004, 504 (zit.: Schmaltz, Mitt. 2004, 504, Fundstelle).
Schmidt, Rolf: Grundrechte, 6. Aufl., Grasberg bei Bremen 2006 (zit.: Schmidt, Seite).
Schmidt-Szalewski, Joanna: Arbeitnehmererfinderrecht in Frankreich in: GRUR Int. 1990, 342-348 (zit.: Schmidt-Szalewski, GRUR Int. 1990, 342, Fundstelle).

Schoenen, Gerd: Patent-, Gebrauchsmuster-, Arbeitnehmererfindungsrecht und sonstige technische Schutzrechte in Hasselblatt, Münchener Anwaltshandbuch Gewerblicher Rechtsschutz, München 2001 (zit.:Schoenen in Hasselblatt, MAH Gewerblicher Rechtsschutz, § Rn.).

Singer, Margarete / Stauder, Dieter: Europäisches Patentübereinkommen, Kommentar, 2. Aufl., München 2000 (zit.: Singer / Stauder – Bearbeiter, Art. Rn.).

Thieme, Werner: Deutsches Hochschulrecht, 3. Aufl., Köln 2004 (zit.: Thieme, S. Rn.).

Ubertazzi, Luigi Carlo: Arbeitnehmererfindungen von Forschern an Universitäten in Italien in: GRUR Int. 2003, 986-991 (zit.: Ubertazzi, GRUR Int. 2003, 986, Fundstelle).

Ubertazzi, Luigi Carlo: Die Zuordnung von Arbeitnehmererfindungen im italienischen Recht in: GRUR Int. 1986, 365-376 (zit.: Ubertazzi, GRUR Int. 1986, 365, Fundstelle).

Volmer, Bernhard / Gaul, Dieter: Arbeitnehmererfindungsgesetz, 2. Aufl., München 1983 (zit.: Volmer / Gaul, ArbnErfG, § Rn.).

Volz, Franz-Eugen: Das Recht der Arbeitnehmererfindung im öffentlichen Dienst, Köln 1985 (Volz, Das Recht der Arbeitnehmererfindung im öffentlichen Dienst, Seite).

Wassermann, Rudolf (Hrsg.): Reihe Alternativkommentare: Kommentar zum Grundgesetz für die Bundesrepublik Deutschland, Band 1, 2. Aufl., Neuwied 1989 (zit.: AK-GG – Bearbeiter, Art. Rn.).

West, Jul. H.: Erfindungsschutz technischer Dienstnehmer in: GRUR 1908, 73-91 (zit.: West, GRUR 1908, 73, Fundstelle).

Wimmer, Raimund: Die wirtschaftliche Verwertung von Doktorandenerfindungen in: GRUR 1961, 449-455 (zit.: Wimmer, GRUR 1961, 449, Fundstelle).

Windisch, Ernst: Die Rechtsprechung im Bereich der Arbeitnehmererfindungen in: GRUR 1985, 829-836 (zit.: Windisch, GRUR 1985, 829, Fundstelle).

Winzer,Wolfgang: Forschungs- und Entwicklungsverträge, München 2006 (zit.: Winzer, Seite).

Wunderlich, Detlef: Die gemeinschaftliche Erfindung, München 1962 (zit.: Wunderlich, Seite).

Peter Lang · Internationaler Verlag der Wissenschaften

Katja Mingau

Erfindereinkünfte im deutschen Ertragsteuerrecht

Frankfurt am Main, Berlin, Bern, Bruxelles, New York, Oxford, Wien, 2005.
XXV, 248 S.
Europäische Hochschulschriften: Reihe 2, Rechtswissenschaft. Bd. 4166
ISBN 978-3-631-53235-5 · br. € 51.50*

Die Abhandlung beschäftigt sich mit der Einordnung der aus der Verwertung selbstentwickelter Erfindungen resultierenden Ergebnisse in das Einkünftesystem. Einen Untersuchungsschwerpunkt bildet die Qualifikation der nach dem Arbeitnehmererfindungsgesetz gezahlten Vergütungen. Des Weiteren wird eine Abgrenzung der Privatsphäre gegen die betriebliche Sphäre eines Erfinders vorgenommen, wobei insbesondere auf die Problematik steuerrechtlicher Liebhaberei und die Einordnung so genannter Zufallserfindungen eingegangen wird. Für die verschiedenen Formen des erfinderischen Tätigwerdens werden die im Rahmen der Überschuss- und Gewinneinkünfte in Frage kommenden Einkunftsarten dargestellt. Daneben werden die Möglichkeiten verdeckter Gewinnausschüttungen bei Erfindungen von Anteilseignern einer juristischen Person und die Überlassung von Erfindungen im Rahmen der Betriebsaufspaltung diskutiert.

Aus dem Inhalt: Steuerrechtliche Qualifikation der nach dem Arbeitnehmererfindungsgesetz (ArbNErfG) gezahlten Vergütungen · Problematik der steuerrechtlichen „Liebhaberei" bei erfinderischer Tätigkeit · Einordnung der aus so genannten „Zufallserfindungen" resultierenden Verwertungsergebnisse · Lizenzvergabe an und endgültige Überlassung von dem Privatvermögen zuzuordnenden Erfindungen · Selbstständige und gewerbliche Erfindertätigkeit sowie erfinderische Tätigkeit in Mitunternehmerschaft · Erfindungen von Gesellschaftern in Kapitalgesellschaften, insbesondere Betrachtung von Wettbewerbsverbot und verdeckten Gewinnausschüttungen · Erfindungen in der Betriebsaufspaltung

FSC
www.fsc.org
MIX
Papier | Fördert gute Waldnutzung
FSC® C083411

Kolibri 360 GmbH
Ferdinand-Jühlke-Straße 7
99095 Erfurt, Deutschland
produktsicherheit@kolibri360.de

Druck:
CPI Druckdienstleistungen GmbH
im Auftrag der
Kolibri 360 GmbH
Ferdinand-Jühlke-Str. 7
99095 Erfurt